广东省"八个相统一"高校思政课建设示范点培育单位阶段性培育成果

新时代高校思政课建设的理论与实践

主　编◎柯　健

副主编◎张海燕

团结出版社

图书在版编目（CIP）数据

新时代高校思政课建设的理论与实践 ／ 柯健主编.
北京：团结出版社，2024．7．--ISBN 978-7-5234
-1049-3

Ⅰ．G641

中国国家版本馆 CIP 数据核字第 2024C6F888 号

责任编辑：张　茜

封面设计：袁思文

出　　版：团结出版社
　　　　　（北京市东城区东皇城根南路 84 号　邮编：100006）

电　　话：（010）65228880 65244790

网　　址：https://www.tjpress.com

E-mail：65244790@163.com

经　　销：全国新华书店

印　　装：武汉鑫佳捷印务有限公司

开　　本：185mm×260mm　16 开

印　　张：12　　　　　　　　字　　数：215 千字

版　　次：2024 年 7 月 第 1 版　印　　次：2024 年 7 月第 1 次印刷

书　　号：978-7-5234-1049-3

定　　价：78．00 元

前　言

2019年3月18日，习近平总书记在学校思想政治理论课教师座谈会上指出，推动思想政治理论课改革创新，要不断增强思政课的思想性、理论性和亲和力、针对性，并提出"八个相统一"的教学要求。"八个相统一"为推进新时代思政课建设指明了方向，蕴含着总书记对思政课建设的改革创新方法论。长期以来，广东警官学院始终坚持"政治建警"、"政治建校"的办学方针，以培养党和人民的忠诚卫士为首要政治任务，着力打造忠诚教育项目，着力提升学生的思想政治素质，牢固树立"忠诚、为民、公正、廉洁"的人民警察核心价值观。政治建校是广东警官学院的立校之本，是学院办学特色和优势的充分体现，也是公安院校性质和人才培养特殊要求的集中体现，是新时期推动"八个相统一"高校思政课建设，实现立德树人、育警铸魂的必然选择。2020年12月22日，广东警官学院正式被广东省教育厅确定为"八个相统一"高校思政课建设示范点培育单位。本论文集便是在此大背景下形成的重要阶段性培育成果。

为真正落实立德树人根本任务，全面完成公安人才培养目标，广东警官学院遵照习近平总书记对全国公安机关和公安队伍提出"对党忠诚、服务人民、执法公正、纪律严明"的总要求，在"八个相统一"高校思政课建设示范点培育中逐步建立起"立德树人，三全育人"的一体化协同育人机制。广东警官学院马克思主义学院则通过强化以**"政治建校、育警铸魂"**为核心的思想引领工程建设，尤其注重**政治性和学理性相统一、理论性和实践性相统一**，完善警务化管理下的大学生素质提升机制，全面做好公安院校实战化为导向的课程改革，推动了我院"八个相统一"高校思政课建设日见成效。近五年来，马克思主义学院1个教研室获公安部"全国公安教育工作成绩突出集体"通报表扬，女教师团队被广东省妇女联合会命名为2023年度广东省"巾帼文明岗"，1名教师被公安部评为"全国公安优秀教师"，1名教师被广东省公安厅评为"优秀教师"，2名教师被广东省公安厅记"个人嘉奖"。同时，马克思主义学院注重培育重点学生社团，发挥他们紧密联系、团结学生的优势，充当师生之间的桥梁与纽带，把正能量内涵辐射到广大学生的课外时空，促进知行合一。此外，马克思主义学院近几年以教促赛、以赛促教，积极动员、组织师生参与每年的全国高校大学生讲思政课公开课展示活动、"我心中的思政课"——全国高校大学生微电影展示活动、广东高校网络媒体展示节活动等，都屡获佳绩。2023年，马克思主义学院教师指导的广东警官学院"红雨读书小组"申报中国高等教育学会马克思主义研究分会 2023 年度"马克思主义经典著作研读"资助计划并成功入选。这是继广东警官学院"星火读书小组"入选 2022 年度"马克思主义经典著作研读"资助计划并最终获得优秀等级结项后，马院教师指导学生团队二度申报并二度入选。尤为值得一提的是，马克思主义学院成功牵头举办了一次"思政课遇见警务执勤"专题作品征集活动、两届"思政理论引领我执勤/实习"专题作品征集活动，收到了为数众多的广警学子在近些年参加实践、实习、见习等活动中涌现的各类型作品，贵在真心实意、真情实感。目前，我们正在将其打造成一个面向全校各专业各年级学生的、包含多种作品形态的全新品牌活动。

于是乎，这本凝聚了广东警官学院师生思政课教学心得和体会的成果汇编就应运而生了。它分为上下两篇，上篇名为"教之道"，取义自南宋王应麟《三字经》里的"教之道，贵以专"，收录了近年广东警官学院马克思主义学院思政课专兼职教师的教研论文，其中有部分已公开发表，也有部分尚未付梓；下篇名为"学而习"，源自《论语》里的名句"学而时习之，不亦说乎"，也寓意学深悟透理论后应当转化为有效的见习、实习、实战，主要是从上述专题作品征集活动中精挑细选出的获奖佳作，也有个别作品是上述读书小组成员的读书心得，还有个别作品是学生主持的"大创"项目的成果。师生搭配，相辅相成，有如日月同辉，相得益彰。

当前，"大思政课"视域下高校思政课教学改革创新正在全国高校如火如荼进行中。今年正值习近平总书记"3·18"重要讲话发表 5 周年，全国高校纷纷组织思政课教师重温讲话精神。5 月，习近平总书记对学校思政课建设又作出重要指示，为新时代思政课建设守正创新指明了方向。广东警官学院广大教师深受鼓舞，纷纷表示要深入学习贯彻总书记重要指示精神，落实立德树人根本任务，不断开创新时代思政教育新局面，争做政治强、情怀深、思维新、视野广、自律严、人格正的思政课教师，培养一批批让党放心、爱国奉献、担当民族复兴重任的时代新人，确保党的事业、公安事业薪火相传。抚今追昔，每当我们想到他"就是要理直气壮开好思政课"的殷切嘱托，总能元气倍增。冀望我们这本《新时代高校思政课建设的理论与实践》能为这个喜人大势及时添上一把柴火，使之越烧越旺！

顺带说明，本论文集中的插图绝大部分为我院师生原创，只有极个别是采自网络佚名的作品。在此，恳望谅解并深表谢意！

柯健

2024 年 7 月

目　录

上 篇　教之道

新时代公安院校"三全育人"工作的实施路径研究………卢文忠　何健坤　钟贤哲（3）

公安院校思政课实践教学的"高能模式"探究……………………………卢文忠（12）

实现新飞跃 奋进新征程 续写新篇章

　　——学习《习近平谈治国理政》第四卷……………………………卢文忠（18）

高校示范性思政课程建设的实践研究………………………………………柯　健（25）

高质量推进公安机关党史学习教育的实践路径研究报告……………………于　娣（31）

"八个相统一"指引"思想道德与法治"课程建设…………………………曲凯欣（39）

基于英模案例的公安院校课程思政建设探析………………………………邱小芳（43）

"课程思政"对公安院校的特殊价值探讨…………张海燕　杨经录　邱小芳（47）

《共产党宣言》对党的政治建设的当代价值探讨…………………………杨经录（53）

知识认同、价值认同与思政课启智润心之效用

　　——以"八个相统一"为视角…………………………………………黎红勤（60）

高校宪法教学的困境与改革研究……………………………………………殷　鑫（68）

把握好"六个必须坚持"推动工作高质量发展……………………………殷　鑫（74）

新时代公安院校忠诚文化教育的实践研究…………………………耿武奎　冯坤美（77）

公安院校德性价值与知识教育的张力研究…………………………………赵亮英（82）

理性、情感、德性与警校大学生价值观教育研究…………………………赵亮英（88）

新时代公安院校思想政治教育路径探析……………………………………李静瑞（94）

塑造人民警察社会主义意识形态素养必要性探析…………………………李静瑞（103）

下 篇　学而习

且看少年芳华，助力国之成长………………………………………………林琬鋈（111）

答　案………………………………………………………………………杜丽娴（114）

执勤遇上思政课，首征恰是百年时…………………………………………廖灿尔（117）

为国护安，让执勤插上思政的翅膀…………………………………………汤曦凯（119）

用心去沟通，共建鱼水情……………………………………………………苗冉冉（122）

有光的石头……………………………………………………张珈玮（125）

站口的星光……………………………………………………沈国荣（128）

初心如磐赴安保，思想如炬耀征程……………………………廖灿尔（132）

翰墨写忠诚，丹青绘警魂………………………………………方创杰（134）

广州火车站的浪漫……………………………………………陈延开（136）

执勤记…………………………………………………………姚俊余（139）

思政理论引领安保执勤 责任担当书写藏蓝青春 ……………刘恩琪（141）

只问使命，无问西东…………………………………………郑雅蓝（143）

实战练精兵，实操增学识……………………………………何家乐（146）

以学为本，以行践之…………………………………………陈烨珊（148）

知行合一，行稳致远…………………………………………黄名榆（151）

照亮新时代新青年中国梦的原火炬——读《共产党宣言》有感………陆宥泽（153）

资本主义经济的内在矛盾及其批判……………………………张　迁（157）

基于学生视角的公安院校课程思政现状及建设路径研究……………刘思彤（159）

运用 AGIL 模型分析志愿热潮下红色文化发展对策

　　——以广州起义纪念馆为例………………林海欣　植成铭　李哲明（171）

上　篇　教之道

新时代公安院校"三全育人"工作的实施路径研究

卢文忠　何健坤　钟贤哲[①]

（广东警官学院 马克思主义学院，广东 广州 510230）

摘　要：在新时代立德树人和忠诚育警的新形势下，公安院校的"三全育人"工作是在培养公安专门人才的目标引领下，通过党建、教学、管理、文化多方面协同发展的方式实现全员育人、全程育人、全方位育人从而构建"大思政"格局的一种制度安排和教育实践，是新时代全面加强公安大学生思想政治教育的实现形式和重要保障。其中，从夯实公安院校党建工作、建设公安院校课程思政、加强和优化警务化管理、推进特色校园文化建设四个方面协同发展，是公安院校"三全育人"工作的基本实施路径。

关键词：新时代；公安院校；"三全育人"；实施路径

为了履行好党和人民赋予的新时代职责使命，公安机关必须坚持政治建警、改革强警、科技兴警、从严治警，锻造"三个绝对""四个铁一般"过硬公安铁军。对于培养公安专门人才的公安院校而言，必须紧跟新时代公安机关的发展要求，落实新时代高校立德树人的根本任务，推进"三全育人"工作的实施，全面加强公安大学生的思想政治教育。公安院校通过"三全育人"工作的实施，有助于加强党对思想政治工作和公安人才培养的领导，把落实立德树人根本任务与加强忠诚育警基本工作紧密结合，助推公安院校各项教学管理工作朝着立德树人、忠诚育警的方向发展。"建立健全'三全育人'机制，积极创新公安院校'三全育人'的素质养成教育体系，可提高公安院校学生思想政治教育工作的实效性，切实帮助公安院校学生'修身''立德'。"[1] 从立德树人、忠诚育警的意义上看，"三全育人"的实质要求就是把公安专门人才的培养目标落实于公安院校的全体教职人员、落实于教学管理的全部工作环节。公安院校的"三全育人"工作是在培养公安专门人才的目标引领下，通过党建、教学、管理、文化多方面协同发展的方式实现全员育人、全程育人、全方位育人从而构建"大思政"格局的一种制度安排和教育实践，是全面加强公安大学生

---

① 作者简介：卢文忠，男，广东警官学院马克思主义学院副院长，副教授，广东公安廉政建设研究中心负责人，研究方向：马克思主义理论与思想政治教育；何健坤，男，广东警官学院马克思主义学院讲师，研究方向：逻辑学；钟贤哲，女，广东警官学院马克思主义学院讲师，研究方向：马克思主义中国化。

思想政治教育的实现形式和重要保障。"三全育人"的实施是为了把思想政治教育融入公安院校的党建、教学、管理、文化之中，使党建、教学、管理、文化共同产生立德树人和忠诚育警的积极效用。具体来说，从夯实公安院校党建工作、建设公安院校课程思政、加强和优化警务化管理、推进特色校园文化建设四个方面协同发展，是公安院校"三全育人"工作的基本实施路径。

一、夯实公安院校党建工作

党建是"三全育人"工作的核心内容，引领着教学、管理、文化协同发展的方向，夯实公安院校党建工作是实现全员育人、全程育人、全方位育人的根本保证，尤其是全员育人之"全员"的核心力量来自公安院校党的领导和党的建设。夯实公安院校党建工作就是为了加强党对思政工作的领导，位于整个"大思政"格局的中心地位，确保公安院校人才培养的全部工作紧紧围绕着培养党和人民的忠诚卫士这一根本目标。

（一）加强党对思政工作的领导

夯实公安院校党建工作，坚持以习近平新时代中国特色社会主义思想为指导，坚持"公安姓党"的根本政治属性，坚持政治建警、政治建校方针，牢固树立"四个意识"，坚定"四个自信"，做到"两个维护"，积极践行社会主义核心价值观，按照"对党忠诚、服务人民、执法公正、纪律严明"的总要求全面加强公安大学生思想政治教育，把落实立德树人根本任务与推进忠诚育警基本工作紧密结合，进一步推动公安院校人才培养和教学管理的各项工作、各个环节朝着立德树人、忠诚育警的方向发展。

夯实公安院校党建工作，必须把党的政治建设作为根本建设，认真落实新时代党的组织路线，进一步加强党的思想建设、作风建设、纪律建设等各方面的建设，在全面加强公安大学生思想政治教育过程中充分发挥党委核心领导作用、党支部战斗堡垒作用、党员先锋模范作用，教育和引导公安大学生坚定理想信念、铸牢忠诚警魂，进一步引导学生自觉树立从事公安工作所必备的警察职业道德。"践行'对党忠诚、服务人民、执法公正、纪律严明'总要求就是立牢、立好职业道德的根本任务。"[2]

（二）加强思政工作队伍的建设

夯实公安院校党建工作必须加强思政工作队伍的建设。加强思政工作队伍的建设，是公安院校加强党对思政工作领导的重要基础，也是"三全育人"工作有效实施的主体条件。公安院校思政工作队伍担当着立德树人和忠诚育警的重要任务，在全面加强公安大学生思想政治教育中具有关键作用。

总体而言，党员领导干部、思政课教师和辅导员共同构成了公安院校的思政工作队伍，共同担当着立德树人和忠诚育警的重要任务，公安院校必须不断加强思政工作队伍的师德师风建设和职业能力建设，"形成三支队伍在大学生思想政治教育中的协同互动、有效配合机制，找准育人角度，提升育人能力，发挥协同育人效应"。[3] 第一，公安院校党员领导干部是全面加强大学生思想政治教育的组织者和引领者，在实施"三全育人"工作中发挥核心作用，尤其是党委要切实履行全面加强大学生思想政治教育的主体责任，牢牢掌握意识形态工作领导权，抓好学校党组织的政治建设、思想建设、组织建设、作风建设、纪律建设，推动教学管理各机关和部门形成齐抓共管、协同发展的工作格局，根据公安专门人才的培养目标对"三全育人"工作做出总体部署和规划，为推进立德树人和忠诚育警工作提供制度安排和资源保障。第二，公安院校思政课教师是全面加强大学生思想政治教育的实施者和执行者，在实施"三全育人"工作中发挥着关键作用，主要通过思政课的教学活动落实立德树人和忠诚育警的重要任务。思政课教师必须提高政治素质、教学能力和创新精神，努力做"政治强、情怀深、思维新、视野广、自律严、人格正"的学生成长成才的引路人，通过讲好思政课来引导公安大学生认同和养成警察职业道德。第三，公安院校辅导员是全面加强大学生思想政治教育的管理者和执行者，在实施"三全育人"工作中发挥基础作用，主要通过学生日常管理，尤其是警务化管理，落实立德树人和忠诚育警的重要任务。辅导员必须提高思想政治素质和学生管理能力，通过思想教育、心理辅导、就业指导以及日常事务管理，从日常生活管理的层面上引导公安大学生认同和养成警察职业道德。

（三）发挥学生党团组织的作用

夯实公安院校党建工作必须加强大学生党团组织建设。加强大学生党团组织建设，是公安院校加强党对思政工作的领导的重要基础，也是"三全育人"工作有效实施的积极要素，对于公安院校加强党对思政工作的领导、落实立德树人和忠诚育警的任务具有重要的现实意义。加强大学生党团组织建设，提高公安大学生自我教育、自我管理、自我服务的能力，有助于党的建设和思想教育更好地融入公安大学生的日常学习和生活之中，使大学生党团组织成为公安院校深入实施"三全育人"工作的重要堡垒。

公安院校大学生党团组织是思政工作队伍的重要补充和有力支持，凝聚了学生群体中具有表率作用的先进分子，有助于思政工作队伍推进和落实诸多方面的思想政治工作。党员领导干部的决策部署、思政课教师的课程教学以及辅导员的日常管理，既是对大学生实施的思想政治工作，同时也是需要大学生参与的思想政治工作，需要大学生党团组织的有力支持。更重要的是，大学生党团组织对思想政治工作的有力支持，不仅构成了思政工作队伍对全体大学生进行教育管理的重要桥梁，而且在支持和参与思想政治工作过程中能够促进学生开展自我教育、自我管理、自我服务，只有这样才能达到"三全育人"中"全员"的实际要求。

因此，公安院校要不断完善学校党委、院系党总支和大学生党支部构成的三级党建管理模式，在党委统一领导下由院系党总支推进落实各项思想政治工作、大学生党支部参与推进各项思想政治工作，"做强公安大学生党团活动、社团活动、区队活动和社会实践活动，让学生在耳濡目染中真正把社会主义核心价值观内化于心、外化于行"。[4]院系党总支要积极搭建大学生党支部、团总支工作平台，尤其发挥大学生党员对其他学生的"传、帮、带"作用，从而带动整个学生群体积极树立良好的思想观念、纪律作风和生活方式。

二、建设公安院校课程思政

教学是"三全育人"工作的基本内容，是党建、管理、文化协同发展的重要基础，建设公安院校课程思政是实现全员育人、全程育人、全方位育人的必然要求，尤其是全程育人之"全程"的主要载体就在于思政课教学过程和专业课教学过程相互衔接所构成的课程思政。"高校传统的思政课已无法全面贯彻'三全育人'的要求，需要坚持问题导向，通过深化改革，突破传统思政课的教学模式，推进'思政课程'到'课程思政'的教育教学改革。"[5]建设公安院校课程思政是为了进一步提升课程育人的整体效能，把培养党和人民忠诚卫士的根本目标融入各类课程的教学之中。从全面意义上看，课程思政是以思政课程为主渠道、在思政课教学基础上不断实现思政课和专业课协同育人的教学模式。

（一）推动思政课程的改革创新

建设课程思政的首要任务是讲好思政课，通过思政课教学的改革创新为课程思政的建设创造基础和条件。"全面提升思想政治工作水平，关键在于建立健全'全员、全程、全方位'育人体制机制，以思政课改革创新为牵引，深挖育人要素，统筹育人资源，协同育人机制，把立德树人融入高校人才培养全过程、各环节。"[6]建设公安院校课程思政的首要任务就是坚持以讲好思政课为导向，不断推动思政课程的改革创新。新时代公安院校必须坚持把思政课作为全面加强大学生思想政治教育的主渠道，顺应新时代的发展要求，全面落实习近平新时代中国特色社会主义思想的"三进"要求，按照公安专门人才的培养目标，积极推动思政课教学的改革创新，发挥思政课教师在实施"三全育人"工作中的关键作用，通过思政课的教学活动落实立德树人和忠诚育警的重要任务。

从"三全育人"的意义上说，公安院校思政课程的改革创新是在培养公安专门人才的目标引领下，探索和构建具有公安教育特色的思政课理论教学、实践教学和网络教学相结合的立体化教学模式。第一，探索和构建具有公安教育特色的思政课理论教学，可以把课程教学内容与公安实战案例相结合，通过案例教学的方式讲解和展示思政课的教学内容，"使大学生能够在具有公安特色的情境教学中既学习思政课程的理论内容，又体验公安工作中的实际问题，在理论内容与实际问题相互对接、相互贯通、相得益彰的课堂教学过程中引导大学生坚定'四个自信'和树立警察意识"。[7]第二，探索和构建具有公安教育特色的思政课实践教学，可以把课程教学内容与基层公安实践相结合，通过校局合作的方式延伸和拓展思政课的实践教学，让公安大学生在参与本地区的基层公安实践过程中，既能够进一步学习和领悟思政课的理论内容，又能够亲身体验公安工作中的实际问题，从而促进公安大学生树立警察职业道德。第三，探索和构建具有公安教育特色的思政课网络教学，可以把课程教学内容与网络信息技术相结合，通过网络传播的方式改进和完善思政课的教学方法，有针对性地开展网络教学、信息传播、虚拟实践，"把思想政治教育的网络传播融入学生的网络生活，充分利用新媒体为大学生提供思想交流、交往互动、即时通信、信息共享的理论教学方式和管理服务方式，积极从互联网、大数据、新媒体的应用上思考和推进'大思政'格局的构建"。[8]

（二）推动课程思政的建设探索

公安院校实施"三全育人"工作，既要坚持思政课教学作为全面加强大学生思想政治教育的主渠道，又要努力突破思政课教学的范畴，在思政课程的基础上积极探索和建设以公安专业课程为载体和内容的课程思政，努力开发和运用公安专业课程中蕴含的思政元素，从隐性教育的意义上对思政课教学进行延伸和拓展，从更多样、更广泛的教学过程中全面加强公安大学生思想政治教育，只有这样才能达到"三全育人"中"全程"的实际要求。"在各类公安专业课程中实施课程思政隐性教育，有意识地将'专业知识—教学方式—课堂活动'三个教学关联要素中蕴含的思政教育资源润物无声般渗透在课堂内外，力图在知识传授、能力培养过程中实现价值引领。"[9]实际上，公安专业课程作为公安大学生学习和掌握警务知识和实战能力的专门课程，本身就蕴含了培养党和人民忠诚卫士的价值引领，体现了人民警察"对党忠诚、服务人民、执法公正、纪律严明"的总要求，充满了开展思想政治教育的积极要素，公安专业课程对于公安院校建设课程思政具有独特优势。

公安院校应积极推动课程思政的建设探索，从课程育人的层面上推动"三全育人"工作的实施。第一，明确课程思政的目标。课程思政的目标就是在公安专业课程的教学过程中对公安大学生开展思想政治教育、引导公安大学生树立警察职业道德，是对思政课教学的积极延伸和拓展。既要在思政课教学中突出公安教育的特色，在思政课教学中增强忠诚教育的目标导向，也要在专业课教学中体现立德树人的要求，在专业课教学中增强思想教育的目标导向。第二，发掘课程思政的资源。课程思政的资源就是公安专业课程中蕴含着各种引导公安大学生树立警察职业道德的思政元素，专业课教师应积极对所承担的公安专业课程进行课程思政的理论研究、内容分析和教学设计，充分发挥公安专业课程在铸造忠诚警魂、培养警察职业道德上具有的思想政治教育优势。第三，开展课程思政的教学。明确课程思政目标、发掘课程思政资源的落脚点在于开展课程思政教学，使公安专业课程与思政课程相衔接、相融通。专业课教师在教学过程中应充分运用课程中的思政元素，引导公安大学生遵循"对党忠诚、服务人民、执法公正、纪律严明"的总要求，自觉树立正确的世界观、人生观、价值观和警察职业道德。

三、加强和优化警务化管理

管理是"三全育人"工作的重要内容,是党建、教学、文化协同发展的重要支撑,加强和优化警务化管理是实现全员育人、全程育人、全方位育人的有力保障,尤其是全方位育人之"全方位"需要通过警务化管理把立德树人和忠诚育警的要求覆盖到公安大学生日常生活之中,按照警察职业的特点对学生日常学习和生活进行目标导向和制度安排。"人才培养目标的实现需要有效的制度安排,其中,警务化管理是公安院校各项工作强有力的后盾。"[10] 警务化管理是公安院校人才培养的基本内容和有效模式,是全面加强公安大学生思想政治教育以及有序开展各项教学工作的必要条件,有助于思政工作队伍在日常学习和生活中培养公安大学生的警察职业道德。

（一）发挥警务化管理的思想教育功能

公安院校的警务化管理既是对学生进行日常管理的一种模式,也是对学生进行思想教育的一种模式,具有重要的思想教育功能,能够对学生的学习态度、形象作风、纪律意识、职业操守进行持久性、规范性的引导和塑造,只有这样才能达到"三全育人"中"全方位"的实际要求。因此,公安院校实施"三全育人"工作,应把"大思政"格局的构建置于警务化管理与党建工作、思政课教学、专业课教学协同发展的整体考量上,不断加强和优化警务化管理,发挥警务化管理具有的思想教育功能,通过警务化管理的日常运作流程来引导和规范公安大学生的自主管理、自我教育、自律监督。

在实施"三全育人"工作过程中,公安院校需要进一步加强警务化管理与公安大学生的课程学习、日常生活、校外实践相结合和相衔接,为公安大学生的课程学习、日常生活、校外实践营造规范化的管理环境。第一,通过警务化的课程学习管理发挥专业技术层面上的思想教育功能。警务化管理为公安大学生的课程学习营造规范化的管理环境,把警务化管理与课堂教学相衔接,通过警务化的课程学习管理来引导和督促公安大学生遵守学习纪律,认真学习思想政治、法律法规、警务战术等课程内容,努力掌握从事公安工作所需的警务知识和实战能力,在专业课学习过程中自觉树立警察职业道德。第二,通过警务化的日常生活管理发挥行为规范层面上的思想教育功能。警务化管理为公安大学生的日常生活营造规范化的管理环境,把警务化管理与日常生活相结合,通过警务化的日常生活管理引导和督促公安大学生遵守生活纪律,形成能够适应将来从事公安工作的思想观念、生活习惯和行为规范,在日常生活过程中养成警察职业道德。第三,通过警务化的校外实践管理发挥职业实践层面上的思想教育功能。警务化管理为公安大学生的校外实践营造规范化的管理环境,把警务化管理与校外实践相结合,通过警务化的校外实践管理引导和督促公安大学生遵守工作纪律,认真参与各种公安实践活动和完成公安机关分配的业务工作,通过参与公安业务工作进一步学习警务知识和实战能力,在公安实践活动过程中树立警察职业道德。

（二）优化警务化管理的日常运作流程

"要强化警务化管理，加强学生日常学习、生活、行为、习惯、思维、作风的养成教育，进一步夯实院（系）管学生模式下的学生管理工作机制，探索建立把学生在校表现与学业成绩纳入毕业入警考试综合成绩的相关制度。"[11] 从日常运作流程上看，公安院校的警务化管理是思政工作队伍把"三全育人"落实到学生的日常学习和生活过程的一项基本工作模式，实行一日生活制度和量化考评制度，对学生的作息时间、警容风纪、内务整理等具体事项进行严格安排和监管，尤其是对入学初期的公安大学生采取规范化的严格管理，通过常态化、持久性的全程管理，强化学生遵章守纪的良好习惯，纠正学生违反纪律的不良倾向，并根据量化考评信息对学生的操行表现进行评定，以此作为学生评奖评优和将来入警的重要参考依据，从而对学生从事公安工作的思想意识和行为规范发挥强有力的导向作用。

警务化管理贯穿于公安大学生整个学业发展过程以及日常生活过程，学生是实行警务化管理的对象，也是参与警务化管理的主体之一。公安院校警务化管理主要是在院系大队教师学管干部的主导和监控下，由学生干部组织对大队全体学生的学习和生活过程进行自主管理、自我教育、自律监督的一项日常运作流程。加强和优化警务化管理，关键在于处理好教师学管干部与学生干部组织在日常管理中的关系，处理好学生干部组织与大队全体学生在自主管理中的关系，使整个运作流程得以高效衔接。对于这一问题，一方面要发挥大队教师学管干部的主导监控作用，由院系主管学生工作的党总支副书记、辅导员等根据本校的警务化管理实施细则，选拔学生组建督察队并带领和指导督察队开展警容风纪、内务整理等方面的日常管理工作；另一方面要发挥学生干部组织的自主管理作用，明确学生干部组织是全体学生的监督者和服务者，由学生督察队根据教师学管干部的指示执行警务化管理实施细则，通过自主管理的方式具体落实一日生活制度和量化考评制度，并及时向教师学管干部汇报学生的操行情况。加强和优化警务化管理，为公安院校落实立德树人任务、推进"三全育人"实施、构建"大思政"格局创造常态化和规范化的日常管理基础。

四、推进特色校园文化建设

文化是"三全育人"工作的重要内容，是党建、教学、管理协同发展的精神动力，推进特色校园文化建设是实现全员育人、全程育人、全方位育人的必要条件，尤其是全方位育人之"全方位"需要一种具有公安特色的文化在整个校园进行广泛渗透和价值引领。"校园文化潜移默化地影响着学生的健康成长，浸润作用十分明显，公安院校良好的校园文化可以促进预备警官在学习生涯中健康成长。"[12] 推进特色校园文化建设是公安院校长期以来根据公安专门人才的培养目标对公安机关文化育警、文化强警工作的一种积极参照和实践，也是对建校以来内部先进文化要素的一种自觉传承和创新。公安院校通过校园文化的建设，把立德树人和忠诚育警的深刻内涵融入党建、教学、管理以及广泛渗透于公安大学生的日常学习和生活之中，把立德树人和忠诚育警的意义延伸到党建、教学、管理之外的广阔范围，"促进显性思想政治教育与隐性思想政治教育协同发展"，[13] 对公安大学生进行潜移默化、持久深入的价值引领，对公安大学生精神生活需求进行积极满足，由此促进公安大学生增强对警察职业的认同感以及对警察职业道德的自觉养成。

（一）彰显公安院校校园文化的特色

从根本上说，培养公安专门人才的目标、坚持政治建警和政治建校的方针，决定了公安院校必须坚持党建引领特色校园文化建设，彰显公安院校校园文化的特色。也就是说，公安院校校园文化建设是一种按照特色化的理念和方向对校园文化进行开发、凝练和展示的积极尝试。这种"特色"实质上就是公安特色，公安院校推进特色校园文化建设是在培养公安专门人才的目标引领下、以公安文化为主题，全员参与和全员共享的文化育警过程。这是区别其他普通高校校园文化最鲜明的特色，只有彰显这一特色，才能有效地增强公安大学生对警察职业的认同感，为构建"大思政"格局创造一种面向公安实战工作、服务学生成长需要的文化环境。

新时代公安院校推进特色校园文化建设，是以习近平总书记在中国人民警察警旗授旗仪式上的重要训词精神为政治底蕴、以校训为显著标志、以忠诚意识为核心理念、以人民警察职业道德为基本内涵、以公安英模精神为真实写照的公安文化建设，将中华优秀传统文化、革命文化和社会主义先进文化融入其中，积极满足公安大学生精神生活以及全面发展的需要。公安院校应顺应数字化、网络化、智能化深入发展的创新趋势，积极构建和净化自媒体场域，[14] 从信息传播层面上大大拓宽思想政治教育空间，借助自媒体场域使特色校园文化更加广泛地渗透于公安大学生的日常学习和生活之中。公安院校通过塑造文化环境、开展文化活动的方式发挥文化育警的功能，从文化层面上支撑"大思政"格局的构建，能够使公安大学生在"大思政"格局中潜移默化地接受公安特色校园文化的价值引领和职业熏陶，只有这样才能达到"三全育人"中"全方位"的实际要求。

（二）打造公安院校校园文化的品牌

进入新时代，公安院校应在长期以来的建设基础上推进特色校园文化实现新的发展，打造公安院校校园文化的品牌，通过品牌的打造进一步开发、凝练和展示具有公安特色的校园文化，在公安文化广泛渗透的基础上汇聚文化建设的精华，增强文化育警的效果。"文化育警的效果，取决于校园文化被师生认同和接受的程度。文化品牌的打造，有助于形成强大的感召力和吸引力，提升文化育警的实效。"[15]

特色校园文化的建设及其对公安大学生的价值引领和职业熏陶，既要依靠文化的广泛渗透，也需要文化的深度集成，形成文化的品牌效应。打造公安院校校园文化的品牌就是要根据人才培养和办学历程的实际，积极培育品质高、特色强、影响大的校园文化精品，在塑造文化环境和开展文化活动上培育系列文化精品，彰显公安院校校园文化的特色，助推立德树人和忠诚育警的工作。在新时代，公安院校要在已有的文化基础上着力打造具有公安特色的校园文化品牌，融入立德树人和忠诚育警的目标，凝练校园文化的特色和内涵，增强校园文化的感召力和吸引力，为全面加强大学生思想政治教育提供积极健康的文化支撑。在这方面，公安院校可以积极开展以忠诚为主题的特色文化活动，如讲好警察故事、纪念公安英模、庆祝警察节活动以及红色文化教育活动等，按照品牌化建设的思路和方向着力将这些活动培育成为品质高、特色强、影响大的校园文化精品，尤其要大力支持大学生党团组织参与文化品牌的打造和文化活动的开展，使学生能够从中深刻体验和感悟人民警察"对党忠诚、服务人民、执法公正、纪律严明"的重要意义。

参考文献：

[1] 刘黎明 . 论"三全育人"理念下公安院校的知行导向 [J]. 公安教育，2022(2)：50.

[2] 赵得志 . 大思政格局下公安院校立德树人路径思考 [J]. 铁道警察学院学报，2021(2)：11.

[3] 冯刚，高山 . 新时代高校思想政治教育治理论 [M]. 北京：中国社会科学出版社，2021：141.

[4] 马加民，冯红新 . 新时代公安院校大学生意识形态教育路径探析 [J]. 贵州警察学院学报，2022(2)：99.

[5] 课题组 . 新时代公安院校大学生日常思想政治教育模式研究——基于三所公安院校研究的视角 [J]. 上海公安学院学报，2020(5)：84.

[6] 史慧 . "三全育人"视域下的高校思政课改革创新机制研究 [J]. 思想政治工作研究，2021(9)：43.

[7] 卢文忠 . 公安院校思政课案例教学的应用 [J]. 教书育人（高教论坛），2021(10)：107.

[8] 卢文忠 . 公安院校网络思想政治教育的创新方式研究 [J]. 湖南警察学院学报，2020(6)：97.

[9] 胡玉娟 . 公安专业课程之"课程思政"实施路径探析 [J]. 福建警察学院学报，2021(1)：11.

[10] 张玉琢，韩春梅 . 公安院校警务化管理运行机制研究 [J]. 武警学院学报，2019(9)：81.

[11] 曹礼海 . 推动"四个思政"改革 全面提升"三全育人"水平 [J]. 公安教育，2019(6)：65.

[12] 陈春华 . 红色资源融入公安院校忠诚教育的实践探索 [J]. 福建警察学院学报，2020(5)：13.

[13] 吴长锦 . 思想政治教育协同创新研究 [M]. 北京：中央编译出版社，2019：155.

[14] 曹都国 . "三全育人"视域下高校思想政治工作多元协同的理论与实践探索 [M]. 上海：复旦大学出版社，2021：88.

[15] 林平 . 浅谈公安院校特色思想政治教育体系建设 [J]. 公安教育，2021(11)：53.

（本文已发表在《福建警察学院学报》2022 年第 3 期）

公安院校思政课实践教学的"高能模式"探究

卢文忠 ①

（广东警官学院 马克思主义学院，广东 广州 510230）

摘 要：高校思政课的实践教学是在理论教学的基础上构建社会实践的学习方式，从而促进理论教学以实现课程目标的，具有鲜明的主体性和渗透性原则的思想政治教育活动。思政课的实践性导向与公安院校人才培养的实践性导向，共同决定了思政课实践教学的重要性和现实性，思政课应不断适应实战化教学的需要和展现实战化教学的特点。"高能模式"是类实战化的实践教学方式，是根据思政课理论教学的基本内容，来构建以团队合作的方式在思想教育与实战体验相结合的过程中进行解决问题、层层通关和争先创优的社会实践创新方式。

关键词：公安院校；思政课；实践教学；"高能模式"；"金课"建设

实践教学与理论教学共同构成高校思政课的两大基本环节，实践教学是在理论教学的基础上进一步加强大学生思想政治教育的重要方法，是高校建设思政"金课"的重要内容。教育部《新时代高校思想政治理论课教学工作基本要求》指出："实践教学作为课堂教学的延伸拓展，重在帮助学生巩固课堂学习效果，深化对教学重点难点问题的理解和掌握。"对于公安院校而言，为了更好地培养党和人民的忠诚卫士，在"教、学、练、战"一体化向实战化的教学模式发展的导向下，思政课在理论教学中更加凸显实践教学的重要意义。公安院校思政课及其实践教学必须体现公安教育的特色和需要，让公安大学生在实践教学的学习体验中通过对理论知识的进一步理解和掌握、对中国特色社会主义的进一步了解和认同来增强从事公安政法工作的忠诚感。"公安院校思想政治理论课实践教学以服务公安工作、打造忠诚卫士为宗旨。实践教学体系必须紧紧围绕这个目标进行构造。"[1]公安院校在探索实践教学及其创新的过程中，基于"高能模式"的实践教学创新，是进一步做好和创新思政课实践教学的重要方式和积极尝试。

---

① 作者简介：卢文忠，男，广东警官学院马克思主义学院副院长，副教授，广东公安廉政建设研究中心负责人，研究方向：马克思主义理论与思想政治教育。

一、高校思政课的实践教学要求

就其性质而言，高校思政课首先是"理论课"。然而思政课作为一个遵循人的思想发展规律来塑造人的正确思想行为的教育过程，也需要延伸为"实践课"。高校思政课是在思政教师主导下的大学生接受系统化规范化的马克思主义理论教育、培育践行社会主义核心价值观、提升思想政治素质和思想道德修养的思想政治教育主渠道，体现了教师主导性的教学实践和学生主体性的学习实践的统一。

（一）思政课实践教学的基本要义

从整体进程来看，高校思政课教学是以理论教学为基础、以实践教学为延伸的思想政治教育过程。所谓理论教学，主要是教师对思政课教材中的基本原理、基本理论、基本思想以及相关内容信息进行课堂讲授和传播的实践活动，同时也是学生对教材内容进行课堂学习和理解的实践活动。对于大学生而言，理论教学侧重于内化的过程。所谓实践教学，是与理论教学相对应、相配套、相协调的教学活动，主要是教师根据思政课教材中的基本原理、基本理论、基本思想以及相关内容信息来组织和设置课外学习的过程，"更是要通过实践体验引导大学生认识和把握现实生活中的实际问题，在'解决问题'过程中培养能力，坚定信念，将书本知识、理论学说内化为大学生自身的政治素养和道德素养。"[2] 在这一意义上，对于大学生而言，实践教学侧重于在内化的基础上不断外化。简言之，高校思政课的实践教学，就是在理论教学的基础上构建社会实践的学习方式从而促进理论教学以实现课程目标的思想政治教育活动。

（二）思政课实践教学的两大原则

根据上述分析，相对于理论教学过程而言，实践教学更为突出大学生在社会实践中进行学习体验和解决问题的现实意义，具有鲜明的主体性和渗透性原则。一方面，所谓主体性原则，就是在实践教学过程中，教师只是"编剧者"，大学生则是"剧中人"。大学生在整个实践活动的"剧本"中不断演绎"剧情"、展现"剧情"甚至创造新的"剧情"。实践教学实质上就是大学生自觉参与、自主学习、自我教育的社会活动过程。与此同时，主体性原则还意味着作为实践活动"剧中人"的大学生是在个人与集体相统一的团队合作中来进行学习体验和解决问题。"思想政治教育的主体性原则，既强调每一个受教育者的自我教育，又提倡集体成员间的互相帮助、互相教育。"[3] 另一方面，所谓渗透性原则，就是在实践教学过程中教师只是间接介入，大学生则是直接融入。大学生在整个实践活动的过程中不断融入教师所设置的情景和环节之中，并通过团队合作的方式来进行学习体验和解决问题。也就是说，在整个实践活动中教师并不需要对大学生进行直接的理论讲授和课程指导，而是大学生根据教师安排的社会实践流程来进行学习和体验。实践教学实质上也是思政课把教学目的内容渗透到具体情境和社会实践之中的隐性教育过程。"把思想政治教育的目的意图渗透到相应社会实践活动开展的全过程及各个环节之中，突出的是融合中的渗透。"[4] 从这一意义上，实践教学中的主体性原则与渗透性原则是相容相通的，是大学生自觉自主提升思想政治素质和思想道德修养的重要体现。

二、公安院校思政课的实践教学

"思想政治理论课教学是公安大学生思想政治教育的主渠道和主阵地，是以四门思政课为主要载体的课程实施活动。对于公安院校而言，思政课教学需要结合公安工作的特点实现教学创新。"[5] 思政课本身具有实践性的教学导向和现实要求，同时，对于公安院校而言，由于培养公安工作人才的实际需要，在思政课上也特别需要强化实践性的教学导向和现实要求。思政课的实践性导向与公安院校人才培养的实践性导向，共同决定了思政课实践教学的重要性和现实性。

（一）实践教学要适应实战化教学

从办学特色和课程建设上看，公安院校思政课是公安院校根据国家思想政治理论课统编教材和总体要求，对公安大学生进行系统性的马克思主义理论教育和思想道德教育，并推进政治建警、政治建校、培养党和人民忠诚卫士的课程体系。也就是说，公安院校思政课在教学的具体实践过程中带有一定的特点。这种特点之一就是坚持理论联系实际，突出实战化教学的意义，适应"教、学、练、战"一体化向实战化教学模式发展的需要。"实战化教学是实践性教学的进一步深化，更加强调面向一线、面向岗位培养人才。"[6] 因此，在公安院校实战化教学模式改革创新的导向下，思政课也应不断适应实战化教学的需要，展现实战化教学的特点，特别是在实践教学的环节上让思政课能够结合公安特色，重视理论联系实际，让公安大学生在理论学习的基础上获得实战性的体验。

（二）类实战化的思政课实践教学

当然，如前所述，思政课首先是"理论课"，体现了思想教育、理论教育、政治教育的现实逻辑。在这一意义上说，思政课的课程性质决定了其不能完全按照公安专业课程来实施实战化教学，思政课的实践教学目标也不能等同于公安专业课程的实践教学要求。实际上，对于学生而言，思政课实践教学的关键和重点是培育"思想"，学习"理论"，而不是掌握"技术"，不是熟悉"业务"，是为了进一步巩固和加强在理论教学中所形成的认知和理解，因此完全按照实战化教学模式来开展思政课实践教学是不切实际的。但是，可以把实战化教学的一些具体思路、方法、要素、题材应用到思政课实践教学的内容及过程，使公安大学生在思政课的实践教学中进行具有实战化特点的学习体验，更突出解决问题的实践要求，更好地体现思想教育与实战教育的统一。"思政课天然具有理论性与实践性相结合的特点，要将二者融合起来。公安院校的思政小课堂要与社会思政大课堂紧密结合，丰富学生学习理论、认知国情、砥砺品质的载体。"[7] 在这一意义上可以明确，在实战化教学导向下的思政课实践教学所要构建的实战化学习方式、实战化体验方式，实际上是类实战化，是思政课天然具有的实践性特点的一种推进和拓展，也是公安院校建设思政"金课"的重要内容。在类实战化的创新推动下，思政课的实践教学能够让大学生忙起来、让教学活起来，并通过实践教学的"忙"与"活"推动整个思政课教学实效性的不断提高。

根据思政课实践教学的要求以及公安院校实战化教学的发展，公安院校思政课的实践教学需要在课程建设中进行积极创新，建立和尝试实践教学的新模式来营造在团队合作中进行学习体验和解决问题的思想政治教育过程，使实践教学更有成效、更有特色。这是公安院校建设思政"金课"的重要内容和环节。其中，参考当前公安院校的相关做法，根据广东警官学院思政课实践教学的新近经验，"高能模式"是适应这种需要的思政课实践教学创新的一种尝试。

三、"高能模式"的实践教学创新

"高能模式"之"高能"，是指高超的本领、高强的能力，具体表现在良好的理想信念、知识水平、思维能力、合作精神、意志品质，"高能"实质上就是形容能够卓有成效地攻坚克难和解决问题的人。按照这一理解，在公安院校思政课实践教学的创新意义上来说，建立"高能模式"的目的，就是把思政课的实践教学设计成大学生通过团队合作来攻坚克难和解决问题的集体学习过程和社会实践方式，就是要通过实践教学的创新来促进公安大学生知识能力的成长。"人的多方面能力和品质只能在实践中培养和锻炼出来，实践创造的外化——内化——外化的反馈过程，有助于教育对象在实践中成长。"[8]"高能模式"就是一种旨在培养和展现公安大学生高超的本领、高强的能力的社会实践活动方式。

（一）"高能模式"实践教学的创新理念

具体来说，"高能模式"是根据思政课理论教学的基本内容来构建以团队合作的方式在思想教育与实战体验相结合的过程中进行解决问题、层层通关和争先创优的社会实践创新方式。

之所以探索和尝试这种实践教学的新方式，就是为了在适应"教、学、练、战"一体化教学模式向实战化教学改革创新的基础上推进思政课的实践教学，并进而为提升思想政治理论课教学实效性创造有利条件。在此，这种有利条件主要体现在通过"高能"的社会实践模式来延伸和拓展课堂理论学习的时空，从而让公安大学生在思政课实践教学"忙"与"活"的"实战"中获得积极的学习体验和思想历练，有利于进一步增进公安大学生在整个思政课学习过程中的参与度和主体性，通过"高能"的学习方式来增进整个思政课教学的趣味性、自主性、创造性、互动性、实践性。"这种学习方式，特别注重理论学习与实践体验相结合、个体学习与团队学习相结合、思想教育与专业学习相结合、显性教育与隐性教育相结合，风格更加时尚，形式更加新颖，内容更加丰富。"[9]在"高能模式"的实践教学过程中，公安大学生在教师设置的通关情景中既要进行团队协作、共同攻关，也要充分发挥个体能力、贡献个体智慧，也就是在"高能"的活动中培养"高能"，同时也展现"高能"，每个人需要良好的理想信念、知识水平、思维能力、合作精神、意志品质来共同解决问题和完成任务。这样一种类实战化的实践教学模式，犹如让学生置身于"破案"的实践工作之中，在"破案"的情境设置中进行团队合作和解决问题，从而进一步激发思政课教学的活力、动力、魅力、吸引力、引领力。这是公安院校思政"金课"之含金量的重要构成要素和重要特色之一。

（二）"高能模式"实践教学的基本架构

从基本架构上看，"高能模式"＝"学习主题"＋"理论内容"＋"社会实践"＋"总结汇报"。按照广东警官学院近年来的尝试和做法，以《毛泽东思想和中国特色社会主义理论体系概论》课程为例，①"学习主题"是指贯穿整个活动过程的核心问题，如根据《毛泽东选集》中一段关于中国社会未来发展的理想目标的论述来设置主题——"学习概论课，探寻新理想"，并把"毛泽东提出的理想目标是什么"作为整个活动及其最后解答的根本问题。②"理论内容"是指融入整个活动过程的基本要素，主要包括党的理论、教材内容、专业知识、职业道德，并从中精选出一些信息编制成测试题目和情景案例。③"社会实践"是指在教学计划和学习主题的导向下，学生参与整个实践教学过程并对所设置的理论内容进行体验学习。④"总结汇报"是指学生在完成"社会实践"的基础上对参与整个实践教学过程的心得体会进行总结陈述。

（三）"高能模式"实践教学的实施流程

基于"高能模式"的思政课实践教学，是一个根据教学内容进行精心设置、对基本架构进行具体安排的由多个实施步骤和多个实践环节有机构成的流程化模式。首先，制定教学目标，设置活动情景。"高能模式"是服务于思政课理论教学的实践活动方式，整个实践教学过程围绕着思政课之理论内容来组织设计学习目标和活动情景，在教学目标的指向下制定实践主题，并有针对性地把教学内容以解决问题通关达标的实战化方式融入教师所设置的活动情景之中。这一步骤是整个"高能模式"的基础性和关键性阶段，决定着整个实践教学的进程和效果。其次，组建学生团队，下达实践任务。"高能模式"的实践教学是在教师的指导下，学生以团队合作、组长负责的方式来共同参与整个学习体验过程。再次，层层通关晋级，边做边过边学。学生通过团队合作在教师所设置的"高能"情境中进行"高能"实践，在每一关的测试题目和情景案例中不断"破案"获取下一关的通关线索，从而增进理论知识的理解和展现解决问题的能力，使参与者能够层层深入，步步为营，以期达到"边做任务、边过难关、边学理论"相结合的实践效果。在实践环节上，"高能模式"实践教学的一例如下：

发放学习资料→第一关，"《毛泽东选集》的论述与问题（并从中破解通关信息）"→第二关，"登录邮箱回答理论测试题（并从中获取通关信息）"→第三关，"登录邮箱观看开国大典视频（并从中破解通关信息）"→第四关，"前往中共三大会址纪念馆参观（并从中获取通关信息）"→第五关，"登录邮箱学习中国社会主义新时代（并从中破解通关信息）"→第六关，"达到学校指定地点汇报学习进度"→提交实践报告。

其中，每一关所涉及的案例、信息、题目等经过更新替换后即可为此后的参与者构建新的学习主题和任务过程，其他思政课程亦可通过具体内容的更换来开展实践教学，"高能模式"在操作上具有较强的可持续性和实用性。最后，提交实践报告，开展争优评选。在完成"高能模式"的全部任务后，各组学生撰写和提交总结性的实践报告，教师进行点评并按照完成任务的效率对展现出"高能"的先进团队进行评优。

结语：坚持守正创新，加强教学改革，是公安院校培养政治过硬、本领高强的公安预备役警官的重要任务。[10] 公安院校基于"高能模式"的思政课实践教学创新，以加强和推进理论教学为基础，以适应和展现实战化教学为导向，以团队合作和解决问题的"高能"为特色，是在思政课程改革创新中推动理论教学与实践教学有机统一、教师主导性与学生主体性有机统一、理论知识学习与社会实践体验有机统一、显性思想教育与隐性思想教育有机统一的积极尝试和创新探索，是思政课的实践性内涵在丰富多样的"高能"活动形式上的具体展开，从实践教学形式上的创新来适应公安教育内涵发展，是推动思政课建设和提高思政课教学效果的有益方式。此后，我们仍需进一步结合公安教育的实际，在课程改革创新和总结经验基础上用"高能"方式进一步打造思政"金课"。

参考文献：

[1] 洪岩 . "忠诚教育"的理论与实践——公安院校思想政治理论课从知识教育向信仰教育转化的探索 [M]. 大连：辽宁师范大学出版社，2017：162.

[2] 马计斌，弓兰秀 . 思想政治理论课实践教学指导 [M]. 北京：北京理工大学出版社，2013：313.

[3] 陈万柏，张耀灿 . 思想政治教育学原理 [M]. 北京：高等教育出版社，2015：212.

[4] 白显良 . 隐性思想政治教育基本理论研究 [M]. 北京：人民出版社，2013：39.

[5] 卢文忠 . 公安院校大学生思想政治教育长效机制研究 [J]. 武汉公安干部学院学报，2019(2): 63–67.

[6] 李华振 . 以智慧新警务为引领 培养卓越公安专门人才研究 [M]. 北京：中国人民公安大学出版社，2019：201.

[7] 杨海涛 . 全力打造具有公安特色的思政"金课" [P]. 人民公安报，2019/5/12(003).

[8] 董娅 . 当代思想政治教育方法发展新论 [M]. 北京：中国社会科学出版社，2012：162.

[9] 卢文忠 . 大学生学习型党组织学习方式创新：目标·问题·路径 [J]. 法制与社会，2019(7): 186–187.

[10] 李晓娟 . 公安院校党建理论教育与思政课教学改革研究 [J]. 辽宁警察学院学报，2019(4): 125–128.

（本文已发表在《辽宁警察学院学报》2020 年第 3 期，正文内容有所修改）

实现新飞跃 奋进新征程 续写新篇章

——学习《习近平谈治国理政》第四卷

卢文忠①

（广东警官学院 马克思主义学院，广东 广州 510230）

摘　要：《习近平谈治国理政》第四卷集中展现了马克思主义中国化时代化的最新成果，全面系统地反映了习近平新时代中国特色社会主义思想的新飞跃、新境界，为新时代社会主义现代化建设提供了科学指南、赋予了强大能量。马克思主义中国化实现新飞跃，深刻表明马克思主义这一强大思想武器用于指导人们认识世界和改造世界的生命力和真理性，充分展示了马克思主义这一强大思想武器与中国实际和时代特征相结合的可行性和重要性，解答了如何实现中华民族伟大复兴的重大历史问题，找到了一条适合中国国情的中国式现代化道路。在全面建设社会主义现代化国家新征程上，必须提高警惕，防范化解意识形态领域重大风险，巩固马克思主义的思想防线，人民公安必须为现代化的新征程保驾护航。

关键词：中国共产党；马克思主义中国化；社会主义现代化

　　赢得更加伟大的胜利和荣光，必须有强大思想武器的指导和武装，也将推动强大思想武器的发展和飞跃。新中国成立一百年来，中国共产党领导人民在革命、建设和改革的伟大历程中取得了一次又一次的伟大胜利，充分展示了马克思主义这一强大思想武器用于指导人们认识世界和改造世界的生命力和真理性，也充分展示了马克思主义这一强大思想武器与中国实际和时代特征相结合的可行性和重要性。不断推进马克思主义中国化的发展、实现马克思主义中国化新的飞跃，是党领导人民不断赢得伟大胜利的题中之意和理论逻辑。"特别是党的十八大以来，以习近平同志为主要代表的中国共产党人，坚持把马克思主义基本原理同中国具体实际相结合、同中华优秀传统文化相结合，坚持毛泽东思想、邓小平理论、"三个代表"重要思想、科学发展观，深刻总结并充分运用党成立以来的历史经验，

---

　　① 作者简介：卢文忠，男，广东警官学院马克思主义学院副院长，副教授，广东公安廉政建设研究中心负责人，研究方向：马克思主义理论与思想政治教育。

　　基金项目：广东省高等学校党的建设研究会 2021 年党建研究课题"新时代公安院校压实意识形态工作领导责任研究"（2021BK045）、广东省"八个相统一"高校思政课建设示范点培育单位的阶段性培育成果。

从新的实际出发，创立了习近平新时代中国特色社会主义思想。"[1]习近平新时代中国特色社会主义思想作为马克思主义中国化新的飞跃，将在全面建设社会主义现代化国家新征程上续写新篇章，引领全党和人民在实现现代化强国目标上不断赢得更加伟大的胜利和荣光。

一、展现新成果：展现马克思主义中国化的最新成果

习近平总书记指出："坚持解放思想、实事求是、守正创新，更好把坚持马克思主义和发展马克思主义统一起来，坚持用马克思主义之'矢'去射新时代中国之'的'，继续推进马克思主义基本原理同中国具体实际相结合、同中华优秀传统文化相结合，续写马克思主义中国化时代化新篇章。"[2]党的十八大以来，以习近平同志为主要代表的中国共产党人，坚持解放思想、实事求是、守正创新，根据新的时代条件和发展需要，推进了马克思主义基本原理同中国具体实际相结合的伟大实践，在继承和发展毛泽东思想、邓小平理论、"三个代表"重要思想、科学发展观基础上实现了马克思主义中国化新的飞跃，创立了习近平新时代中国特色社会主义思想，进一步揭示了实现民族复兴的发展规律和历史进路，充分反映了我国社会主义现代化建设不断取得伟大胜利的坚定自信，从"强起来"的历史新高度加深了对中国之路、中国之治、中国之理的理解，从经济、政治、文化、科技、军事等全方位、全领域阐述了我国社会主义现代化建设的基本理论和总结了我国社会主义现代化建设的历史经验。至今为止，这些基本理论和历史经验集中体现在《习近平谈治国理政》的第一卷至第四卷当中。

《习近平谈治国理政》第一卷至第四卷的根本理论逻辑就是马克思主义中国化及其飞跃，持续展现马克思主义中国化的新成果，展现了以习近平同志为主要代表的中国共产党人把马克思主义基本原理与中国实际相结合的坚定立场、深邃智慧和理论勇气，展现了马克思主义政党团结带领人民向现代化强国目标奋勇前进的坚定信心和强大力量。与第一卷、第二卷和第三卷一脉相承，《习近平谈治国理政》第四卷集中展现了马克思主义中国化时代化的最新成果，全面系统地反映了习近平新时代中国特色社会主义思想的新飞跃、新境界，为新时代社会主义现代化建设提供了科学指南、赋予了强大能量。《习近平谈治国理政》第四卷收入了习近平在2020年2月3日至2022年5月10日期间的讲话、谈话、演讲、致辞、指示、贺信等，包括坚持党的全面领导、始终坚持人民至上、坚持敢于斗争、统筹疫情防控和经济社会发展、坚定不移走高质量发展之路、加快建设社会主义法治国家、推进社会主义文化强国建设等21个专题，体现了总结历史经验、指导当下实践和展望美好前程相统一的理论品质。《习近平谈治国理政》第四卷是全党和人民学习马克思主义中国化最新成果的马克思主义理论文献。

二、实现新飞跃：马克思主义中国化实现了新的飞跃

《习近平谈治国理政》第四卷的根本理论逻辑是马克思主义中国化实现了新的飞跃。马克思主义中国化实现新飞跃，深刻表明马克思主义这一强大思想武器用于指导人们认识世界和改造世界的生命力和真理性，充分展示了马克思主义这一强大思想武器与中国实际和时代特征相结合的可行性和重要性。马克思主义中国化实现新飞跃，为我国在未来继续赢得更加伟大的胜利和荣光提供了强大思想武器和理论指导。

习近平总书记指出："一个民族要走在时代前列，就一刻不能没有理论思维，一刻不能没有正确思想指引。"[2] 人类文明的创造、伟大胜利的赢得，无不是在特定理论思维和正确思想的指引下所做的艰辛探索和自觉实践。那么，全面建设社会主义现代化国家、实现中华民族伟大复兴就必须坚持正确思想——马克思主义的指引，用马克思主义对中国革命、建设和改革的现实问题进行分析和解答，科学地揭示和把握共产党执政规律、社会主义建设规律、人类社会发展规律，从而找出一条实现民族复兴的现代化道路。习近平总书记指出："中国共产党团结带领中国人民进行的一切奋斗、一切牺牲、一切创造，归结起来就是一个主题：实现中华民族伟大复兴。"[2] 那么，如何实现中华民族伟大复兴？怎样才算实现了伟大复兴？这是立足当下、走向未来的重大历史问题和重大现实问题。从马克思主义关于人类社会发展规律的基本理论来看，实现现代化就是对这一问题的根本解答。当然，实现中华民族伟大复兴不完全等同于实现现代化，实现现代化也不完全等同于实现中华民族伟大复兴。然而，实现现代化是实现中华民族伟大复兴最重要的社会历史发展基础，实现现代化是实现中华民族伟大复兴的核心内容，实现现代化为实现中华民族伟大复兴创造最重要和最先进的物质基础、主体条件、社会环境、科技水平等等，实现现代化的直接进路和必然趋势就是实现中华民族伟大复兴。在21世纪以及更远的未来，没有实现现代化的民族复兴是不可想象的历史远景，不实现现代化就绝不可能真正实现民族复兴。因此，在实现第一个百年奋斗目标的基础上奋勇向前实现中华民族的伟大复兴，就必须实现现代化，建成现代化强国。那么，现代化的本质、现代化的意义、现代化的途径就成为了实现现代化必须解答的三个基本问题。

第一，现代化的本质。实现现代化，本质上就是一个国家从传统的农业社会模式向现代的工业社会模式的一种巨大转型。实现现代化标志着一个国家进入了繁荣富强的发展状态，彻底摆脱了落后僵化的困局，是对传统生产方式和生活方式的变革和超越。按照西方社会学家英克尔斯的描述，现代化是一个国家具有的复合特质，"这些特质包括都市化、高度的教育水平，工业化，普遍的机械化，高度的社会流动率等等"。[3] 不妨说，自西方工业革命以来的几百年，现代化成为整个世界发展的总趋势，现代化关乎每一个国家能否走向繁荣富强、摆脱落后僵化的前途和命运，每一个国家都不得不面对和解决如何实现现代

化的重大历史问题，没有走向现代化的国家注定要被时代的洪流所淘汰。我国遭受深重灾难的近代史最直接、最深刻地揭开了这一问题的实质：古老的中国遭遇了一种空前强大的异质性的外来文明——源自西方的现代化的文明形态。

第二，现代化的意义。1840年鸦片战争以来，古老的中国遭遇了正向全世界进行殖民扩张的西方列强的侵袭。西方资本主义国家用先进的坚船利炮打破了清朝上国的自我迷梦，曾经创造了辉煌文明成果的中国由此堕入了被动挨打的屈辱境地。坚船利炮的背后就是现代化，西方国家正是通过现代化而创造了包括坚船利炮在内的先进的现代工业文明。正是在这种遭受屈辱的历史困局中，一个重大的历史问题摆在了所有中国人的面前，正如习近平总书记指出："1840年鸦片战争以后，中国逐步成为半殖民地半封建社会，国家蒙辱、人民蒙难、文明蒙尘，中华民族遭受了前所未有的劫难。从那时起，实现中华民族伟大复兴，就成为中国人民和中华民族最伟大的梦想。"[2] 在这种时代背景下，要实现中华民族伟大复兴，最根本的出路就是实现现代化。尤其经历了甲午中日战争的失败，中国人在巨大的屈辱和惨痛中更加清醒地看到封建社会的落后困局和实现现代化的时代意义，强烈地感受到现代化较之于传统的强大优势。当然，倘若中国在近代遭遇西方资产阶级文明入侵之际能够以本土所孕育出的文明成功地解除内外交困，并掌控千年变局，能够按照自己的文明方式或以某种现代化的文明形态从政治上、经济上、军事上有效地抵御甚至打败西方列强，[4] 我们今天就根本不需要讨论实现现代化的问题，更无需苦苦追寻实现现代化的出路。然而，从马克思主义社会形态理论来看，古老的中国所处的封建社会形态远远落后于西方先进的资本主义社会形态，根本无法抵御西方列强的入侵，近代中国的屈辱反映了不具有现代化意义的封建社会与具有现代化意义的资本主义社会之间的巨大鸿沟，换句话说，只有实现现代化才能达到富国强兵、抵御外来入侵的目的。作为具有五千多年文明的古老东方大国，中国如何实现现代化？如何从传统的农业社会模式向现代的工业社会模式转型？具体来说，选择什么样的理论、按照什么样的方式对中国依然落后于时代潮流的传统文明进行现代化的改造？

第三，现代化的途径。经历了具有现代化意义的西方资本主义的沉重打击，对于古老的中国如何实现现代化的问题曾一度浮现出一个强烈的解答："现代化＝西方化"，即走西方资本主义的现代化道路。从人类社会发展的历史进程来看，资本主义无疑是一种现代化的文明形态，是一个国家实现现代化的一种道路和模式。既然西方国家通过现代化而创造了包括坚船利炮在内的先进的现代工业文明，那么古老的中国要走向繁荣富强、摆脱落后挨打的唯一途径就是"现代化＝西方化"？按照资本主义的理论和方式对中国的传统文明进行现代化的改造，在中国建立资本主义社会？然而，历史和现实都证明了资本主义道路在中国走不通。一方面，马克思、恩格斯通过对资本主义社会的研究，揭示了资本主义社会固然优越于封建社会，但资本主义既是一种前所未有的现代化的社会形态同时也是一种前所未有的冲突性的社会形态，经济危机、阶级矛盾、社会动荡、殖民扩张是资本主义自身无法克服的痼疾，尤其是经济危机犹如"社会突然发现自己回到了一时的野蛮状态；仿佛是一次饥荒、一场普遍的毁灭性战争"。[5] 也就是说，如果按照"现代化＝西方化"的逻辑解答中国如何实现现代化的问题，那么中国的现代化进程将会是一种自我毁灭式的现代化，就会染上资本主义这种"现代化"文明中的各种痼疾，即便实现了西方式的现代化也会不可避免地出现经济危机、阶级矛盾、社会动荡、殖民扩张，选择西方资本主义的现代化道路可谓是饮鸩止渴。另一方面，中国的资产阶级革命派也曾在中国开启了资本主义的发展道路，但始终没有改变中国落后挨打的历史困局，没有改变中国半殖民地半封建社会的性质。总之，选择资本主义的理论、按照资本主义的方式实现现代化对中国的传统文明进行现代化的改造行不通。当然，对于已有数千年文明历程的古老中国而言，倘若能从自身的传统中找出实现现代化的理论和方式，这样一来就不必饮鸩止渴。实际上，数千年的文明当中并没有关于中国如何实现现代化的直接方案，无法单纯地从传统文明中找到实现现代化的理论和方式。然而在数千年的长期发展中，中国的传统文明具有了包容性的价值理念和内在逻辑，能够积极吸收和借鉴外来文明中的一切先进因素，即便是异质性的外来文明。

那么，对中国如何实现现代化这一重大历史问题做出真正解答的就是马克思主义。从时代演变的意义上看，马克思主义是一种产生于西方工业革命时代的社会革命理论，是一种以批判和变革资本主义为历史使命的现代化理论。在批判和变革资本主义这种现代化的文明形态基础上所创造的文明形态，必然是一种全新的"现代化"，走这种"现代化"道路既可以避免选择资本主义的"食洋不化"，也可以避免固守封建社会的"食古不化"，中国可以走社会主义现代化的光明道路，选择马克思主义的理论、按照社会主义的方式对中国依然落后于时代潮流的传统文明进行现代化的改造。马克思主义最终成为党领导人民实现现代化的强大思想武器。习近平总书记指出："中国共产党为什么能，中国特色社会主义为什么好，归根到底是因为马克思主义行。"[2] 然而，选择马克思主义是否就意味着完全解决了中国如何实现现代化的重大历史问题？事实上，马克思主义是源自西方社会并首先变革西方社会的理论，一旦成为指导中国实现现代化的理论就必然要将其"中国化"，只有实现马克思主义的中国化才能真正发挥马克思主义的力量。习近平总书记指出："马克思主义之所以行，就在于党不断推进马克思主义中国化时代化并用以指导实践。"[2] 马克思主义中国化也就意味着，根据马克思主义这一理论的指导在中国建立社会主义社会，走社会主义现代化的发展道路，必然是中国式的现代化道路。"我们所推进的现代化，既有各国现代化的共同特征，更有基于国情的中国特色。"[2] 中国的现代化是在具有数千年文明、经历半殖民地半封建社会的特殊历史条件下的现代化，因而既要从马克思主义这一现代化理论中认识到实现现代化的基本特征，也要从中国这一古老的东方大国中认识到实现现代化的基本国情，从而走出一条真正适合中国"强起来"的现代化道路。"我国现代化是人口规模巨大的现代化、全体人民共同富裕的现代化、物质文明和精神文明相协调的现代化、人与自然和谐共生的现代化。"[2]与此同时，面对如此复杂的历史变局和困境，能够明确找到一条适合中国国情的中国式现代化道路，又鲜明反映了马克思主义和中国实际相结合的伟大探索"更上一层楼"，深刻体现了马克思主义中国化实现了新的飞跃。习近平新时代中国特色社会主义思想是当代中国马克思主义、二十一世纪马克思主义，是中华文化和中国精神的时代精华，实现了马克思主义中国化新的飞跃。

三、奋进新征程：全面建设社会主义现代化的新征程

在马克思主义中国化实现新飞跃的引领下，党领导人民开启了全面建设社会主义现代化国家的新征程，在建成社会主义现代化强国的道路上不断走向中华民族伟大复兴的未来。

面对百年未有之大变局，中国式的现代化道路并不平坦。习近平总书记指出："我在开班式上分析了要防范化解政治、意识形态、经济、对美经贸斗争、科技、社会、对外工作、党自身等8个领域的重大风险并提出了明确要求，强调我们必须始终保持高度警惕。"[2]作为中国式现代化道路的指导思想，马克思主义必然会面对意识形态领域的风险和挑战，也就是说，在中国实现现代化的道路上不可避免地会遭遇诸多反马克思主义思潮对我国意识形态领域的冲击。"如果任由主流意识形态遭受外部冲击，将对我国社会现代化建设的指导思想等产生巨大的冲击，从而影响社会稳定，导致政府权威效力失效等，从而破坏社会现代化建设宏伟目标的实现。"[6]改革开放以来，尤其是当前时期，冲击马克思主义的意识形态风险和挑战主要来自新自由主义、民主社会主义、历史虚无主义、民粹主义等社会思潮。这些社会思潮尽管各不相同，但具有相同的危害性，就是企图干扰和突破马克思主义的思想防线进而挑战党的执政地位和破坏社会主义现代化建设。

那么，提高警惕，防范化解意识形态领域重大风险是实现现代化新征程上的一项重大任务，为党的执政地位建立马克思主义的思想防线，抵御各种反马克思主义思潮对党领导的中国特色社会主义的攻击和破坏，事关国家政治安全和社会大局稳定。从意识形态安全的意义上看，全体党员尤其是领导干部必须坚定理想信念，牢记初心使命，增强风险意识，始终坚持用马克思主义这一强大思想武器作为行动的指南，防止各种错误思潮对自身理想信念的干扰和破坏，"持续补足'精神之钙'，不仅要从思想建设上永葆党员健康肌体，还需要发挥健康肌体的力量来运用好理论武器，直面错误思想'敢于亮剑'"。[7]必须明确认识到，国家政治安全和社会大局稳定离不开人民公安履行职责使命，社会主义现代化的强国目标离不开人民公安的保驾护航，人民公安是掌握在党和人民手上的"刀把子"，人民公安史就是为党和人民的事业保驾护航的历史。"长期以来，在党的坚强领导下，人民公安队伍牢记宗旨使命，忠诚履行职责，为维护国家安全、社会稳定、人民利益作出了

重大贡献。"[8] 在实现现代化强国目标的新征程上，人民公安必须以习近平新时代中国特色社会主义思想武装头脑，深刻领会"两个确立"的决定性意义，务必增强"四个意识"、坚定"四个自信"、做到"两个维护"，切实遵循对党忠诚、服务人民、执法公正、纪律严明的总要求，通过政治建警、改革强警、科技兴警、从严治警的方式推动新时代公安工作高质量发展，着力锻造"三个绝对""四个铁一般"过硬公安铁军，坚决履行打击违法犯罪、维护公共安全的职责使命，为党的执政地位和人民的幸福生活创造稳定安全的环境，在全面建设社会主义现代化国家、实现第二个百年奋斗目标和中华民族伟大复兴的历史进程中担当好党和人民的忠诚卫士。

作为培养公安专门人才的重要基地，公安院校必须坚持习近平新时代中国特色社会主义思想为指导，牢记习近平总书记重要训词精神，按照立德树人和忠诚育警相结合的原则全面加强公安大学生思想政治教育，推进思政课和专业课在课程思政建设上的协同育人，"通过党建、教学、管理、文化多方面协同发展的方式实现全员育人、全程育人、全方位育人，构建起'大思政'格局，使党建、教学、管理、文化共同产生立德树人和忠诚育警的积极效用"，[9] 共同引导公安大学生不断增强"对党忠诚、服务人民、执法公正、纪律严明"的人民警察意识，深入把握公安专门人才的培养规律，不断提高公安专门人才的培养质量，努力培养一批又一批党和人民的忠诚卫士。

参考文献：

[1] 本报评论部 . 马克思主义中国化新的飞跃——深入学习领会"十个明确"的精神实质和丰富内涵 [N]. 人民日报，2022–03–23(005).

[2] 习近平 . 习近平谈治国理政：第四卷 [M]. 北京：外文出版社，2022.

[3][美] 阿历克斯·英克尔斯 . 人的现代化素质探索 [M]. 天津：天津社会科学院出版社，1995：90.

[4] 卢文忠 . 论近代中国社会的文化矛盾——基于马克思主义的理论分析 [J]. 南华大学学报 (社会科学版)，2021(6)：26–33.

[5] 马克思恩格斯选集：第 1 卷 [M]. 北京：人民出版社，2012：406.

[6] 胡伯项 . 我国现代化进程中意识形态安全问题研究 [M]. 北京：人民出版社，2017：235.

[7] 卢文忠 . 马克思主义文化理论：一种批判性的研究 [M]. 重庆：重庆大学出版社，2020：336.

[8] 在党的坚强领导下奋进新征程建功新时代 [N]. 人民公安报，2022–07–01(001).

[9] 卢文忠，何健坤，钟贤哲 . 新时代公安院校"三全育人"工作的实施路径研究 [J]. 福建警察学院学报，2022(3)：1–8.

高校示范性思政课程建设的实践研究

柯健 ①

（广东警官学院 马克思主义学院，广东 广州 510230）

摘要：目前，学术界对高校"示范性思政课程"尚未有一个明确、统一的定义。"示范性思政课程"绝不能是名义上的"证书金课"，而必定是经受过反复淬炼，经得起时间考验的"实战金课"、一流课程。推进示范性思政课程建设，要从课程规划模式、课程教学模式两方面入手，不断探索各种方法途径。

关键词：高校；示范性；思政课程；建设

一、"示范性思政课程"的范畴界定

目前，学术界对高校"示范性思政课程"尚未有一个明确、统一的定义。一般来说，以往各地各级打造的"精品课程""优质课程"乃至如今蹿红的"金课"，都可以视作"示范性思政课程"的重要来源。通过归纳、借鉴学者们的观点，我们尝试把"示范性思政课程"的范畴界定如下：从广义而言，它是指各级教育行政部门和高校为了实现思政课的教学宗旨、教学目标，通过科学的评价手段，选拔出各门思政课程在规划、实施中的先进模式，依托课程主讲人的全流程演绎形成标杆效应，并借助一定的传播载体使之在师生群体中推广，进而提升思政课教学的整体实效性。从狭义而言，它单指某门思政课程通过优秀主讲人在一堂课内对具体章节的精彩讲授，展示该课程规划、实施的先进模式，达到以微见著、举一反三的传播效果，对同行具有示范借鉴的意义，对学生具有启发深思的作用。

近年来，教育部对打造高校示范性思政课程进行了统筹式、奠基式探索。为深入学习贯彻习近平总书记在学校思想政治理论课教师座谈会上的重要讲话（即"3.18"讲话）精神，高质量办好新时代高校思想政治理论课，教育部在 2019 年 4 月到 12 月间开展了全国高校优秀思想政治理论课示范课巡讲活动。该活动以参加学校思想政治理论课教师座谈会的一线高校思想政治理论课骨干教师为主体，与推动高校思想政治理论课改革创新结合起来，

---

① 作者简介：柯健，男，博士（后），广东警官学院马克思主义学院教授、副院长，研究方向：思想政治教育、党的建设等。

与集体备课、教学练兵、教学展示等活动相结合，获得教育部高校思想政治理论课教学方法改革项目"择优推广计划"资助的有关高校教学团队的积极助阵巡讲。教育部组织"百人巡讲团"中的高校思想政治理论课教指委专家，通过"周末理论大讲堂"、高校思想政治理论课骨干教师研修班等渠道开展示范巡讲，并通过"全国高校思想政治理论课教师集体备课平台"进行直播。[1]这一系列动作，对于促进广大思政课教师认真讲好思想政治理论课，切实发挥好思想政治理论课立德树人关键课程的作用，确实起到了积极的效果。但同时也应看到，以上措施有着一定的局限性。例如，示范课巡讲活动、"周末理论大讲堂"侧重于从宏观、战略层面话题，结合当前的热点焦点问题，以专题讲座形式进行总揽引导，这对于重构思政课教师教学思路、厘清思政课程的认识短板、误区，确实有重要启发作用，但另一方面，这些措施还难以下沉到各门思政课程的教材具体章节，更难以顾及微观要点，因此，从总体上看，其科研属性更明显，宣讲的味道更浓郁，示范的作用有限。

各地在高校思政课"精品课程""优质课程""金牌课程"的评定和验收上，也普遍存在一些弊端：大多单凭文字总结报告、教研论文发表情况、教研课题立项情况、团队取得荣誉等静态指标来评价，缺乏现场过程观摩、教学效果的同行评价、学生的意见反馈等，且又因为往往缺乏视频音频材料的佐证和存留，令"精品课程""优质课程""金牌课程"难以进行推广和观摩。而且，这种评定是在较为正式的、封闭的场合和严肃的气氛中进行，也容易使课程负责人产生焦虑和紧张的情绪。换言之，它类似于对思政课教师的"形成性评价"乃至"终结性评价"，而无法真正开展"过程性评价"。此外，一些地方的高校思政课"精品课程""优质课程""金牌课程"确实借助教学竞赛来决定，但教学竞赛中评委们即便有主办方下发的评价指标表格，依然往往难以达成共识。同一堂课在某位评委看来是最差的，可能在另一位评委眼中却被视作最优，这便是典型的例证。以上因素使得各类"精品课程""优质课程""金牌课程"同"示范性思政课程"的内涵要求存在一定落差。我们提倡的"示范性思政课程"绝不能是名义上的"证书金课"，而应是经受过反复淬炼的，经得起时间考验的"实战金课"、一流课程。

二、示范性思政课程建设的基本要义

（一）课程建设的主要内容

我们知道，课程建设是高校教学基本建设的重要内容之一，涉及教师队伍、教学内容、教学方法和手段、教材、教学管理等教学基本建设工作的诸多方面，是一项整体性教学改革系统工程。加强课程建设是贯彻落实立德树人根本任务、提高教学水平和人才培养质量的重要保证。

课程建设的要素有两个：课程的规划设计、课程的实施过程（即教学过程）。因此，课程建设的主要内容，实质就是课程规划模式建设和教学模式建设。

课程规划模式建设，主要是解决"教什么"的问题，至少包括三方面内容：开发课程，按照一定的思想和理论来进行开发；序化课程，按照循序渐进的原则培养学生能力，考虑专业特点、学生个性，让零散的知识系统化；编制课程，即建立课程标准，包括编制课程目标、课程内容等框架计划。

课程教学模式建设，主要是解决"怎么教"的问题，即在某种教学理论的指导下，遵循一定的教育目标，依据学生的身心发展规律特点，对教学目标、教学内容、教学结构、教学手段、教学方法、教学评价等进行高度概括后形成的一个相对稳定的教学行为系统。

（二）示范性思政课程建设的标准要求

1. 示范性思政课程规划模式建设。由于高校思政课的课程目标已相对固定，所以，示范性思政课程规划模式建设的重心可落在课程的序化、编制上，与党的创新理论武装同步推进，根据不同专业的学生特点、兴趣，进行因势利导。《关于深化新时代学校思想政治理论课改革创新的若干意见》明确要求，"调整创新思政课课程体系，统筹推进思政课课程内容建设，加强思政课教材体系建设"[2]。其中，教师对思政课教材体系进行再创造、再加工的过程，也就是思政课教材体系向思政课教学体系转化的过程。这正是示范性思政课程规划模式建设的关键一环。在当下的移动互联网时代，新媒体新技术早已与思政课高度融合，在示范性思政课程的构成上理应摒弃单一性观念，主动去拥抱信息化浪潮。因此，它绝不仅仅是传统的线下"示范性思政课程"，而至少应当包括线下"示范性思政课程"、线上"示范性思政课程"、线上线下混合式"示范性思政课程"、虚拟仿真"示范性思政课程"、社会实践"示范性思政课程"等五大类别。

2. 示范性思政课程教学模式建设。教育部高等教育司吴岩司长曾把金课标准归结为"两性一度"[3]，即高阶性、创新性、挑战度。"高阶性"就是知识能力素质的有机融合，是要培养学生解决复杂问题的综合能力和高级思维。"创新性"就是课程内容反映前沿性和时代性，教学形式呈现先进性和互动性，学习结果具有探究性和个性化。"挑战度"就是指课程有一定难度，需要跳一跳才能够得着，对教师备课和学生课下学习有较高要求。这对确定示范性思政课程建设的标准有重要的指导意义。在此基础上，结合高校思政课的学科性质、教学特点，对不同专业学生因材施教，可增加示范性、思想性、传承性这三点，从而把示范性思政课程的标准升华为"五性一度"。"示范性"就是课程的规划与实施有作为表率和典范可供大家学习的某种特性，有重大的借鉴、推广价值。"思想性"就是课程讲授中表现出强烈的政治倾向和社会意义，能坚持社会主义的积极导向，并且能通过受众易于接受、乐于接受的形式来实现。"传承性"就是指老师和学生都能把以往的知识或经验作为今日创新的支撑，不以僵化、静止的眼光看待以往的知识或经验，承认过去的教法、学法是今后改革的积淀，坚持守正和创新相统一。

三、示范性思政课程建设的方法途径

（一）加强组织领导和顶层设计

由于示范性思政课程建设是一项整体性、系统性的教学改革，因此高校必须加强组织领导，成立校、院二级课程建设领导小组。学校课程建设领导小组负责组织制定示范性思政课程建设规划、方案，组织开展示范性思政课程的评选，对示范性课程进行检查、指导和评估，加大对示范性课程建设的专项经费投入；马克思主义学院（思政部）课程建设领导小组负责制定示范性思政课程建设规划、方案，开展思政课程的建设、指导、验收，组织申报示范性思政课程、参与各级示范性思政课程竞赛活动等。两级高效联动，就能为示范性思政课程建设的有序推进提供坚实的组织保证。

（二）建立和完善示范性思政课程教学模式

建立一套充满活力的示范性思政课程教学模式，是建设示范性思政课程的核心内容。在实践中，我们提出建立和完善"四位一体，两轮驱动"的思政课程教学模式，借以催生更多示范性思政课程。

其中，"四位一体"是指系统讲授、专题教学、案例教学、实践教学的有机统一。系统讲授，指通过整合和发挥思政课教师专业背景、知识结构和教学专长，完善集体备课制度，提高课堂理论讲授的深度和水平；专题教学，指规范专题模块设置，充分利用校内校外两种教学资源，力邀更多校内外专家学者、英雄模范走进课堂，充分实现教学资源的优势互补；案例教学，指通过模拟、再现现实生活中的一些场景，引导学生把自己代入案例场景，通过分析、比较或者研讨进行反复的互动学习，从而提高学生分析问题和解决问题的能力，引导他们变注重知识为注重能力；实践教学，指根据高校办学特色、办学定位、专业设置等，积极对接实习实训实践单位，定期组织学生深入社会、深入基层，了解国情社情民情，鼓励拍摄制作微电影、微课堂、动漫、原创 MV 等作品形式反哺课堂理论教学。

"两轮驱动"是指研究型和互动型教学模式，共同驱动示范性思政课程成型。在研究型教学上，调研学生思想动态、回应学生思想困惑，挖掘现实素材，深耕教材内容，厚植理论根基，讲透理论热点。在互动型教学上，"精心设计课堂互动教学活动、倾力搭建课外互动网络平台"[4]，综合应用主题探讨式互动、归纳问题式互动、精选案例式互动、多维思辨式互动等多种互动教学类型。

（三）建设科学的示范性思政课程教学支撑体系

以学科建设为龙头，建设科学的示范性思政课程教学支撑体系。高校要积极拓展马克思主义理论学科建设资源转化为教学资源的实现途径，大力整合课程思政素材资源，推进思政课程和课程思政"双发力"[4]，深入研究思政课教学的课程体系、课程内容、教学方法，总结归纳新时代高校思想政治教育的规律和特点。

示范性思政课程的核心要素是人，必须动员具有真才实学的教师参与建设示范性思政课程。团队建设也是思政课教学支撑体系的重要组成。要以提升思政课教师个体的理论素养、教学水平、创新意识为着力点，着力打造一支支优秀教学团队。比如，通过参观考察、实践锻炼和社会服务等方法提升理论素养，通过集体备课、集中研讨、优秀教案评选、课堂教学大练兵等方法提升教学水平，通过创设思政课信息化教学环境并加以多轮培训的方法提升创新意识，使他们认识和顺应智能云时代教学改革的趋势，把课堂教学升级到"互联网＋思政课教学"形态。同时，统筹各教学院系的辅导员队伍建设与思政课教师队伍建设。

（四）通过"示范课程"和教学竞赛遴选"示范课程"

示范性思政课程之所以具有示范意义，必然在于其教案、教法的规划设计，以及教学过程、教学效果都独树一帜、胜人一筹。而要达到这种结果，需通过有组织、有规则的教学竞赛活动来遴选。为此，从各级教育行政主管部门的层面而言，要树立"以赛促评，以评促建"的理念，建立科学、公平、严格的示范性思政课程评判机制，将现场竞赛和课程立项、中期检查、验收评估、验收后跟踪相衔接，使之可量化、可检测、可评价。通过示范性思政课教学竞赛的举办，让优质的思政课主讲人及其课程设计方案脱颖而出。从高校马克思主义学院（思政部）层面而言，要以高校思政课骨干教师"名师示范课堂"建设为抓手，一手抓课程教学改革，一手进行沙场点将练兵。通过"示范课堂"促进"示范课程"的锻造，有助于培养造就教学能手，并选拔佼佼者参加上级主办的示范性思政课程竞赛。

（五）采用信息化的载体传播示范性思政课程

各级教育行政主管部门对示范性思政课程的竞赛活动、展示活动等的影像安排专人拍摄，及时录制好并遴选出一批最终被评定为示范课程的视频，向各高校的马克思主义学院（思政部）发布，同时积极利用现代信息技术手段，利用好"高校思想政治理论课教学资源平台"，建设好"思政云课堂"等载体，将示范性课程的教学大纲、考试大纲、电子教案、课件、练习与考试系统、参考文献目录、校本教学案例、教学评价等配套材料尽量上网进行广泛传播，供广大思政课教师反复观摩学习，使之真正起到示范效果。

参考文献：

［1］焦新. 教育部组织开展全国高校优秀思政课示范课巡讲 [N]. 中国教育报，2019-04-18(1).

［2］中共中央办公厅、国务院办公厅印发《关于深化新时代学校思想政治理论课改革创新的若干意见》[EB/OL]. 中华人民共和国教育部网站，http://www.moe.gov.cn/jyb_xxgk/moe_1777/moe_1778/201908/t20190815_394663.html.

［3］吴岩. 建设中国"金课"[J]. 中国大学教学，2018(12)：5.

［4］靳诺.打造具有全国示范意义的思政课教学模式 [J]. 中国高等教育，2017(1)：27.

［5］武汉大学坚持"四个双"建设思政课示范课堂 [EB/OL]. 中国共产党新闻网，http：// dangjian.people.com.cn/n1/2018/0330/c219984–29899788.html.

高质量推进公安机关党史学习教育的实践路径研究报告

于娣①

（广东警官学院 马克思主义学院，广东 广州 510230）

中国共产党是一个具有深远历史眼光的马克思主义政党，高度重视党史学习教育是中国共产党的优良传统和宝贵经验。党史学习教育开展以来，广东公安坚持把党史学习教育作为一项重要政治任务，紧紧围绕"学党史、悟思想、办实事、开新局"要求，聚焦目标任务和重点措施，创新方式方法，精心组织推进，高标准高质量完成党史学习教育各项任务，推动学习教育取得了扎实成效，广大公安民警和党员辅警坚定捍卫"两个确立"、坚决做到"两个维护"的忠诚警魂更加牢固，迈向新征程、建功新时代的警心士气更加振奋，勇于担当敢于斗争、奋力开创全省公安工作新局面的实践成果更加丰硕。

一、全面落实省委、公安部党委决策部署，推动广东公安党史学习教育取得扎实成效

广东公安把党史学习教育作为贯穿全年的重大政治任务，按照学史明理、学史增信、学史崇德、学史力行的要求，高标准高质量统筹谋划推进，从党史学习教育动员大会到庆祝中国共产党成立100周年大会，再到党的十九届六中全会，扭住党史学习教育重要节点，系统设计、精心组织、统筹安排、压茬推进，确保学习教育高起点起步、高标准落实，在南粤警营形成了学党史、悟思想、办实事、开新局的生动局面，切实把拥护"两个确立"、增强"四个意识"、坚定"四个自信"、做到"两个维护"体现到实际行动上。

（一）坚持最高站位、精心组织推进，确保党史学习教育各项工作落小落细落实

积极构建高位推进、高效运转、高质发展的工作格局，确保组织到位、人员到位、责任到位、工作到位。一是高点站位、精心部署。第一时间成立由厅党委书记任组长的领导小组，召开动员大会，制定印发"一通知、两方案"，对党史学习教育进行全面部署。多次召集领导小组会议、专题会议等，对扎实深入开展学习教育进行部署强调，持续推动掀

---

① 作者简介：于娣，女，广东警官学院马克思主义学院讲师，博士，研究方向：马克思主义中国化与公安工作。

起学习热潮。二是分类施策、精准把握。对标对表上级部署要求，结合实际细化15大项、40小项重点工作，制定责任清单，分解具体任务，规定完成时限。制定党员民警、辅警、员工自学指引，专题学习方案，专题培训方案和厅党委委员学习教育安排等规范，压实工作责任。三是规范有序，精细推进。积极推动将学习宣传贯彻工作内容纳入厅党委成员联系指导基层具体内容。在"广东公安信息网""广东省公安厅学习强国号"开设专栏，建立阶段性通报制度，强化督促指导工作。建立并落实工作例会、专题学习、督办落实、工作周报、信息收集报送等工作机制，规范有序推进学习教育。

（二）扎实开展学习、加强理论武装，持续推动学习宣传贯彻习近平新时代中国特色社会主义思想走深走实走心

认真组织学习指定学习材料和重要参考资料，持续强化党的创新理论武装。一是抓住"关键少数"、干部带头学。严格落实"第一议题"制度，省公安厅党委先后召开55次党委（扩大）会议、6次理论学习中心组学习会议，及时跟进学习习近平总书记系列重要讲话和重要指示批示精神。厅领导带领全省公安民警辅警收听收看"七一"庆祝大会盛况，带头为全省公安民警讲授专题党课，带领党委班子成员积极主动参加所在支部、小组组织生活会等，带动厅直单位先后召开理论学习中心组学习会375场，党支部会议1547场，深入推进专题学习。二是丰富载体形式、全员覆盖学。为省公安厅机关民警和党员辅警配发各类学习资料15400余本，把习近平总书记重要讲话作为各级各类培训的第一课和必修课，举办10期厅机关民警大轮训，实现轮训全覆盖。依托"粤警工会"平台开展线上有奖竞答。精心开展全省公安机关党史学习教育心得体会文章征集评比、"百年党史 千警诵读"——警营朗读者齐诵党史经典活动、优秀摄影作品展、美术书法作品展等系列主题文化活动，分片区组织开展"党旗在警营高高飘扬"全省公安机关微党课竞赛等。三是强化宣传发动、营造氛围学。统筹理论宣传、新闻宣传、社会宣传、文艺宣传、网络宣传，依托公安信息网、《南方法治报》、"广东省公安厅学习强国号""广东公安""粤警党建"等自有媒体平台，全天候发布学习动态和党史知识。积极协调《人民公安报》《南方日报》等主流媒体，及时宣传报道全省公安机关学习教育进展成效、先进典型和经验做法，营造良好氛围。

（三）创新形式载体、打造特色亮点，广泛组织开展形式多样的主题宣传教育活动

积极用好身边红色资源，精心打造开展具有广东公安特色、主题突出的宣传教育活动。一是把握重大节点举办主题活动。围绕"清明""七一""烈士纪念日"等重大节点，高规格举办主题宣传教育活动。王志忠同志带领厅党委委员和党员干部代表参观中共三大会址纪念馆，组织全省市公安局长座谈会会议代表到广东公安英雄广场举行祭奠公安英烈活动。清明期间，高规格举行广东公安清明节缅怀公安英烈活动和广东公安英雄广场2021

清明诗会，活动通过央视网等 20 余家媒体网络平台实时直播，当日在线观看总人数超过510 万。烈士纪念日当天，来自广东警官学院的 500 名青年学警在广东公安英雄广场举行缅怀公安英烈活动，继承遗志坚定信念。二是创新方式方法深化主题教育。高标准举办建党 100 周年安保维稳业务骨干培训班，组织全省公安机关 5000 名业务骨干开展主题培训。积极组织开展"探寻红色印记、传承红色基因"功模民警主题休养活动。组织全省 220 名公安机关专职党务干部、优秀党务工作者等参加党性锤炼活动。邀请党史专家以电视电话会议形式常态开展"名家讲党史"专题宣讲。推动厅直各单位组织开展"红色读书月""过政治生日""读书分享会""红色观影""红色故事主题党课"等各类活动 2527 场（次）、51000 余人（次）参加。三是用好警营资源打造特色亮点。充分发挥占地 3.5 万平方米的广东公安英雄广场和占地 1580 平方米的广东公安警史印记展馆两个公安特色红色文化场馆的党史教育作用，共组织 327 批次 17100 余人参观广东公安英雄广场，开展缅怀公安英烈活动；组织 368 批次、13300 余人参观广东警史印记展馆，传承红色基因、发扬革命传统。精心打造"丹青绘党史 山河忆井冈"——井冈山写生作品红色主题展览。精心组织开展庆祝中国共产党成立 100 周年"同唱一首歌——永远跟党走"主题合唱活动，带动各单位结合实际组织开展了一系列特色活动。

（四）紧密结合实际、抓好统筹结合，积极促进党史学习教育与公安工作和队伍建设深度融合

紧扣公安队伍特点，突出公安机关特色，组织开展系列学习活动。一是深入学习贯彻习近平总书记重要训词精神。牢牢把握习近平总书记对公安工作重要训词一周年契机，对学习宣传贯彻总书记重要训词精神进行再动员、再部署。王志忠同志召集全省市公安局长代表和优秀单位、功模民警、优秀辅警代表座谈，深入交流学习贯彻心得体会。全省公安机关积极丰富形式，创新学习载体，迅速在全警掀起深入学习贯彻重要训词的新热潮。二是扎实开展公安英模教育。结合公安队伍教育整顿，大力弘扬英模精神，推出全国"公安楷模"黎伟标、"全国优秀共产党员"颜海龙等一大批公安先进典型。高规格举办三场"把一切献给党——广东公安忠诚楷模先进事迹报告会"，获得强烈社会反响。三是扎实做好新时代思想政治工作。结合建党 100 周年安保维稳工作，部署开展"学党史、严党纪、铸警魂"专项活动。结合开展"四史"宣传教育，组织深入学习人民公安史。深入开展以坚持党对公安工作的绝对领导、做到"两个维护"等为核心内容的"九个为什么""十个如何"大讨论。聚焦建党 100 周年重大安保主线，全方位做好战时思想政治工作，抓好思想发动，教育引导广大党员民警坚定捍卫"两个确立"、坚决做到"两个维护"。

（五）立足主责主业、聚焦群众需求，用心用力用情深化"我为群众办实事"实践活动

紧盯群众"急难愁盼"问题，同时在省市公安机关开设"平安厅"信箱，精心研究确定"八件为民实事"，扎实推动重点民生项目清单落实。一是竭力办好"安民心"的实事。"平安厅"信箱开通以来累计接收有效群众来信7.5万件，解决群众"急难愁盼"问题18710个，制定工作规范73个，收到感谢信1400余封。深入开展常态化扫黑除恶专项斗争和打击突出刑事犯罪专项行动，整治群众反应强烈的突出治安问题，全省刑事破案数同比上升3.6%。扎实推进"全民反诈"行动，广州、深圳等13个地市电信诈骗警情和案件"双下降"，全省安装"国家反诈中心APP"人数居全国第一。深入推进"护校安园"行动，连续开展五轮校园安全隐患排查整治，组建校园最小应急单元3.78万个。畅通交通事故救援生命通道，道路交通事故送医院抢救无效死亡人数比去年减少14.1%。二是用心办好"纾民困"的实事。持续深化"放管服"举措，扎实推进"无证办事"，全省公安机关新增出入境、治安、技防类80项高频业务160个证件（证明）实现免提交纸质证件（证明）。推动2021年12月底前全面落实户政、交管等业务11项重点政务服务事项实现与福建、广西、海南等环粤省份"跨省通办"，累计办理业务36.5万笔（位居全国前列），惠及约72万人以上。全面推进"优先办""上门办""委托办""网上办""自助办"等老年人办事便利措施，共设置老年人服务专窗1800多个，为困难老人提供"上门办""委托办"服务次数超5万次。三是智慧办好"解民忧"的实事。持续推进"互联网＋民生警务"工作，广东110联合交管部门推出轻微交通事故快速处理功能，群众处理轻微交通事故可"无接触式"远程快速处置。推广互联网"学法减分"线上学习措施，方便群众接受教育减免交通违法记分。依托广东110微信报警小程序，为群众提供互联网报警服务，进一步拓宽报警渠道。扎实推进"团圆行动"，建成未成年人被害案件"一站式"取证救助专区158个，利用DNA比对寻亲"绿色通道"查找解救被拐失踪儿童562名。

二、全面总结广东公安党史学习教育经验做法，不断深化对学习教育的认识

广东公安党史学习教育特色鲜明、成效显著，形成了一系列鲜活工作经验、特色亮点做法，是不断加强和改进新时代广东公安工作和公安队伍建设的宝贵精神财富。

（一）纲与目共振：坚持紧盯目标与层层推进紧密结合

省公安厅党委按照党史学习教育目标要求，加强统筹谋划，制定实施方案，加强指导督促，推动党史学习教育贯穿全年、有力有序推进。同时，注重把握重大时间节点作出专门部署，打好组合拳，推动党史学习教育不断深化。比如，省公安厅党委先后围绕学习贯彻习近平总书记在党史学习教育动员大会上的重要讲话精神、"七一"重要讲话精神和党的十九届六中全会精神作出具体部署安排，推动学习教育不断向纵深发展。2021年3月，省公安厅党委召开党史学习教育动员大会，对开展党史学习教育进行动员部署。全省各级公安机关认真学习习近平总书记在党史学习教育动员大会上的重要讲话精神，深刻把握"三

个必然要求"的重大意义、"六个进一步"的突出特点，推动党史学习教育扎实开展。"七一"前后，省公安厅党委组织专题学习，深入学习领会习近平总书记"七一"重要讲话精神，学习感悟党领导人民公安的奋斗史、发展史，联系实际研究贯彻落实措施。全省各级公安机关深入学习理解"四个伟大成就""九个必须"根本要求等，深刻感悟伟大建党精神，贯通历史现实深刻领悟，紧扣职能任务内化转化。党的十九届六中全会后，省公安厅党委召开理论学习中心组学习会议，深入交流学习全会精神心得体会，对深化拓展党史学习教育提出具体要求。全省各级公安机关围绕《中共中央关于党的百年奋斗重大成就和历史经验的决议》，深入学习领会全会精神的丰富内涵，及时把全警思想和行动统一到全会精神上来。

（二）知与行互济：坚持教育民警与服务群众紧密结合

全省公安机关坚持开门教育，把"我为群众办实事"实践活动作为党史学习教育的重要内容抓牢抓实，采取切实管用的措施，解决了一批人民群众"急难愁盼"问题，在服务群众过程中密切了警民关系、提高了工作能力。为广泛倾听群众呼声，及时回应群众关切，切实维护群众利益，搭建"键对键"联系群众的沟通渠道，开辟速办速结民生诉求的快车道。2021年5月1日，省公安厅依托广东省政府网站集约化平台，利用省公安厅自有媒体，在互联网平台设立"厅长信箱"，同步推动21个地级以上市公安局设立"局长信箱"，命名为"平安厅"。针对电信网络诈骗犯罪持续多发高发，严重扰乱人民群众日常生活的现状，省公安厅紧密结合"我为群众办实事"实践活动，成立"反诈联勤作战中心"，建立"纵向到底、横向到边"的全民、全警反诈打防体系，强力推进"全民反诈"专项行动，全力落实打击治理电信网络诈骗犯罪工作，以超常规的工作力度和最有力的工作措施开展攻坚，坚决遏制电信网络诈骗犯罪高发多发态势，全力守护人民群众的"钱袋子"，不断提高人民群众的获得感、幸福感、安全感。实践证明，必须坚持教育民警与服务群众相统一，引导广大民警在服务群众、解决问题的过程中强化公仆意识和为民情怀，让人民群众在受益受惠中感受新时代广东公安的精神风貌。

（三）本与流交融：坚持把学思践悟与公安特点紧密结合

全省公安机关坚持把赓续红色血脉、筑牢忠诚警魂作为党史学习教育的重要目标，积极用好身边红色资源，广泛组织开展形式多样的活动，大力弘扬红色传统、传承红色基因。一是精心组织策划，推进主题教育。紧紧围绕党史学习教育和"我为群众办实事"实践活动部署安排，紧密结合细化深化助力乡村振兴工作，积极创新形式载体，精心制定《"追寻红色足迹 激发奋进力量"广东公安走进红色文化村主题活动实施方案》，联合省地方志办以全省150个红色文化村为载体，部署开展"一轮宣传报道""一场主题教育""一批为民实事""一次专题调研""一批帮扶措施"等"七个一"主题活动。二是用好警营资源，突出公安特色。积极推出一批思想政治教育基地，精心打造占地3.5万平方米的广东公安英雄广场，占地 1580 平方米的广东公安警史印记展馆，在扎实推进"四史"宣传教育的基础上，不断强化人民公安史、广东公安史教育，传承红色基因，铸牢忠诚警魂。三是致敬英雄模范，发挥榜样引领作用。结合公安队伍教育整顿，扎实开展英模教育，充分发挥公安英模英烈的示范引领作用，东莞市公安局民警黎伟标同志勇斗歹徒因公牺牲后，副省长、省公安厅党委书记、厅长王志忠同志带领全省 16 万民警、22 万辅警为其默哀送别，省公安厅印发学习决定在全省公安机关掀起学习热潮。持续唱响广东公安忠诚赞歌，精心组织"公安心向党 护航新征程""南粤政法英模"等重大典型宣传，依托主流媒体开展"我是党员我带头"典型宣传活动。

（四）宏与微并举：坚持把党史学习与履职尽责紧密结合

全省公安机关深入学习、忠实践行"对党忠诚、服务人民、执法公正、纪律严明"誓词精神，以担当诠释忠诚，用实干履行使命，圆满完成了庆祝建党 100 周年等系列安保任务，推动公安工作和公安队伍建设不断取得新的进步。以开展"八大专项行动"为牵引，深入开展反颠覆反渗透反恐怖斗争，严厉打击各类违法犯罪，统筹推进社会治安秩序整治，及时化解涉稳风险隐患，确保了全省社会大局持续平安稳定。研究制定系列改革方案，着眼全省"一盘棋"，大力推进警务机制和勤务制度改革，探索建立网上网下合成作战体系，积极研究基层基础建设导向，改革探索和试点工作取得了阶段性成果。始终坚持严格、规范、公正、文明执法，努力让人民群众在每一起案件办理中感受到公平正义，同时在省市公安机关开设"平安厅"信箱，全面部署开展"我为群众办实事"实践活动，人民群众满意度不断提升。毫不动摇坚持政治建警，深入开展党史学习教育和队伍教育整顿，坚决清除害群之马，着力推动公安队伍纪律作风转变；用心用情用力做好暖警爱警工作，健全职业保障，加强表彰奖励，开展慰问帮扶，不断增强广大民警、辅警的职业荣誉感、自豪感、归属感。实践证明，必须把学习教育同推动工作结合起来，坚持"两手抓两促进"，才能更好地把全省公安民警在学习教育中激发出来的工作热情和进取精神转化为攻坚克难、干事创业的强大动力。

三、巩固拓展学习教育成果，从党的百年奋斗历程中汲取智慧和力量，奋力推动广东公安工作高质量发展

开展党史学习教育是为了更好地以史为鉴、开创未来，需要加强对党史学习教育的规律性认识与理性化思考，科学擘画新时代广东公安高质量发展的实践路径。

（一）着眼提高政治能力，铸牢政治忠诚，深刻领悟"两个确立"的决定性意义，坚决做到"两个维护"

旗帜鲜明讲政治是对公安机关的第一要求，坚持党的全面领导、绝对领导是公安机关安身立命的根本所在。党的十八大以来，我们党取得的最大政治成果、最重要的历史经验，

就是确立了习近平同志党中央的核心、全党的核心地位，确立了习近平新时代中国特色社会主义思想的指导地位。要深刻认识"两个确立"的决定性意义，进一步增强"四个意识"、坚定"四个自信"，做到"两个维护"。公安机关要牢牢把握首要政治任务，一以贯之强化党的创新理论武装，始终把学懂、弄通、做实习近平新时代中国特色社会主义思想作为首要政治任务摆在突出位置，深入学习贯彻习近平法治思想和习近平总书记关于新时代加强公安工作的重要论述，读原著、学原文、悟原理、知原义，做到至信而深厚、融通而致用、执着而笃行，把理想信念教育作为铸魂育人、固本培元的战略工程常抓不懈，坚定不移做"两个确立"忠诚拥护者、"两个维护"示范引领者。

（二）着眼坚定历史自信，增强思想自觉，从党的百年奋斗中汲取智慧力量

深刻认识党致力于为中国人民谋幸福、为中华民族谋复兴、致力于为人类谋进步、为世界谋大同是我们党具有历史自信的最大底气，自觉坚守理想信念、牢记初心使命。深刻认识中国共产党人的历史自信既是对奋斗成就的自信、也是对奋斗精神的自信，自觉弘扬伟大建党精神，大力发扬红色传统、传承红色基因，赓续共产党人精神血脉。深刻认识历史认知是历史自信的重要基础，认真梳理党史学习教育的做法经验，坚持以"理"化人、以"信"育人，以"德"立人、以"行"树人，推动党史学习教育常态化长效化。要建立完善学党史的常态化长效化制度机制，把"四史"作为必学内容，纳入思想政治教育和党员民警辅警党性教育重点，将学习教育融入日常、抓在经常。以学习贯彻党的十九届六中全会精神为重点巩固拓展党史学习教育成果，持续掀起学习贯彻热潮，持之以恒推进党史总结、学习、教育、宣传，全面梳理广东公安党史学习教育开展情况，总结提炼典型做法和先进经验，树立打造特色品牌。加强广东公安史的编纂、研究、学习，发挥广东公安英雄广场、革命纪念馆等红色基因库的教育功能，推动红色基因融入血脉、永葆活力、彰显威力。

（三）着眼强化宗旨意识，坚持人民立场，更加坚定自觉地践行初心使命

党的十九届六中全会把"坚持人民至上"作为党百年奋斗的十条历史经验之一，强调必须永远保持同人民群众的血肉联系，践行以人民为中心的发展思想，不断实现好、维护好、发展好最广大人民根本利益。党史学习教育开展以来，省厅党委经过深入研究，提出"八件实事"，全省公安机关要牢记初心使命，坚定践行以人民为中心的发展思想，始终把人民群众对美好生活的向往作为奋斗目标，深入开展"我为群众办实事"实践活动。为群众办实事不能仅仅局限于这"八件"，要紧密结合实际，推出更多更好的便民利民服务措施。要认真总结经验做法，围绕群众"平安"所望，依法严厉打击群众反映强烈的电信网络诈骗、非法集资、跨境赌博等突出违法犯罪，常态化开展扫黑除恶斗争，不断提升平安品质。围绕群众"公正"所盼，推进执法监督管理机制和执法责任制改革，让各类案件在全过程监督中依法办理，努力让人民群众在每一起案件办理、每一件事情处理中都能感受到公平正义。围绕群众"便利"所急，精准做好公安行政服务管理"加减法"，让人民群众获得感有更多的"乘法"。把"我为群众办实事"办到点子上，落到实在处。

（四）着眼激发昂扬斗志，主动担当作为，忠实履行好新时代公安机关职责使命

党史学习教育的成果是具体的、可实践的，要把党史学习教育成果转化为立足岗位、干事创业的热情和干劲，转化为做好公安工作的强大动力和履行好公安主责主业的力量源泉。当前和今后一个时期，统筹发展和安全的任务十分艰巨，特别是今年将召开党的二十大，维护安全稳定面临诸多风险挑战。全省公安机关必须牢记职责使命，以更主动的担当、更积极的作为、更有力的举措，从严从实从细抓好各项工作。要立足两个大局、心怀"国之大者"，坚持底线思维、增强忧患意识、发扬斗争精神，全面贯彻总体国家安全观，统筹发展和安全，勇于担当作为、忠实履行职责，切实把防风险、保安全、护稳定的各项措施抓细抓实。要敢于斗争、善于斗争，加强风险预见预判，做实做细方案预案，切实下好先手棋、打好主动仗，在坚决斗争、勇于胜利中牢牢掌握工作主动权。要勇于担当、主动作为，围绕做好党的二十大安保维稳工作这条主线，知责于心、担责于身、履责于行，各司其职、各负其责，形成整体合力。要求真务实、真抓实干，围绕省公安厅党委确定的重点工作，一项任务一项任务抓落实、一个节点一个节点抓推进，务求取得实效。要深化自我革命，坚定不移推进全面从严治党管警，不断自我净化、自我完善、自我革命，在新的赶考之路上忠实履行好党和人民赋予的新时代使命任务，以优异成绩迎接党的二十大胜利召开。

全省各级公安机关要认真学习领会习近平总书记关于党史学习教育重要论述精神，加快建立常态化长效化制度机制，坚定历史自信、筑牢历史记忆，让正确党史观在南粤警营更深入、更广泛地树立起来，把巩固拓展党史学习教育成果与防风险、保安全、护稳定各项工作紧密结合起来，推动广东公安工作高质量发展，动员和激励广大公安民警以一往无前的奋斗姿态、风雨无阻的精神状态奋进新征程、建功新时代。

"八个相统一"指引"思想道德与法治"课程建设

曲凯欣 [①]

（广东警官学院 公共管理学院，广东 广州 510230）

摘　要：习近平总书记在学校思想政治理论课教师座谈会发表讲话时明确提出"八个相统一"，被认为是思政课程改革的基本遵循，思想道德修养与法治课程应以此为指导，帮助学生树立正确的世界观、人生观、价值观和道德观。

关键词：八个相统一；思想道德与法治；课程建设

2019年3月18日，习近平总书记在学校思想政治理论课教师座谈会发表讲话时明确提出"八个相统一"，被认为是思政课程改革的基本遵循，各门思政课程都在积极探索改革的路径和具体措施，"思想道德与法治"作为思政课中的基础课程也不例外。作为给大学一年级学生开设的思政课，"思想道德与法治"课程在思政课体系中起到了"排头兵"的作用，需要以"八个相统一"为指导开展课程建设。在新生入学之初就促进他们树立正确的世界观、人生观、价值观和道德观，发挥思政课程的功能，帮助他们扣好第一粒扣子。

一、政治性和学理性相统一

"八个相统一"中指出，坚持政治性与学理性相统一，这对于"思想道德与法治"课程来说是应有之意。"思想道德与法治"是一门融合思想性、政治性、科学性、理论性、实践性于一体的思想政治理论课。[1]课程的政治性和思想性极强，即不能单纯地就思想讲思想，也不能完全脱离思想讲政治，学理性固然重要，但是政治性也是"思想道德与法治"课程的必然属性。在讲授的过程中，教师应该注重马克思主义世界观和方法论的应用，特别是对"理想信念"章节进行讲解时，人生观、世界观等内容都应嵌入马克思主义世界观和方法论。

---

① 作者简介：曲凯欣，女，广东警官学院公共管理学院辅导员，讲师，研究方向：思想政治教育。

二、价值性和知识性相统一

学生学习"思想道德与法治"课程不仅仅是为了了解主流的思想文化和道德法治等知识，更重要的是在其中汲取营养，不断地滋养灵魂，对自身的意识形态起到支撑作用，所以"思想道德与法治"课程必然是价值性与知识性相统一的。大学生处于价值观形成的关键时期，但是其身体和心理尚未成熟，"思想道德与法治"课程就是要帮助学生树立正确的价值观。马克思主义是我国上层建筑的重要组成，"思想道德与法治"课程一般作为新生入学的第一门思政课，应该对马克思主义作一个基础的解读，在讲解和学习相关知识的过程中也应该注重马克思主义世界观和方法论的运用。

三、坚持建设性和批判性相统一

在"思想道德与法治"课程的教学过程中，教师应该注意给予学生正面的引导，各种形态的思潮确实存在着某些精华，但是，也存在不适用于当代中国的糟粕。坚持建设性和批判性相统一，既要将优秀的思想发扬光大，也要正确认识可能存在的历史虚无主义、单边主义、民粹主义等不利于意识形态安全的潜在危险。

四、理论性和实践性相统一

早在 2016 年，习近平总书记在全国思想政治工作会议上就指出"要解决思想政治教育中存在的理论与现实脱节问题"。思政课就是旗帜鲜明地讲政治，"思想道德与法治"课程就是帮助学生学习马克思主义、中国化的马克思主义。[2]实践性一方面要求思政课教师在授课时结合实际情况，更加"接地气"，要善于引导学生将理论知识融合大学学习、生活进行思考和感悟。另一方面，除了理论讲授外，必须安排适当的实践课时，让学生将所学的思想融入大学生活中，深刻领悟社会主义核心价值观。

五、统一性和多样性相统一

统一性是"思想道德与法治"课程教育教学的总体原则，多样性是在具体教育和学习过程中的实践情况，二者应该是统一的。统一性一方面表现在指导思想、教学目的方面是统一的，要以马克思主义的人生观、价值观、道德观、法治观来教育学生，另一方面表现在教材、学时等是统一的。"思想道德与法治"的课程教学统一采用马克思主义理论研究和建设工程重点教材，课程性质统一为必修课，课程学时有固定的理论课时和实践课时要求，这是统一性的体现。多样性则表现在教学的具体过程中。向法律专业学生与非法律专业学生讲解法治思想时的深度应有所差异。向本科院校学生和高职院校学生讲解人生观时也应有所差别。多样性就是指在"思想道德与法治"的教学过程中必须充分考虑到学生的特点，在坚持总体性的原则上根据其学校、院系、专业等特点进行适当调整。[3]

六、主导性和主体性相统一

主导性是指在"思想道德与法治"的教学过程中应该以教师为主导，由任课教师围绕思想、道德和法治进行讲解。但是，仅仅以教师为主导是远远不够的，必须同时注意到学生是学习的主体。主体性就是在"思想道德与法治"教学过程中必须充分考虑到学生的认识规律，充分考虑到学生的院系、专业等特征。要充分激发学生学习的主观能动性，调动他们学习和思考的兴趣。比如在讲解人生观时，可以引导学生思考自己的人生观、什么样的人生才是有价值的、如何创造自己的人生价值等问题。通过学生自发的思考，激发他们积极进取的人生态度。

七、灌输性和启发性相统一

从教育方式的角度来看，"灌输"教育是大学课堂必不可少的教育方式，特别是涉及意识形态相关的内容，灌输是获取基本知识、传递基本思想的必要手段。考虑到思政课是思想政治教育的主阵地，要以社会主义意识形态占领学生思想阵地，因此"灌输"教育是"思想道德与法治"课程的应有之意，但是，不能一味地灌输。要想使学生对课堂讲授的内容有深入的理解和体会，必须同时重视启发式教育。"思想道德与法治"课程不仅仅是使学生了解相关知识，更重要的是要引导学生将个人理想融入社会理想之中。引导学生为了"中国梦"的实现贡献自己的力量，在实现"中国梦"的过程中实现个人理想和自身价值。

八、显性教育和隐性教育相统一

思政课是进行思想政治教育的主渠道，"思想道德与法治"课程就是旗帜鲜明的显性教育，就是要全面贯彻党的教育方针，落实立德树人根本任务。高校不仅要回答"培养什么人、怎样培养人、为谁培养人"这个根本问题，而且要着眼于构建全员全程全方位育人格局。各类课程都有育人功能，思政课程应与课程思政应双向奔赴形成协同效应，这是隐性教育的一种体现。另一方面，学生工作也具有育人功能，资助育人、实践育人都可以与思政课程形成协同育人效应。同时，充分利用学生党支部、学生团支部、学生会等开展第二课堂的建设，可以通过丰富的学生活动开展爱国主义教育、社会主义核心价值观教育，弘扬优秀的中华传统文化。

参考文献：

[1] 本书编写组 . 思想道德与法治（2023 年版）[M]. 高等教育出版社，2023：10.

[2] 陈晓龙 . 以"八个相统一"推动高校思想政治理论课改革创新 [J]. 甘肃高师学报，2019，24(04)：1-6.

[3] 郑银凤 . 坚持"八个相统一"推动"思想道德修养与法律基础"课改革创新 [J]. 邓小平研究，2019(04)：53-59.

基于英模案例的公安院校课程思政建设探析

邱小芳①

（广东警官学院 马克思主义学院，广东 广州 510230）

摘要： 新时代公安英模身上值得学习和效法的、具有一定的政治和社会代表性的事迹对于丰富公安院校课程思政的载体、强化预备警官的职业认同和实现公安院校人才培养目标具有重要意义。公安院校要提高将英模案例融入课程思政的思想认识、组织基于英模案例的课程思政能力提升的相关培训，并建立健全基于英模案例的课程思政质量评价的机制和体系。选取新时代典型的英模案例融入育警课程中，有助于推进公安院校课程思政建设。

关键词： 英模案例；公安院校；课程思政

习近平总书记曾说，在和平年代，公安队伍是一支牺牲最多、奉献最大的队伍，也是英模辈出的队伍。精选新时代先进典型英模案例融入公安院校课程思政建设是弘扬公安英模精神、锻造优秀的公安事业接班人的必然要求，也是新时代公安院校课程思政建设的一项长期性、战略性工作。

一、英模案例和公安院校课程思政的内涵

"必须先研究事物，而后才能研究过程，必须先知道一个事物是什么，才能察觉这个事物所发生的变化。"[1] 研究基于英模案例的公安院校课程思政建设之前，必须先理清"英模案例"和"公安院校课程思政"的内涵。

（一）英模案例

"英模"，顾名思义就是英雄模范。通常"英雄"以名词出现，指具有英勇品质、才能勇武过人、无私忘我、不辞艰险、为人民利益而英勇奋斗，令人敬佩的人；有时也从名

---

① 作者简介：邱小芳，女，广东警官学院马克思主义学院教学秘书，助理研究员，研究方向：思想政治教育。

基金项目：2021 年广东省教育科学规划课题"公安院校'课程思政'建设研究"（项目编号：2021GXJK422）、广州市哲学社会科学发展"十四五"规划 2021 年度共建课题"公安院校思政教育与社会主义意识形态安全研究"（课题编号：2021GZGJ103）、广东警官学院 2021 年度教学质量与教学改革工程项目"基于公安英模案例的公安院校课程思政建设研究"（立项文号：粤警院教〔2021〕103 号）的阶段性成果。

词的解释引申为形容词，意为勇武过人的、英勇奋斗的、令人敬佩的。"模范"，本指制造器物时所用的模型，《论衡·物势》："陶冶者，初埏埴作器，必模范为形，故作之也"[2]，后引申为"榜样"和仿效的对象；《法言·学行》："师者，人之模范也。""英模"主要为政治、经济、文化和社会上具有代表性的先进人物，本文结合词义的本意和引申义解释，将"英模"定义为在日常工作和生活中被确立为榜样，值得人们学习、效仿，作出了杰出贡献的人才。结合本文研究语境，本文探讨的"英模"主要是指在新时代公安工作中，为人民利益英勇奋斗，作出了突出贡献和杰出功绩的先进个人和集体。

"案例"是人们在生产生活当中所经历的典型的富有多种意义的事件叙述，是人们所经历事件的有意截取。案例的叙述要求具体完整，突出事件中的对立矛盾，揭示当事人复杂的内心活动。[3]"英模案例"主要是为了宣扬英雄人物的日常和伟大事迹来让人们进行学习和模仿，它大多数是以某个杰出人物的个人事迹为主要内容。在英模案例中，他们的事迹主要是以本人的自述或他人的评价为表达方式。在创立和建设新中国的伟大历程中，不同时期在不同领域都涌现出了许多可歌可泣的英雄人物和模范人物。在本文研究语境下，"英模案例"是指新时代公安英模身上值得人们学习和效法的、具有一定的政治和社会代表性的、具体完整的先进事迹。

（二）公安院校课程思政

"课程思政"是相较于"思政课程"产生的，它是指为了配合新时代高等教育人才培养目标和高校思想政治教育发展的要求，通过挖掘除了思想政治理论课之外的各级各类课程和教学活动中蕴含的思想政治教育资源，通过课程承载思政、思政寓于课程的知识传授、能力培养与价值引领的和谐统一，发挥课堂主渠道承载的立德树人的功能与职责，促使学生在课程中潜移默化地接受思想政治的熏陶，让学生通过学习掌握事物发展规律、通晓天下道理、丰富学识、增长见识、塑造品格，努力成为德智体美劳全面发展的社会主义建设者和接班人的一种教育理念和教学实践活动。[4]可见，公安院校课程思政是培养公安事业的忠诚捍卫者和可靠接班人的一种教育理念和教学实践活动。公安院校是公安人才教育和培养的主阵地，以警务人才培养为目标，以习近平总书记的"十六字总要求"和训词精神作为办学治校的根本遵循和行动指南，承载着"对党忠诚、服务人民、执法公正、纪律严明"的价值引领职能，始终牢记为党育人、为国育才、为警铸剑的初心使命。因此，公安院校的课程思政必须发挥课堂的主渠道作用，促使学生在专业课程学习过程中潜移默化地接受公安领域价值观的熏陶。综上，本文所要探析的是围绕公安院校办学理念和办学特色，聚焦"对党忠诚、服务人民、执法公正、纪律严明"的十六字要求，将新时代不同类型、不同内涵的典型英模案例融入育警课程，以期推动公安院校课程思政的理念和实践不断发展。

二、英模案例对公安院校课程思政的价值

基于英模案例的公安院校课程思政是贴合公安工作实际的、具有公安院校特色的课程思政教育理念和教学实践活动。将英模案例融入课程思政有利于改革公安院校简单套用其他普通院校课程思政的做法，丰富公安院校课程思政的载体。英模案例中的榜样引领有利于强化预备警官的角色认同，促进公安人才培养目标的实现。

（一）有利于丰富公安院校课程思政的载体

选择贴近公安工作和警校生校内外学习和实践活动实际的英模案例，有利于丰富公安院校课程思政教学的有效载体。以典型的英模案例作为载体，引导学生在学习英模、走进英模的过程中讨论思考，有助于推动公安院校走出在课程思政教学中"无从下手""不知所措"的困境。

（二）有利于强化预备警官的职业认同

伟大的无产阶级革命家列宁说"榜样的力量是无穷的"，把公安英模案例融入公安院校育警课程中，在课程中融入公安队伍中涌现出的先进人物，在英模事迹的讲授中结合课程目标凝练英模精神，通过课程思政隐性"渗透"英模们身上"对党忠诚、服务人民、执法公正、纪律严明"的鲜明品格。将英模案例融入公安院校课程思政，有利于发挥英雄模范人物的榜样引领和职业导航作用，有利于增强预备警官的角色意识，强化向英雄学习、向榜样看齐的职业认同。

（三）有利于实现公安院校人才培养目标

在公安院校各级各类课程中融入英模案例，有利于发挥其中承载的育人功能，推进专业课程与思政教育同向同行，共同引导预备警官树立正确的职业理想和信念，实现公安院校全员、全过程、全方位育警，有利于落实立德树人的根本任务，培养政治素养过硬的卓越警务人才。

三、基于英模案例的公安院校课程思政建设策略

（一）公安院校要提高将英模案例融入课程思政的思想认识

英模案例巧妙融入课程思政并发挥引导预备警官树立良好价值观的作用，首先要看公安院校有没有转变思想认识。开展好基于英模案例的公安院校课程思政建设工作必须提高认识。公安院校必须认识到，要在了解英模事迹的基础上，"消化"和"吃透"英模精神，这是精选与课程的三维目标相一致的英模案例的前提和基础。公安院校全体教师必须从思想认识层面摒弃"思政教育只是思政课教师的事情"的陈旧观念，避免简单粗暴地将英模案例放在课程讲授过程中，导致"课程"与"思政"之间的关系沦为"两张皮"的局面。公安院校要深切地认识到英模案例的融入与课程目标同向同行，在提高认识的基础上改进

教学模式，主动引导学生走进英模，力争实现《高等学校课程思政建设指导纲要》中明确的："寓价值观引导于知识传授和能力培养之中，帮助学生塑造正确的世界观、人生观、价值观。"[5]

（二）公安院校要组织基于英模案例的课程思政能力提升的相关培训

《高等学校课程思政建设指导纲要》指出："要充分发挥教师的主体作用，切实提高每一位教师参与课程思政建设的积极性和主动性。"[6]组织公安院校教师队伍参加基于英模案例的课程思政能力提升培训是提高相关能力的有效方法。开展基于英模案例的课程思政能力培训时，要系统地引导全体教师结合教学实际，选取具有可信度、说服力、代表性、针对性和时代性的英模案例。通过培训，公安院校要提高全体教师对英模案例进行深入分析的能力和调动学生积极参与课程、主动走近英模的能力。课程思政目标的达成要提高教师将教学和生活实际有机结合的能力，一方面教师要避免对英模事迹的片面讲授和抽象疏离，另一方面教师也要避免将英模形象拔高和向学生单向灌输英模事迹。通过培训切实提升全体教师基于英模案例来开展课程思政的能力，让英模事迹"立得住"、让英模形象"活起来"、让英模精神"传开来"，切实发挥教师在课程思政中的主体作用。

（三）公安院校要建立健全基于英模案例的课程思政质量评价的机制和体系

基于英模案例的课程思政建设是一项长期性的工作，公安院校要结合警校育警目标和课程思政建设目标建立健全与之相适应的、长效的质量评价机制和体系。针对预备警官在校的不同阶段，有针对性地制定不同时期的课程思政工作评价指标体系。以"没有→有"的指标评价基于英模案例的课程思政是否开展；从各门课程、授课时间分配等维度评价基于英模案例的课程思政开展的课堂占比；从"课前→课后""学期初→学期末""入学→毕业"等不同时间节点前后对比的方式评价基于英模案例的课程思政"三进"工作的成效，也可以探索委托第三方实施长期性、跟踪性的评价方式，切实对课程思政的质量和效果进行科学评价。公安院校在评价基于英模案例的课程思政质量时要特别重视"进头脑"的成效，特别是对学生获得感和"内化于入脑入心，外化于行为准则"的长期性的、可量化的评价。

参考文献：

[1] 马克思恩格斯选集（第4卷）[M]. 人民出版社，1995：240.

[2] 陈至立. 辞海（第七版缩印本）[W]. 上海：上海辞书出版社，2022：1580.

[3] 陈至立. 辞海（第七版缩印本）[W]. 上海：上海辞书出版社，2022：23.

[4] 田洪鋆. 批判性思维视域下课程思政的教与学 [M]. 北京：法律出版社，2021：1-2.

[5][6] 教育部关于印发《高等学校课程思政建设指导纲要》的通知 [EB/OL].http://www.moe.gov.cn/srcsite/A08/s7056/202006/t20200603_462437.html?eqid=b04748c500024fb1000000003644788 4a,2020-06-01.

"课程思政"对公安院校的特殊价值探讨

张海燕　杨经录　邱小芳①

（广东警官学院 马克思主义学院，广东 广州 510230）

摘　要："课程思政"是贯彻落实习近平总书记"立德树人"教育思想而提出的一个重要教育理念，对于公安院校具有特殊的价值，主要表现为："课程思政"契合了"政治建校"的基本要求，丰富和完善了"政治建校"的基本内涵，进一步明确了公安院校教师的政治要求，进一步具体化了公安院校课程的政治属性，进一步强化了公安院校课堂教学的政治立场。明确这些特殊价值，无论是对于公安院校的高质量发展，还是对于"课程思政"在公安院校的贯彻落实，都具有重要的意义。

关键词：课程思政；公安院校；政治建校

　　"课程思政"是贯彻落实习近平总书记"立德树人"教育思想而提出的一个重要教育理念，对所有高校都具有重要的价值。但是，对于以"政治建校"为核心要求的公安院校，"课程思政"具有更加特殊的价值。明确这个问题，无论是对于公安院校的高质量发展，还是对于"课程思政"在公安院校的贯彻落实，都具有重要的意义，本文试对此问题做进一步的探讨。

一、"课程思政"的起源和基本内涵

　　探讨"课程思政"对公安院校的特殊价值，我们首先要明确"课程思政"的起源和基本内涵。

　　第一，"课程思政"的起源。

　　党的十八大以来，以习近平同志为核心的党中央高度重视高校育人方向问题，明确提出"立德树人"是高等教育的中心环节和根本任务。2016 年 12 月 7 日，在全国高校思想

　　① 作者简介：张海燕，女，广东警官学院 马克思主义学院讲师，研究方向：教育心理学、思想政治教育；杨经录，男，广东警官学院马克思主义学院三级教授，研究方向：思想政治教育；邱小芳，女，广东警官学院马克思主义学院助理研究员，研究方向：思想政治教育。

　　基金项目：2021 年广东省教育科学规划课题"公安院校'课程思政'建设研究"（项目编号：2021GXJK422）的阶段性成果。

政治工作会议上，习近平总书记指出，"高校立身之本在于立德树人"。[1] 在这一思想的指导之下，许多高校对课程的"立德树人"作用进行了积极的探索与实践，"课程思政"的教育理念逐步形成。正是基于新时代高校"立德树人"的根本任务和各高校早期对于"课程思政"的探索与实践，2017 年 12 月 4 日，在教育部党组发布的《高校思想政治工作质量提升工程实施纲要》中，第一点关于课程育人质量提升体系，首次明确提出，大力推动以"课程思政"为目标的课堂教学改革。在 2020 年 5 月 28 日，教育部党组又专门印发了《高等学校课程思政建设指导纲要》（下称《纲要》），对高校开展"课程思政"提出了明确的政策上的指引和要求。至此，推进"课程思政"建设已成为所有高校现实的要求。

第二，"课程思政"的基本内涵。

推进"课程思政"建设首先要明确何谓"课程思政"。正确理解"课程思政"，需要正确理解"课程""思政"这两个概念的基本含义和功能。何谓"课程"？课程的定义比较复杂，但是在常识意义上，课程就是："按一定逻辑顺序和学生接受能力，组织某一领域的知识与技能而构成。"[2] 所以，通常而言，课程主要表现为理论知识体系。作为课程主要载体的理论知识体系具有三重内涵：一是世界图景。理论知识是对客观世界的概念表达，人们正是通过对理论知识的学习，获得了对世界的认识，这种认识构成了人们的世界图景，即世界观，所以，理论知识体系首先就是一种世界图景；二是思维方式。任何成熟的理论知识体系都有形成的逻辑，这个逻辑就是一种思维方式。人们学习了这个理论知识体系，在一定意义上也就掌握了这种思维方式。所以，在这个意义上，理论知识体系还是一种思维方式。三是价值规范。一种成熟的理论知识体系，不仅体现为世界图景和思维方式，在更深层次上，它还体现为一种价值规范。因为成熟的理论知识体系，都具有指导实践的作用。这就决定了理论还是一种操作规范的程序，它告诉了人们能做什么，与此同时，也就规范了人们不能做什么。在这个意义上，理论知识体系还是一种价值规范。所以说："理论并不仅仅是人类解释世界的概念系统，而且是规范人们的思想与行为的概念系统。"[3] 任何一个成熟的理论知识体系都具有这样的三重内涵。正是因为理论知识体系的三重内涵，所以，学习一门课程的理论知识体系，不仅让大学生获得了对世界的理性认识和思维方式，在更深层意义上，它还对大学生形成了一种价值规范，即价值观引导。虽然，这种价值规范并不会以显性的方式体现出来，但它却是一种隐性的客观存在。只要系统地学习并认同这种理论知识体系，隐性的价值规范就会客观形成，这是学习一种理论知识体系的必然结果。何谓"思政"？课程思政中的"思政"就是指思想政治教育，当代中国权威的思想政治教育专家郑永廷教授认为："思想政治教育是教育者按照一定社会或阶级的要求，有目的、有计划、有组织地对受教育者施加系统的影响，把一定的社会思想和道德转化为个体的思想意识和道德品质的教育。"[4] 沈壮海教授认为："思想政治教育即一定的阶级或政党为将自己所倡导的意识形态转化为人们广泛接受的意识形态，引导人们形成相应的思想政治素质而自觉开展的教育实践活动。"[5]虽然上述权威专家对思想政治教育的释义在词语表述上略有差别，但基本内涵是相同的，即思想政治教育就是要将本阶级的主张转化为受教育者的思想观念和价值规范。也就是说，思想政治教育的基本功能就是明确的价值观引导。在新时代思想政治教育的权威性指导文件《关于加强和改进新形势下高校思想政治工作的意见》中也明确指出，新时代思想政治教育，"要强化思想理论教育和价值引导"。[1]基于上述对"课程""思政"的分析，所以，"课程思政"就是指在课程教学中，通过课程理论知识体系的学习，引导大学生形成党和国家所要求的价值观念，正如《纲要》所指出的："寓价值观引导于知识传授和能力培养之中，帮助学生塑造正确的世界观、人生观、价值观。"[6]

二、"课程思政"对公安院校的特殊价值

"课程思政"作为适应新时代需求的一种教育理念，对所有高校都具有重要的价值，但是，对于以"政治建校"为核心要求的公安院校，它具有更加特殊的价值意蕴。具体而言：

第一，"课程思政"契合了"政治建校"的基本要求，丰富和完善了"政治建校"的基本内涵。公安院校是人民警察的摇篮，人民警察是国家机器的重要组成部分，是和平年代维护党和国家安全的重要武装力量。所以，人民警察的政治属性是其核心的属性。虽然，其他群体的政治属性也很重要，但是，政治属性对于人民警察更为重要，是人民警察之所以为人民警察的核心要素之一，政治倾向有问题或政治立场不明确就不是一名合格的人民警察。因此，培养人民警察的政治意识就成为公安院校的首要任务。基于这些背景因素，公安院校普遍提出了"政治建校"的基本要求，用"政治建校"引导公安院校的发展，用"政治建校"规范公安院校的发展。"政治建校"作为公安院校的发展理念，不仅要体现在学校的宏观发展方向上，还应体现在学校的各项具体工作中，这样才能实现"政治建校"理念的贯彻落实。长期以来，各公安院校积极探索了体现"政治建校"理念的一些具体做法，丰富和完善了"政治建校"的基本内涵。但是，在课程建设方面，一直还没能形成具有典型意义的、具有引领作用的贯彻落实"政治建校"理念的一些做法。"课程思政"的提出，则真正实现了"政治建校"理念在课程方面的贯彻落实。因为，"课程思政"明确了课程的培养目标就是实现大学生对党和国家的高度认同，对党的路线方针政策和习近平新时代中国特色社会主义思想的高度认同，这些目标也正是"政治建校"的基本要求。所以说，"课程思政"契合了"政治建校"的基本要求，"政治建校"理念在"课程思政"中得到了具体体现，"政治建校"理念与"课程思政"理念在公安院校的课程中实现了辩证统一。"课程思政"也进一步丰富和完善了"政治建校"的基本内涵。

第二，"课程思政"进一步明确了公安院校教师的政治要求。教师是一个学校的灵魂，一种新的教育理念的落实最终依靠的就是教师队伍的贯彻落实。无论是"政治建校"，还

是"课程思政",都需要教师的理解并认同,这样才能推动这些教育理念的切实落实。长期以来,在"政治建校"理念的要求下,公安院校的教师政治素质普遍较高,无论是在教学、科研、社会服务中都能坚持正确的政治方向和政治立场。但在以往,这些政治素质往往以"自发"的状态体现在课程建设和教学实践中,还无法上升到"自觉"的高度。"课程思政"教育理念的提出,为教师的政治素质提供了发挥的空间和舞台,教师贯彻"课程思政"的要求,必须明确自己的政治立场和观点,这样才能真正实现"课程思政"的要求。所以,"课程思政"教育理念的提出,进一步明确了公安院校教师的政治要求,推动了教师的政治素质由"自发"状态转化为"自觉"状态。

第三,"课程思政"进一步具体化了公安院校课程的政治属性。任何一门成熟的课程都有特定的政治倾向,这种倾向通过课程的价值观呈现出来。即学生学习一门课程,不仅获得了知识和技能,而且还潜移默化地获得了课程的价值观引导。在实施"课程思政"建设之前,虽然,大多数的课程都能保证正确的价值观引导,但也有个别课程的价值观引导存在问题,因其是隐性的存在,无法引起足够的重视,但客观上却对学生造成了不良的影响,导致出现思政课程与其他课程"两张皮"的现象。对于公安院校而言,由于"政治建校"是基本的要求,所以,公安院校的所有课程基本能保证正确的价值观导向。但在以往,这种价值观导向,即课程的政治属性表现得并不明确,或只是以抽象的形式存在于课程的要求中,而无法具体化到课程本身。"课程思政"教育理念的提出,明确了从课程本身深入挖掘思想政治教育资源,这就使课程的政治属性不仅体现在抽象的要求中,还要具体体现在课程内容中,这就使课程的政治属性,即价值观引导功能更加具体、更加明确。所以,"课程思政"教育理念推动了公安院校课程的政治属性更加具体、更加明确,进一步具体化了公安院校课程的政治属性。

第四,"课程思政"进一步强化了公安院校课堂教学的政治立场。课堂教学就是教师站在特定立场上把已设计好的课程理论知识展现或传授给学生的过程。教师在授课时的政治立场,决定了课程的教学内容会对学生产生什么样的价值观引导。例如,站在马克思主义立场上,虽然资本主义在历史上对人类社会的发展起了重要的推动作用,但因其内在矛盾,它必然会被共产主义社会所取代。而站在美西方的立场上,资本主义社会就是"历史的终结"。所以,看待同一事物,不同的立场,就会有不同的结论,从而对学生也会产生不同的价值观引导。长期以来,公安院校在"政治建校"理念的要求下,课堂教学基本都能坚持正确的政治立场,基本上都能给学生以正确的价值观引导。但无可否认的是,这种正确的价值观引导也是更多地体现在对课堂教学的宏观要求中,还没能具体地体现在课堂教学中,这也在某种程度上影响了课程对学生的价值观引导。"课程思政"理念的提出,明确了课堂教学是"课程思政"的"主渠道",并具体要求:"课程思政要融入课堂教学建设,作为课程设置、教学大纲核准和教案评价的重要内容。"[6]这些要求都具体明确了课堂教学的政治立场，使公安院校的课堂教学在原有的正确的政治立场上又得以进一步强化。

总之，"课程思政"教育理念的提出，对公安院校而言具有更加特殊的价值，让以"政治建校"为基本要求的公安院校有了更为具体的建设指向。同时，也能够推进"课程思政"在公安院校的高质量发展，实现"政治建校"与"课程思政"在公安院校的双向提升。

三、明确"课程思政"对公安院校特殊价值的重要意义

"课程思政"对公安院校具有特殊价值，深刻领悟这一点，无论是对于公安院校的高质量发展，还是对于"课程思政"教育理念在公安院校的贯彻落实都具有重要的意义，具体而言：

第一，更能推动公安院校的高质量发展。公安院校高质量发展的一个核心标准在于人才培养的质量，即能够培养出党和国家需要的政治素质和业务素质双过硬的专门公安人才。培养人才，需要学校各部门的通力合作，这其中，专业课程起着核心的作用。教育部原部长陈宝生在"新时代全国高等学校本科教育工作会议"（2018年6月21日）的讲话中指出："2018年高校师生思想政治状况滚动调查结果显示，对大学生思想言行和成长影响最大的第一因素是专业课教师。加强课程思政、专业思政十分重要，要提升到中国特色高等教育制度层面来认识。我们要旗帜鲜明，在持续提升思政课质量的基础上，推动其他各门课都要'守好一段渠、种好责任田'，与思政课同向同行，形成协同效应。"这段话，清楚地告诉了我们，专业课在人才培养中的核心作用。"课程思政"教育理念，针对的就是在专业课中开展思想政治教育。对于以培养公安专门人才的专业性的公安院校而言，"课程思政"教育理念更加明确了课程的政治属性和政治要求，这更能有效地推进政治素质过硬的公安专门人才的培养。所以，"课程思政"更能推动公安院校的高质量发展。

第二，更能推进"课程思政"在公安院校的贯彻落实。"课程思政"是新时代高校贯彻落实"立德树人"要求的重要教育理念。各高校推进"课程思政"的贯彻落实是新时代对高校的基本要求。对于公安院校而言，由于"政治建校"是公安院校的基本要求，所以，公安院校普遍具有浓厚的政治氛围，在此背景下，推进"课程思政"建设，有着更加便利的条件。特别是进一步明确了"课程思政"对公安院校的特殊价值，即明确了"课程思政"能够进一步丰富和完善"政治建校"的内涵，以及"课程思政"进一步明确了公安院校教师的政治要求，进一步具体化了公安院校课程的政治属性，进一步强化了公安院校课堂教学的政治立场。这都为在公安院校推进"课程思政"建设奠定了坚实的认识基础。认识是行为的先导，明确了"课程思政"对公安院校特殊价值的具体表现，这必然更能有效推进"课程思政"在公安院校的贯彻落实。

参考文献：

[1][6] 冯纲 . 改革开放 40 年高校思想政治教育编年史（1978-2018）[M]. 北京：北京师范大学出版社，2019：582，588.

[2] 夏征农、陈至立，辞海（第六版）[M]. 上海：上海辞书出版社，2009.1101.

[3] 孙正聿 . 孙正聿哲学文集（第三卷）[M]. 长春：吉林人民出版社，2007：43.

[4] 郑永廷 . 思想政治教育学原理（第二版）[M]. 北京：高等教育出版社 2018.3.

[5] 沈壮海 . 新编思想政治教育学原理 [M]. 北京：中国人民大学出版社 2022.2.

[7][8] 教育部 . 高等学校课程思政建设指导纲要 [Z].(教高〔2020〕3 号).

（本文已发表在《广州市公安管理干部学院学报》2023 年第 4 期）

《共产党宣言》对党的政治建设的当代价值探讨

杨经录 ①

（广东警官学院 马克思主义学院，广东 广州 510230）

摘 要：《共产党宣言》是马克思主义政党的第一部政治纲领。新的历史时期，它为中国共产党的政治建设奠定了理论基础，确立了基本立场，指明了科学方法。因此，在新时代，加强党员对《共产党宣言》的深入学习，充分发挥《共产党宣言》在党的政治建设中的重大作用，对于紧密团结在以习近平同志为核心的党中央周围，坚定不移地推进全面从严治党具有重大价值。

关键词：《共产党宣言》；政治建设；理论基础；基本立场；科学方法

政治建设是指执政党为加强自身建设而在政治方面所进行的工作。党的十九大报告指出："旗帜鲜明讲政治是我们党作为马克思主义政党的根本要求。党的政治建设是党的根本性建设，决定党的建设方向和效果。"而发表于一百七十年前的《共产党宣言》是马克思主义政党的第一部政治纲领，它对于中国共产党的成立、建设和发展都曾发挥了重大的作用。在新的历史时期，它对于党的政治建设同样具有重大价值，本文试对这个问题做初步的探讨。

一、《共产党宣言》奠定了中国共产党政治建设的理论基础

马克思主义认为，政治建设是政党建设的内在要求，而政治建设的一项重要内容就是全体党员对党的政治属性等党的基本理论发自内心地接受和认同，从而实现统一全党意志、凝聚全党力量，为实现党的纲领和目标而奋斗。因此，明确党的政治属性，也就是明确党的性质、宗旨和奋斗目标等内容是党的政治建设的首要前提。《共产党宣言》（下称《共产党宣言》）是马克思和恩格斯为世界上第一个无产阶级政党——共产主义者同盟撰写的纲领，是国际共产主义运动的第一个纲领性文献，这部文献在一定程度上标志着马克思主义的诞生，它也明确了无产阶级政党——共产党的性质、宗旨、奋斗目标等基本内容。关

---

① 作者简介：杨经录，男，广东警官学院马克思主义学院教授，研究方向：思想政治教育。

于共产党的性质，《共产党宣言》明确指出："共产党人不是同其他工人政党相对立的特殊政党。他们没有任何同整个无产阶级的利益不同的利益。他们不提出任何特殊的原则，用以塑造无产阶级的运动。共产党人同其他无产阶级政党不同的地方只是：一方面，在无产者不同的民族的斗争中，共产党人强调和坚持整个无产阶级共同的不分民族的利益；另一方面，在无产阶级和资产阶级的斗争所经历的各个发展阶段上，共产党人始终代表整个运动的利益。"[1] 这些论述明确了共产党性质，即共产党是无产阶级政党，代表无产阶级利益，这是共产党区别于其他政党的根本标志。另外，《共产党宣言》又指出，"在实践方面，共产党人是各国工人政党中最坚决的、始终起推动作用的部分；在理论方面，他们胜过其余无产阶级群众的地方在于他们了解无产阶级运动的条件、进程和一般结果。"[2] 这段论述表明了共产党是领导工人运动的核心力量，是无产阶级的代表。关于共产党的宗旨，《共产党宣言》中虽然没有明确的论述，但其中有这样一个对比："过去一切阶级在争得统治地位之后，总是使整个社会服从于他们发财致富的条件，企图以此来巩固他们已经获得的生活地位。……过去一切运动都是少数人的或者为少数人利益的运动。无产阶级的运动是绝大多数人的、为绝大多数人谋利益的独立的运动。"[3] 这个对比表明，过去的统治阶级代表少数人的利益，而共产党代表绝大多数人的利益，是为占人口绝大多数的无产阶级和广大人民群众服务的政党，实际上表明的也就是共产党的宗旨——为无产阶级和广大人民群众的解放和利益而奋斗。关于共产党的奋斗目标，《共产党宣言》明确把奋斗目标分为近期目标和长远目标。《共产党宣言》指出："工人革命的第一步就是使无产阶级上升为统治阶级，争得民主。无产阶级将利用自己的政治统治，一步一步地夺取资产阶级的全部资本，把一切生产工具集中在国家即组织成为统治阶级的无产阶级手里，并且尽可能快地增加生产力的总量。"[4] 这就明确地告诉我们，共产党人的近期目标是建立自己的政权，废除资本主义私有制，实现生产资料公有制，促进生产力的发展，开辟新的道路。同时，《共产党宣言》又明确了共产党人的长远目标是：建立共产主义社会，也就是自由人的联合体，"代替那存在着阶级和阶级对立的资产阶级旧社会的，将是这样一个联合体，在那里，每个人的自由发展是一切人的自由发展的条件。"[5] 上述论述是《共产党宣言》中对无产阶级政党——共产党的政治属性的明确规定，它奠定了之后各国共产党建立的政治基础。

中国共产党从建立之日起就明确了是以马克思主义为指导的无产阶级政党，并在发展中结合中国的实际逐步确定了自己的性质、宗旨、奋斗目标等基本政治属性。关于中国共产党的性质，1922 年在中国共产党第二次全国代表大会上通过的《关于共产党的组织章程决议案》中明确指出，"我们共产党，不是'知识者所组织的马克思学会'，也不是'少数共产主义者离开群众之空想的革命团体'，'应当是无产阶级中最有革命精神的大群众组织起来为无产阶级之利益而奋斗的政党，为无产阶级做革命运动的急先锋'。"1945

年，中共七大通过的党章首次明确了党的性质，即"中国共产党，是中国工人阶级的先进的有组织的部队，是它的阶级组织的最最高形式。"2002年，中共十六大通过的党章，在总结历史经验、理论成果的基础上，适应时代要求，首次将党是中国人民和中华民族的先锋队写进党章。2017年，中共十九大通过的新党章重申了上述党的性质，即"中国共产党是中国工人阶级先锋队，同时也是中国人民和中华民族的先锋队，是中国社会主义事业的领导核心，代表中国先进生产力的发展要求，代表中国先进文化的前进方向，代表中国最广大人民的根本利益。"关于中国共产党的宗旨，虽然中国共产党的早期文献并没有明确提出宗旨问题，但是中国共产党的革命实践却鲜明地体现了中国共产党为无产阶级和广大劳动人民服务的根本宗旨，正是这些革命实践启发了毛泽东同志。1939年2月，毛泽东在给张闻天的信中，首次正式提出了"为人民服务"的概念。1944年9月，毛泽东在张思德的追悼会上，首次从理论上阐述了"为人民服务"的思想。1945年4月，毛泽东在中共七大所做的报告中，首次把"全心全意为人民服务"提升到了党的唯一宗旨的高度。同时，中共七大通过的党章首次把"全心全意为人民服务"写进总纲。此后，历次党章修正案都重申了"全心全意为人民服务"为党的根本宗旨。关于中国共产党的奋斗目标，中国共产党从成立起的每一次代表大会都确定了党的最低纲领和最高纲领。由于每一次代表大会确立的最低纲领都立足于当时的社会现实，所以各不相同，本文不再赘述。而最高纲领，从建党到现在，中国共产党一直把实现共产主义作为党的最高纲领，一大党纲把社会主义和共产主义定为党的奋斗目标，二大提出"渐次达到一个共产主义的社会"，七大党章明确阐述了党的最终目标是实现共产主义制度，中共十二大和以后的党章都采用了这一提法。中共十六大把十五大党章中"党的最终目标是实现共产主义的社会制度"表述为"党的最高理想和最终目标是实现共产主义"，此后的党章都重申了这一规定。

通过以上对《共产党宣言》中国共产党的政治属性的梳理，以及对中国共产党建党以来在政治属性方面的历史分析不难发现：虽然在词语的表述上并不一致，但是其思想内涵是一致的，是一脉相承的关系；虽然有些内容并不一致，但基本原则是统一的，并且有些内容是马克思主义的普遍原理和中国革命和建设具体实践相结合的产物，是新的历史条件下的丰富和发展。所以，综上所述，《共产党宣言》奠定了中国共产党政治建设的理论基础。

二、《共产党宣言》确立了中国共产党政治建设的基本立场

所谓立场，也就是为谁说话，为谁服务的问题。立场问题，是判别一个共产党员是否合格的根本性问题，也是确立党的路线、方针、政策最根本的标准。立场的对错直接决定了路线、方针、政策的对错。立场对了，最多能犯的是技术性错误，而立场错了就是方向性错误，走错道路的问题。所以，立场问题是党的政治建设的核心问题。《共产党宣言》

深刻反映了马克思和恩格斯对全世界无产阶级无比热爱的政治情怀，坚定地站在无产阶级的立场上思考问题、开展工作，充分表达了无产阶级的政治诉求以及对未来美好生活的热切期盼。马克思、恩格斯在《共产党宣言》中指出："过去的一切运动都是少数人的或者为少数人谋利益的运动。无产阶级的运动是绝大多数人的、为绝大多数人谋利益的独立的运动。"[6]这个论述充分地说明了共产党所领导的无产阶级革命是为了占人口多数的广大人民群众的利益而奋斗的。也就是说，共产党人是站在无产阶级立场之上进行运动的。另外，《共产党宣言》还指出，共产党人"没有任何同整个无产阶级的利益不同的利益"，[7]"共产党人为工人阶级最近的利益和目的而斗争"。[8]这些论述为共产党人的无产阶级立场提供了现实的依据。也就是说，之所以共产党人能够站在无产阶级立场上进行斗争，是因为共产党人与无产阶级的利益是一致的，是无产阶级利益的代表，没有任何自己特殊的利益。《共产党宣言》一方面指明了无产阶级政党的政治立场，即无产阶级和广大人民群众的立场，另一方面还为这个立场奠定了坚实的历史唯物主义基础。也就是说，无产阶级政党——共产党的无产阶级和广大人民群众立场并不是凭空想象，抽象的提出来的，而在建立在历史唯物主义的基础之上，历史唯物主义构成了无产阶级和广大人民群众立场的逻辑起点。恩格斯在强调《共产党宣言》的核心思想时多次指出：贯穿《共产党宣言》全篇的基本思想是这样表述的，"每一历史时代主要的经济生产方式和交换方式以及必然由此产生的社会结构，是该时代政治的和精神的历史所赖以确立的基础，并且只有从这一基础出发，这一历史才能得到说明"。[9]这段论述告诉我们，人类历史首先是生产发展的历史，物质资料的生产是人类社会存在和发展的基础。而物质资料的生产者是无产阶级和广大人民群众，也就说无产阶级和广大人民群众是物质生产的承担者和决定者，是社会进步的最终决定力量。由此，可以得出结论：无产阶级和广大人民群众是历史的创造者。正是历史唯物主义所提出的无产阶级和广大人民群众是历史的创造者这一结论，为无产阶级政党的政治立场确立了逻辑前提。也就是说，正是由于无产阶级和广大人民群众对社会、历史发展的决定作用，所以要站在无产阶级和广大人民群众的立场上思考和处理问题。《共产党宣言》中的这一历史唯物主义思想使无产阶级和广大人民群众立场获得了逻辑和现实的合法性。

中国共产党从成立之日起就遵循着马克思主义政党的无产阶级和广大人民群众的政治立场，并在党的发展过程中逐步把这一立场简化为人民立场。毛泽东强调指出："人民、只有人民，才是创造世界历史的动力。"[10]正是基于对人民群众历史作用的这种认识，毛泽东进一步指出："我们是站在无产阶级的和人民大众的立场。对于共产党员来说，也就是要站在党的立场，站在党性和党的政策的立场。"[11]改革开放以来，邓小平同志，江泽民同志，胡锦涛同志都时刻关注最广大人民的利益和愿望，并指出，要以"人民拥护不拥护""人民赞成不赞成""人民高兴不高兴""人民答应不答应"作为全党想事情、做工作的标准和基本尺度。要把实现好、维护好、发展好最广大人民的根本利益作为党和国家一切工作的出发点和落脚点。党的十八大以来，以习近平同志为核心的党中央更是从人民立场思考问题和开展工作，习近平总书记曾指出"我们党来自于人民，为人民而生，因人民而兴""民心是最大的政治""人民对美好生活的向往就是我们的奋斗目标"。在庆祝中国共产党成立95周年大会讲话中，习近平总书记更是明确指出："人民立场是中国共产党的根本政治立场，是马克思主义政党区别于其他政党的显著标志。"

通过以上的梳理和分析不难发现，中国共产党的政治立场——人民立场是对马克思恩格斯在《共产党宣言》中所明确提出的政治立场坚持基础上的丰富和发展，是马克思主义普遍原理和中国具体实践相结合的产物。所以，综上所述，《共产党宣言》确立了中国共产党政治建设的基本立场——人民立场。

三、《共产党宣言》指明了中国共产党政治建设的科学方法

党的政治建设是一项系统工程，确立了政治建设的基本立场——人民立场，只是明确了政治建设的出发点和落脚点，实现政治建设的目标——集中统一领导和正确的政治方向，还需要科学方法，《共产党宣言》为党的政治建设指明了科学方法。第一，实事求是的思维方法。在《共产党宣言》中，马克思恩格斯始终坚持实事求是的思维方法去观察和分析问题，对于资本主义产生和发展的历史规律、无产阶级的历史地位和作用的阐述，始终没有任何个人的主观臆测，而是严格地按照实事求是的原则和方法展开的，正如马克思恩格斯在《共产党宣言》所强调的那样："共产党人的理论原理，决不是以这个或那个世界改革家所发明或发现的思想、原则为根据的。这些原理不过是现存的阶级斗争，我们眼前的历史运动的真实关系的一般表现。"[12] 对于马克思主义基本原理的运用，马克思恩格斯同样坚持了实事求是。正如《共产党宣言》1872年德文版序言中指出的："这些原理的实际运用，……随时随地都要以当时的历史条件为转移，所以第二章末尾提出的那些革命措施根本没有特别的意义。如果是在今天，这一段在许多方面都会有不同的写法了。由于最近25年来大工业有了巨大发展而工人阶级的政党组织也跟着发展起来，由于首先有了二月革命的实际经验而后来尤其是有了无产阶级第一次掌握政权达两月之久的巴黎公社的实际经验，所以这个纲领现在有些地方已经过时了。"[13] 在这里，马克思恩格斯本着客观的精神，对《共产党宣言》中的某些思想进行了反思和批判，实际上体现的就是马克思主义的实事求是的精神和思维原则，这一思维原则贯穿了《共产党宣言》的产生和运用的始终。后来的马克思主义经典作家们正是遵循了《共产党宣言》为我们提供的基本原理和运用它的科学方法论才使无产阶级革命和社会主义建设不断取得成功。正如邓小平同志所强调的那样："马克思主义是打不倒的。打不倒，并不是因为大本子多，而是因为马克思主义的真理颠扑不破。实事求是是马克思主义的精髓，要提倡这个，不要提倡本本。"[14] 第二，

辩证的思维方法。辩证的思维方法具有丰富的内涵，在《共产党宣言》中主要体现了：一是辩证思维之对立统一的思维方法。《共产党宣言》通篇贯穿的都是以对立统一的思维方法进行的分析和批判，如对资产者和无产者对立统一的分析，对资产阶级革命性与反革命性对立统一的分析，对无产者和共产党人对立统一的分析，对资本主义私有制和共产主义公有制对立统一的分析，对科学社会主义与空想社会主义对立统一的分析等。二是辩证思维之具体问题具体分析的思维方法。在《共产党宣言》中无论是对基本原理的分析论证，还是基本原理的具体应用都采取了具体问题具体分析的思维方法，例如，在对无产阶级进行政治斗争的分析和论证中，马克思恩格斯并没有采取"一刀切"的做法，而是具体指出："在法国，共产党人同社会主义民主党联合起来反对保守的和激进的资产阶级，……在瑞士，共产党人支持激进派，……在波兰人中间，共产党人支持那个把土地革命当作民族解放的条件的政党，……在德国，只要资产阶级采取革命的行动，共产党就同他一起去反对专制君主制、封建土地所有制和小资产阶级。"[15] 对于基本原理的应用也是如此，正如前文所指出的，这些原理的实际运用，随时随地都要以当时的历史条件为转移。三是辩证思维之循序渐进的思维方法。《共产党宣言》中提出了很多具有震撼意义的斗争目标，如消灭私有制，实现共产主义社会等。关于消灭私有制，马克思恩格斯在《共产党宣言》发表后公开刊发的《共产主义原理》一文中明确指出："能不能一下子就把私有制废除？不，不能，正像不能一下子把现有的生产力扩大到为建立公有制经济所必要的程度一样。因此，很可能就要来临的无产阶级革命，只能逐步改造现社会，并且只有创造了所必需的大量生产资料之后，才能废除私有制。"[16] 对于实现共产主义社会，马克思恩格斯也指出；"工人革命的第一步就是使无产阶级上升为统治阶级，争得民主。无产阶级将利用自己的政治统治，一步一步地夺取资产阶级的全部资本，"[17] 最终实现共产主义社会。第三，阶级分析的思维方法。所谓阶级分析的思维方法就是指从阶级构成、阶级矛盾、阶级斗争的角度出发思考和分析问题。马克思和恩格斯特别强调阶级斗争，《共产党宣言》开篇正文的第一句话就是："至今一切社会的历史都是阶级斗争的历史。"[18] 并进一步阐述，"在过去的各个历史时代，我们几乎到处都可以看到社会完全划分为各个不同的等级，看到社会地位分成多种多样的层次。"[19] 对于《共产党宣言》中重点分析的有产者和无产者的对抗，马克思恩格斯也主要是从阶级和阶级斗争的视角进行分析和阐述。可以说，阶级和阶级斗争理论是《共产党宣言》的基本原理，抛弃了阶级斗争理论、阶级分析方法，就谈不上马克思主义。《共产党宣言》是阶级分析的典范，阶级分析的方法构成了《共产党宣言》最基本的思维方法。正如列宁所强调的那样，"马克思主义提供了一条指导性的线索，使我们能在这种看来扑朔迷离、一团混乱的状态中发现规律性。这条线索就是阶级斗争的理论。"[20]

　　总之，在《共产党宣言》中，无论是对一些基本原理的论证，还是这些原理的运用，都蕴含着马克思主义的科学方法，这些方法为中国共产党如何进行政治建设指明了基本方向。

参考文献

[1][2][3][4][5][6][7][8][9][12][13][15][16][17][18][19] 马克思、恩格斯 . 共产党宣言 [M]. 北京 : 人民出版社，2014.41.41.39.49.51.39.41.64.12.41-42.3-4.64.85.49.27.28.

[10][11] 毛泽东 . 毛泽东选集 (第 3 卷)[M]. 北京：人民出版社，1991.1031.848.

[14] 邓小平 . 邓小平文选 (第 3 卷)[M]. 北京：人民出版社，1994.382.

[20] 列宁 . 列宁选集 (第 2 卷)[M]. 北京：人民出版社，1995.426.

知识认同、价值认同与思政课启智润心之效用
——以"八个相统一"为视角

黎红勤 ①

（广东警官学院 马克思主义学院，广东 广州 510230）

摘要：思想政治教育的本质是价值塑造，亦即经由思政课教师引领，在认识论上形成学理确信并最终促成学生对核心价值的认同。通过思政课塑造价值认同包括两个阶段：形成知识认同；打通知识认同与价值认同的心理藩篱。坚持主导性和主体性统一，是认同的主体性特征以及思政课"启智润心"之属性使然，理应成为思政课教学实践的理性规范。

关键词：思政课；启智润心；知识认同；价值认知

一、引言

作为高等教育的重要理论构成板块，思想政治理论课在新时代也迎来新的挑战。成长于互联网时代的 00 后大学生，在微媒体以及短视频文化的塑造下，逐渐形成有其特殊性的认知特质，更乐于加工以影像化、视听为主的图像表征，虽然信息加工速度更快，但在专注、持续进行深度加工方面则有其局限性。而不少思政课教学依然以传统的"说教式""灌输性""照本宣科式"教学形态为主，教学形式单一，已然不合时宜。[1]具体到思政课堂便会出现教师"教不进"、学生"学不化"的现象，思政教育的效能与价值必然大打折扣。时代的发展与教学对象认知特性的变化，呼吁教学理念与教学方法的革新。习近平总书记在学校思想政治理论课教师座谈会的重要讲话中提出"八个相统一"，为推动思政课教学改革创新提出了具体的要求。[2]当"教"的载体发生剧烈变化，"教"的对象又展露出新的认知特性，"教"的形态有了具体的规范性指导，三者倒逼高校思政教育工作者重新审视新时代思政教育的本质，现代信息技术如何赋能思政教育，以及如何在信息化大背景下实现思政课的创新实践？就其本质而言，思政课最为核心的职能在于，经由思政课教师的教育与引领，在认识论上形成知识认同并最终促成学生对核心价值的认同。而思政课讲得

---

① 作者简介：黎红勤，女，哲学博士，广东警官学院马克思主义学院讲师，研究方向：科学方法论、侦查逻辑、警察心理健康与警民关系。

好与坏，学生学得好与不好，最终都要通过学生"认同"维度的变化来加以评估，具体而言就是形成知识认同，打通知识认同与价值认同之间的心理藩篱。文章以"八个相统一"中"坚持主导性与主体性相统一"为基础，探寻在现代信息技术之上通过教学方法优化寻求发挥思政课"启智润心"之功用的实践路径。

二、概念阐述：认同、知识认同与价值认同

党的十八大以来，习近平总书记充分论述了思想政治教育的合理性与必要性，并就思想政治课的建设与创新展开了系统、深入以及科学的论述。2022年4月25日，习近平总书记在中国人民大学考察时明确指出："思政课的本质是讲道理，要注重方式方法，把道理讲深、讲透、讲活，老师要用心教，学生要用心悟，达到沟通心灵、启智润心、激扬斗志。"[3] 总书记的这一论述对思政课的本质、内容、方法以及核心职能做出界定。把道理要讲深、讲透、讲活是强调思政课要尊重学生的认知规律，充分考虑"教"的阶段性以及"学"的渐进性。就其本质而言，思政课——讲道理的终旨在于"启智润心"，经由思政课教师的教育与引领，在认识论上形成学理认同并最终促成学生对核心价值的认同与服从[4]，或是对教育者所传授的价值观形成价值认同[5]。以《马克思主义基本原理》（下文简称《原理》）为例，通过理论讲授，学生在了解马克思主义的观点、立场以及方法基础上，树立马克思主义信仰，认同社会主义核心价值观。而学生对核心价值的认同大致分为两个阶段：第一个阶段是"启智"，通过理论学习形成知识认同；第二阶段则是"润心"，实现从明学理到形成价值认同的升级。为澄清知识认同、价值认同两个概念，需先阐明何谓认同。

在日常生活中，"认同"的用法非常多。在不同的学科中，"认同"亦有各自的用法及其特殊的概念内涵。例如心理学中的"自我认同""性别认同"，社会学中的"社会认同""种群认同"，以及政治学中的"政治认同"，等等。从哲学的意义上看，认同呈现出一种对"自我"与"他者"关系的理解和认识，且依托于对与自身相似的、一致的事物的认知和觉察。[6] 有学者强调认同的"认知"特性，将认同定义为主体（我）基于某些根本信念，认定客体（对象）意义，并建构主客关联的系列复合信念的过程，并通过对不同学科的认同谱系的梳理，归纳抽象出"认同"的一般性特征：

（一）认同是一种因"我"而起的社会性对象关系；

（二）认同是以"我"为中心并由"我"认定的一种整体关联结构；

（三）"我"认定的重心不在真而在善即整体结构中对象意义的汲取；

（四）"我"处于某种整体结构中并具有某种一致性、稳定性与连续性；

（五）"我"的认同显示出结构中的某种期待性；

（六）"我"的认同表现为对我与对象关联的一种稳定的确信感；

（七）"我"的认同一旦形成，会有相应的行为发生。[7]

上述七个特征实质上把"认同"指向或引向了"我"的信念，不妨称之为认同的信念指向解释。七个特征可以进一步概括为三大特征，即主体性特征、结构性特征以及倾向性特征。主体性特征是指，作为一种认知活动，认同的主体是"我"。结构性特征是指，认同的发生是"我"与"对象"之间的一种有其特殊结构的主客体关系，这种关系既有认知特性也有价值特性，且价值特性更为核心，是"认同"区别于其他认知活动的依据。倾向性特征是指，当特定条件满足后，主客体之间的"认同"会使得"主体"产生特定思维和行为模式，而这种倾向性特征的基础是主体对客体的期待感、确信感。

高校思政课的核心职能在于让大学生对教育者所传授的价值观形成价值认同，因而认同的信念指向解释有助于我们明晰思政课的本质。从教学的对象来看，认同的"主体"中心决定了思政课必然以学生为中心，因为学生是"认同"的主体。从客体的内容来看，认同发生乃是一个多进程的认知加工过程，涉及学生对教师的认同、学生对教师所传达的价值观的认同、学生对教学内容以及教学方法的认同，等等。这种认同一旦建立，具有某种稳定性和持续性，可以预期学生在特定情境下产生相应的思想以及行为模式，完成"信念指向"到"行为指向"的过程。从教学过程的组织来看，最先形成的是"知识认同"，即对理论或者学理的真理性的认同。具体到《原理》的知识认同，就包括习得马克思主义立场、观点、方法之理，人类社会发展规律，社会主义建设规律特别是中国特色社会主义发展规律之理，以及马克思主义为什么"行"之理[8]。

显然，知识认同并非思想政治教育的根本目的，思政课的要义在于通过知识认同形成价值认同，这也是思政课与其他专业课程不一样的地方。价值认同概念显然非常复杂和丰富，而从认知的角度看，价值认同的形成显然是一个多元、多进程的认知过程的结果，是思想政治教育最具挑战的环节。行之有效的思想政治教育能够促成大学生的价值塑造，一旦形成稳定的价值观念、政治信条，就会对大学生的社会化过程带来积极、正面的影响，也是在整个社会层面形成对思想政治教育的社会认同的前奏。接下来，文章将从知识认同形成面临的挑战以及知识认同与价值认同之间的路径形成展开论述。

三、启智润心：从知识认同到价值认同

大学之道在于立德树人，而作为高校必修课的思政课，自然成为践行大学之道的关键课程。以"价值认同"为核心、以"启智润心"为主旨的思政课教育总体而言包括两个阶段：形成知识认同，完成"启智"；打通知识认同与价值认同的心理藩篱，实现"润心"。然而，高校思政课在开展过程中，问题与挑战也是层出不穷。

"抬头率"是思政课教学效果的第一个指标，也是最为直接的指标。相较于其他专业课程，思政课的"抬头率"问题显得更为严峻。学生思政课抬头率不高的原因是多样的。首要的内源性原因就是学习动机不足。有些同学认为高中思政教育已经够充分了，大学再

学纯属浪费时间。从功利角度来看，有少数学生认为相较于专业课的学习，投入思政课学习的时间不具性价比，体现不出分数上的差异，因而对思政课学习不求深入，只求通过拿到学分。更为根本的内源性原因则在于学生遭遇的认知阻抗愈发顽强。跟移动互联网一起成长起来的00后大学生，在微媒体以及短视频文化的塑造下，其认知特性也发生了相应的变化：知识谱系是基于"图式"的，对影像化、视听为主的图像表征有更高的认知偏好，信息加工速度更快，但注意力更容易受到干扰，也难专注、持续地进行深度加工。这种信息加工模式，显然给课堂上聚焦型的、高效能的学习任务带来极大阻力。

外源性的原因也很多，如师生互动不足，教学缺乏吸引力，手机、平板电脑及其搭载的大量娱乐软件带来的干扰等。无论是外源性原因还是内源性原因，反映在学生的认知过程都可以归结于学生对思政课所要阐述的内容的真实性和价值性产生困惑，我们不妨称之为思政课的知识辩护问题。知识辩护问题有两层涵义：其一是知识内容的真实性的辩护，亦即对知识的认识论辩护；其二是知识内容的意义辩护，亦即对知识的价值辩护。在教学过程中，如果教师自身理论素质不硬，教学方法单一，对知识论辩护与价值辩护无法予以积极回应，无疑会造成学生在思政课堂上求学动机严重不足。即便基于功利的考虑能做到人到心到，但由于缺乏学习的内在动机，学习的效果自然差强人意。有研究表明，学习是否有自主的内在动机，对于学习影响非常显著。在被动学习范畴，听课的知识暂存率是5%，阅读的暂存率是10%，而到主动学习范畴，讨论的暂存率就上升到50%，教授给他人的暂存率达到90%。从单纯听课到讨论形式的主动学习，知识的暂存率提高十倍。

知识认同的形成是思政教育的阶段性成果，但知识认同毕竟不是价值认同，"启智"不必然对应"润心"。对有些同学而言，教师对知识的认识论辩护和价值辩护都达成了，学生的认知阻抗也能通过教学方法与教学技能的优化而得到缓解，已经完成"启智"达成知识认同，但完成"润心"实现"价值认同"仍然面临着挑战。有研究表明，我国高校思想政治教育社会认同总体评价良好，学生在思政教学内容——知识维度达到高度认同，却未在价值观层面形成内化的认同。[9]知识学习的结果虽然可以建立系统的知识表征结构，但未必会形成对思想和行为都能产生作用的信念力量。此外，思想政治课的另外一个关键词是"政治"。因而思政课"价值塑造"也需体现国家层面的、社会层面的核心价值，亦即"价值认同"除了包含一般意义的价值观引导，也应涵盖核心政治信条的服从。换言之，思政课要达成"润心"效果，一方面需完成价值观的塑造，另一方面需完成政治观的塑造。

就价值观塑造而言，思政课必须坚持价值性和知识性相统一。知识传授是"表"，是认识论范畴，是认识主体对世界的主观能动反映。而价值观引导与塑造是"里"，是外在世界对认识主体的意义的探索。价值引导是以人性的养成、人格的塑造、人的价值开发等为目标，属于价值论教育的范畴。而打破价值认同与知识认同之间的心理藩篱，在于价值维度与真理维度之间的辩证统一关系：知识承载价值，价值赋予求知的合理性。就政治观塑造而言，思政课必然坚持政治性和学理性相统一。政治性有学理性支持，这种政治性就有理论特性。理论属于意识形态范畴，自然具有政治性。马克思主义理论是思政课的学理支撑，提高教学中的理论性与科学性就可以避免政治说教，也能实际运用理论武器对国外意识形态与"虚无主义"等错误思潮抗衡[10]。以《原理》为例，知识认同体现在对马克思主义的观点、立场与方法的把握，价值认同则是从习得学理上升到对马克思主义的认同，政治认同则是增强"四个意识"、坚定"四个自信"以及做到"两个维护"。

四、方法规约：坚持主导性和主体性相统一

思想政治课教学，本质上仍然是一种教学活动。根据简明教育词典的定义，"教学"是指教师有目的、有计划地引导学生积极、主动地掌握系统的文化科学基础知识和基本技能，发展学生的智力、能力、体力，并形成一定的思想品德。那么，如何教之有效，最终让学生学有所成，具体到思想政治教育，怎样的"教"和"学"是高效的且能切实提高学生对核心价值的认同与服从，便是首先要解决的问题。在此意义上，任何关于教学方法与手段的思考，必然要沉入关于人的认知以及知识的理论上去，要从探寻人类认知的规律之处生发。

至于如何进行学习，传统的教育观认为，心理是一个容器，学习就是往容器中装东西，与之相应的教学方式无疑会带有浓厚的"灌输性""说教性"色彩。教师按照教学大纲要求以及规范化的教学模式将知识"传授"给学生，学生则通过耳听目视被动地"接受"，这种理解最大的问题在于无法说明人类是如何学习"空间位置""数感"这类复杂且抽象的概念[11]。更为严峻的是，这种传统的教学方法已然不能适应成长于微时代，被视频、图像影像文化塑造并形成某种认知习惯的新生代。按照一种建构主义的学习观，学习本质上是一种信息加工过程，学生从原有经验触发建构出新的经验。譬如在皮亚杰看来，人类的学习通过同化和顺应将刺激纳入原有的认知结构，并调节认知结构来适应刺激。[12]从填充式的"被动学习"转向建构性的"主动学习"，反映的其实是"教"与"学"在"主导型"与"主体性"之间的范式跨越。对于任何一门专业而言，一味强调教师主导的被动学习，其缺陷是显而易见的。因此，彻底实现从"教师主导型"到充分彰显学生"主体性"的教学变革是大家所乐见的。

坚持主体性首先要尊重学生的认知特性。有研究表明，平均而言学生在课堂上精神聚焦很难坚持一个学时，一节课下来能把握的内容可能不超过三个知识点。所以抓住学生的认知特性，合理安排理论讲解与其他形式教学之间的衔接非常重要。知识结构化以及模块化教学是一个解决方案：所谓知识结构化，就是通过思维导图梳理整个知识体系的逻辑线索，整体上形成一个大致的知识鸟瞰图。整个知识板块拆分为一个个小的知识模块，一个模块大概是 20 分钟教学，课堂以模块化教学为核心。整个模块化教学的基本思路就是：

将大的知识拆分为一个一个或大或小的知识模块，每个知识模块是一个完整的板块，有固定的内容，包括课前预习、问题导入、知识讲解、课堂小结以及课后拓展等。模块化教学最大优势在于以问题为导向，通过问题拆分知识点，然后再围绕着它进行理论内核的讲解，最后拓展到实际应用。慕课就是模块化教学的成功探索。

当代大学生成长于互联网时代，强调其主体性的同时也要充分考虑其对网络媒体的天然偏好。思政课要充分吸收现代信息技术的力量，做到"教"有新意。在教学组织上，坚持统一性和多样性相统一。统一性针对教学的目标、教学的内容等方面；而多样性则是充分考虑教学形式的多样性，结合院校自身特殊、专业特性，实现教学智慧化、教学环节多样化等。而随着慕课、学习通、雨课堂等为代表的"信息技术内嵌教学平台"引领的新型教学模式不断涌现与成熟，思政课亦可突破时间与空间的限制，呈现出新的表现形态。在信息化技术不断升级的背景下，通过教学方式方法的创新，打造有活力的思政课堂，是总书记所说的道理"讲活"的应有之义。[13]

此外，强调主体性也意味着去权威化，建立师生之间的平等交流，创建良性互动的课堂氛围。坚持"主体性"的课堂，不再是一个承载主—客单向信息流动的静态空间，而是一个允许双向交流的灵活空间。这样一个"去权威化""去中心化"的空间有助于打造一个安全的环境，学生保持开放的心态参与进来，从被动受教转换为主动求知。一个比较成功的课堂教学实践就是翻转课堂，在翻转课堂里，学生反客为主，通过知识讲解、主题发言、辩论以及课堂汇报等形式表达自己的观点。《原理》的一个尝试是课前小组汇报，学生选取对应教学内容特定主题进行主题式汇报，汇报结束后教师和老师分别进行点评。翻转课堂本质上从属于主动学习，激发了学生的学习热情，学习的效果自然也能提高。

以主体性为导向的教学实践展现出的诸多优势，可能会让人产生一种错觉，即以学生为中心一定会导致教师角色的缺位。事实上，在以学生主体性为导向的教学实践中，教师的角色不是完全地抽离，而是向从属性的客体靠拢，教师为学生备课而备课，为学生讲授而讲授。再者，思想政治教育有其特殊性，形成价值认同乃是关键，因此保留思政课教师的某种"主导性"与"权威性"也是必需的。习近平总书记在学校思想政治理论课教师座谈会上指出：推动思政课改革创新，要"坚持主导性和主体性相统一"，这里体现的就是主导性与主体性之间的辩证统一。思政课教学必然强调主体性，在于主体性是达成价值认同的逻辑后承，因为认同本质上是学生的认同；强调主导性，意指思政课教学是在特定框架下展开的有价值渗透、有政治参与的教学活动，教学过程始终离不开教师、教材的主导，要改变的只是过去以课本为中心、以教师为中心的课堂氛围。

在坚持主导性和主体性相统一的过程中，教师不断打磨自身的教学技能与专业能力，引导学生通过思政课学习形成知识认同，直至生成价值认同，整个过程俨然是一个理性主导的认知过程。这里可能会遇到一个反驳：达成价值认同可能有其他效果更好的路径，例如通过情感教育、感性认识直接形成直观上的认同，而如果感性直观对形成价值认同更为有效，那么以"理论教学"为主的思政课的合理性与必要性自然受到威胁，而从教学效果来看，似乎需要加大注重感性认识的实践教学的比重。这一反驳有一定道理，但是并不能削弱思政课的合理性与必要性。先于理性思考且停留在感官、情感层面的直观认同，也可以是一种肯定性的价值关系，但它不具坚实性、稳定性，很容易被推翻。而在信息大爆炸的互联网时代，学生每天面临大量信息涌入，学生的直观认同很容易受到影响，乃至发生180度大反转。而通过思政课理论教学形成的知识认同，建立在理性的辩护之上，最终通过有效的、周密的论证而加以说服，而一旦知识认同与价值认同之间的心理藩篱被打通，就能形成坚定的理想信念与政治信仰。当然，直观的、感性的认同也很重要，这也是思政课常常区分理论教学板块与实践教学板块并且两者互为补充的根据。

五、结语

在百年未有之大变局的形势下，巩固马克思主义话语在多元社会的一元主导，维护意识形态的安全，思想政治教育的重要性不言而喻[14]。而高校思政课又是整个思想政治教育体系中非常重要且任务艰巨的一环。从最一般的意义来说，思想政治教育的最终目的是形成社会认同，形成关于自身与思想政治教育关系的肯定性态度。发挥思想政治教育的引导力，在不同群体之间建立起更高层次的、带有共同价值认同的社会认同，渴望维护不同群体之间的和谐关系，达到社会整合与社会凝聚。[15]而大学生的认同形成，包括知识认同和价值认同，不论是对思政课教育体系各要素的认同，包括对思政教师的认可、教学目标的认同、知识内容与价值的认可等，还是对各要素产生稳定的期待与确信感以及在特定情境下产生相应的思想和行为模式，都与思政课的有效导引作用密不可分。因此在理论以及实践路径两个层面探寻高效思政课如何发挥其导引作用，参与塑造大学生的知识认同与价值认同，实现其启智润心之功用就尤为重要。习近平总书记指出，高校思政课要"坚持主导性和主体性统一"，这一要求既体现出对大学生认知特性的充分尊重，也明确道出思想政治教育的基本立场与实践重点理应成为思政课实践的理性规范与方法规约。

参考文献：

[1] 金春媛，高地. 中国高校思想政治教育创新研究的内容、问题与展望 [J]. 社会科学战线，2022，(6)：274-280.

[2] 习近平. 思政课是落实立德树人根本任务的关键课程 [J]. 求是，2020，4(17)：4-16.

[3] 习近平. 坚持党的领导传承红色基因扎根中国大地，走出一条建设中国特色世界一流大学新路 [N]. 人民日报，2022-4-26.

[4] 马云志，付静伟. 思想政治教育话语权威的现实困境及其超越 [J]. 思想教育研究，2022，

(7)：34–40.

[5] 吴宏政 . 思想政治教育中价值认同的三个环节 [J]. 长白学刊，2017，(4)：45–48.

[6] 孙频捷 . 身份认同研究浅析 [J]. 前沿，2010，(2)：68–70.

[7] 侯选明 . 认同问题的信念内核与逻辑结构 [J]. 宁夏社会科学，2022，(4)：44–54.

[8] 石海君，黄蓉生 . "思政课的本质是讲道理"的深刻蕴涵与实现路径 [J]. 思想理论教育，2022，(8)：16–22.

[9] 谢宇格，孔德生 . 存储与释放：高校思想政治教育社会认同的实证研究 [J]. 江苏高教，2022，(7)：76–81.

[10] 刘白杨 . 高校思政课批判虚无主义的四重维度 [J]. 山西高等学校社会科学学报，2022，34(6)：8–12.

[11] 刘革，吴庆麟 . 情境认知理论的三大流派及争论 [J]. 心理探索，2012，(1)：37–41.

[12] 范佳荣，钟绍春 . 学科知识图谱研究：由知识学习走向思维发展 [J]. 电化教育研究，2022，(1)：32–38.

[13] 刘艳，谭亚莉 . 思政课"讲活"道理的基础、核心与关键 [J]. 思想政治课教学，2022，(7)：14–18.

[14] 莫纪宏，诸悦 . 论完善我国意识形态安全的法治保障 [J]. 甘肃社会科学，2021，(6)：133–143.

[15] 辽宁 . 论社会认同与思想政治教育的引导力 [J]. 思想教育研究，2009，(11)：53–55.

高校宪法教学的困境与改革研究

殷鑫 ①

（广东警官学院 马克思主义学院，广东 广州 510230）

摘 要： 在新时代推进全面依法治国的背景下，宪法不仅是法学专业学生的必修课，而且应当是非法学专业学生学习的重要内容。现今，高校宪法教学存在学生宪法意识不强，教师缺乏法学专业背景，教学内容抽象枯燥，教学方法单一，教学实效性不强等问题。为了实现高校宪法教学的教学目标，培养学生具备宪法意识，弘扬宪法精神，坚定宪法自信，文章主要从教学目标、教学内容、教学方法、教学形式四个方面，对高校的宪法教学改革提出了相应的对策建议。

关键词： 宪法；教学内容；教学方法；教学改革

一、高校宪法教学的重要性与现状

习近平总书记强调："全面贯彻实施宪法，是建设社会主义法治国家的首要任务和基础性工作。"[1]开展宪法宣传教育是全面依法治国的重要任务。大学生是我国法治建设的生力军，大学生的宪法意识与法治观念对我国宪法的贯彻实施、宪法权威的树立、宪法精神的弘扬起着重要的作用。中共十九大报告指出："加大全民普法力度，建设社会主义法治文化，树立宪法法律至上、法律面前人人平等的法治理念。"[2]中共二十大报告进一步提出："引导全体人民做社会主义法治的忠实崇尚者、自觉遵守者、坚定捍卫者，努力使尊法学法守法用法在全社会蔚然成风。"2021年发布的关于开展法治宣传教育的第八个五年规划（2021—2025年）即"八五普法"，将广泛开展宪法教育作为重要普法任务之一。在全面依法治国，建设法治社会，推动实现全民守法的背景下，宪法不仅是法学专业学生的必修课，而且应当是非法学专业学生法律基础教育的重要内容。

目前，高校关于宪法的教学主要融入思想政治理论课之中，通过德育的方式开展宪法教育，而学生通过德育的方式获取的宪法学知识与理论是非常有限的，且存在教学课时偏短，教学内容抽象枯燥，授课模式较为单一，教师缺乏专业理论基础，高校学生的获得感

---

① 作者简介：殷鑫，女，法学博士（后），广东警官学院马克思主义学院副教授，研究方向：马克思主义法学理论。

与喜爱程度不高等诸多问题，难以达到应有的教学效果。因此，高校亟待对宪法教学进行改革，强化宪法教学的教学效果，提升教学质量，增强宪法教学的亲和力与实效性，达到预期的教学目标，担负起高校宪法教育的教育使命。

二、高校宪法教学的困境分析

目前，高校的宪法教学主要由思想政治理论课来承载，融入"思想道德与法治"课的教学之中。该门课程性质属于公共必修课，是全体高校学生都要开设的一门课程，关于宪法教学的课时一般为6-8个学时。在宪法教学方面存在一些问题，主要包括以下五个方面：

（一）学情方面存在的主要问题

在学情方面，学生对宪法基础知识的掌握较为薄弱。不少大学生并没有完整阅读过《中华人民共和国宪法》，对于宪法的条文规定了解甚少，不了解我国宪法制定和发展完善的历程，不知道《宪法》中所规定的公民基本权利和义务有哪些，不知道何为"宪法宣誓"制度等。一些学生认为：宪法固然很重要，但我又不是法律专业的学生，我学宪法有什么用？还有学生反映，教材内容枯燥，对宪法学习毫无兴趣等。可见部分学生对宪法教育的重视度不高，宪法知识掌握程度较低，宪法意识淡薄，对宪法学习的积极性不高。

（二）教师队伍方面存在的主要问题

在教师队伍方面，教师法学专业化程度不高。高校讲授《思想道德与法治》课的教师主要由思政课专任教师、辅导员、学校行政工作人员组成，教师专业背景比较多样化，有很多教师不具备法学专业背景，没有对宪法进行过系统化的学习，自身对宪法理论和条文的理解与把握程度不够。一些教师在进行宪法课堂教学时照本宣科，满堂灌，让学生单纯地记忆背诵，缺乏案例教学的运用，有些甚至是流于形式，少讲宪法，而多讲其他部门法。

（三）教学内容方面存在的主要问题

教学内容方面，教学内容比较单一、枯燥。目前，高校统一使用本书编写组编写的2023版《思想道德与法治》，这部教材有关宪法的内容主要为第六章的第三节"维护宪法权威"，包括宪法的形成和发展，我国宪法的地位和基本原则，加强宪法实施与监督。以及第四节"自觉尊法学法守法用法"中的关于我国宪法法律规定的权利和义务方面的内容。[3]教材内容较为理论化与抽象化，学生较难理解和掌握。此外，缺少关于宪法理念、宪法精神、宪法的根本任务，宪法的制定、依宪治国与西方宪政的本质区别、基本权利的宪法救济等内容。教师在教学内容方面过于依赖教材，授课过程中主要跟学生讲"是什么"，而较少讲"为什么"及"怎么样"。教学内容比较单一，问题意识不强，缺乏与现实生活的联系。学生主要是被动的记忆，而缺少主动独立的思考。

（四）教学方式方面存在的问题

在教学方式方面，缺乏师生互动。宪法教学方式主要采用教师主讲、学生听讲的灌输式课堂教学模式，师生互动较少。一些学校借助于网络教学平台进行课堂互动，但教师提出的问题多限于宪法基本的条文是如何规定的，而缺少关于宪法理念、宪法发展的背景与修宪的意义及宪法实施等问题的讨论，教学内容缺乏与社会实际生活案例的结合，教学过程难以激发学生的学习兴趣。仅有基本知识的灌输，没有理论与实践的思考，难以培养学生的宪法意识。此外，采用案例教学的实效性与针对性不强，一些教师选取的案例陈旧、单一，如一个案件讲两节课，多年都讲同一个案例，并且对所选案例的分析不够透彻，仅讲案件的过程与结果，而缺少深入的理论和背景分析。或者所选教学案例与教学内容不匹配，案例不够典型，不能说明教学内容中的问题等。

（五）学校层面存在的问题

在学校层面，一些高校对宪法教育的重视度不够。不少学校侧重于对学生专业能力的培养，但是对于法治教育没有给予高度重视，甚至流于形式。一些高校关于宪法教学的工作主要围绕"宪法日"宣传活动展开，存在活动持续的时间不长，"宪法日"宣讲教育存在缺乏理论深度，活动形式不够丰富，活动覆盖人员范围不够广泛，学生获得感不高等问题。没有把宪法教育贯穿融入育人的整个过程与各个环节，没有形成良好的宪法学习氛围。

三、高校宪法教学改革的对策建议

（一）明确教学目标——培养宪法意识、坚定宪法自信

2015 版的《思想道德修养与法律基础》教材共八章，其中第六、七、八三章为法律基础内容，2018 版教材将原来的八章内容调整为六章，并将法律基础部分从原来的三章整合为一章。2021 版教材更名为《思想道德与法治》，沿用了 2018 年教学的基本框架，将第六章关于法律基础部分的标题由"尊法学法守法用法"改为"学习法治思想，提升法治素养"，增加了关于"习近平法治思想"的重要教学内容。2023 版教材的第六章，增加了关于党的二十大报告对"坚持全面依法治国，推进法治中国建设"的重要战略部署，重点反映了习近平法治思想的原创贡献和最新发展，为全面提升大学生的法治素养指明了方向和路径。2023 版教材的第六章与前五章内容分属于不同学科，前五章的教学目标主要为引导学生树立正确的世界观、人生观、价值观与道德观。第六章的教学目标旨在培养学生的法治观，帮助学生树立法律意识、法治观念，进一步形成法治思维。笔者认为，在教学过程中，应当进一步细化教学目标，明确宪法部分的教学目标。

在《习近平关于全面依法治国论述摘编》一书中，习近平总书记提到："法律要发挥作用，需要全社会信仰法律。卢梭说，一切法律中最重要的法律，既不是刻在大理石上，也不是刻在铜表上，而是铭刻在公民的内心里。"[4]对于非法学专业的大学生，应重点培

养其具备宪法意识，而不是单纯的记忆和背诵。宪法与其他部门法会随着社会变化发展的需要而被完善与修正，但法治观念、宪法意识一旦被确立，将会在头脑中生根，并进一步引导和规范其行为。

习近平总书记在 2014 年 12 月 4 日首个国家宪法日之际作出了重要指示，强调要："深入开展宪法宣传教育，大力弘扬宪法精神，切实增强宪法意识，推动全面贯彻实施宪法，更好发挥宪法在全面建成小康社会、全面深化改革、全面推进依法治国中的重大作用。"[5]全面依法治国、全面贯彻实施宪法，不仅需要完善我国法律制度体系，更需要人们自觉遵守宪法法律，主动依据宪法法律来指引自身的行为。全民守法的实现程度取决于法治观念、宪法意识在人们心目中的确立程度。因此，高校宪法教学应当着重培养学生的宪法意识，引导学生崇尚宪法，增强宪法自信，树立宪法在学生心中的权威地位。

在教学过程中，学生经常会问："我国的依宪治国与西方宪政有什么区别？"《习近平谈治国理政》第四卷"以科学理论为指导，为全面建设社会主义现代化国家提供有力法治保障"中提出："我们讲依宪治国、依宪执政，同西方所谓'宪政'有着本质的区别，不能把二者混为一谈。坚持依宪治国、依宪执政，就包括坚持宪法确定的中国共产党领导地位不动摇，坚持宪法确定的人民民主专政的国体和人民代表大会制度的政体不动摇。"[6]我们在课堂上需要把"依宪治国"与"西方宪政"的本质区别讲清楚讲透彻，两者的本质区别主要包括制度基础不同、领导力量不同、权力主体不同、权力运行方式不同等方面。通过深入分析两者的本质区别，让学生深刻认识到我国的法治道路是中国特色社会主义法治道路，我们决不照搬西方国家的法治理念和法治模式，坚决维护我国宪法法律的权威和尊严，坚定宪法自信。

（二）丰富教学内容——以宪法基本权利保障为主线

结合前文分析的目前高校在宪法教学内容方面存在的问题，笔者建议教学内容的设计以宪法基本权利保障为主线，围绕这一主线丰富教学内容。宪法意识的培养是一个从外到内再到外的过程，要到达帮助学生确立宪法意识的教学目标，应当首先提升学生对宪法的学习兴趣，让学生喜欢上关于宪法专题的课。而让学生喜欢上课，就需要拉近宪法与实际生活之间的距离。让学生明白，宪法不仅是高大上的，而且是接地气的，宪法关乎着每一个人的生存与发展，我们每个人的一生都在宪法的保护之下，列宁曾提出，"宪法，就是一张写着人民权利的纸"。宪法所保护的是每一个人作为人而应当享有的权利，国家负有保障与维护公民基本权利的职责与义务。

教学内容的设计思路，可以从宪法的起源与发展着手。马克思在《神圣家族》中明确地指出："人权不是天赋的，而是历史地产生的。"世界第一部不成文宪法为 1215 年《英国大宪章》，该部宪法的出台源起于王权与公民权益之间的纷争，最终这部宪章在世界上首次确立了人权的基本原则，提出保护个人尊严，反对国王滥用权力。统观世界各国宪法的产生与发展，虽然各国宪法的条文规定存在诸多区别和实质性差异，但均设置了关于保障基本权利、防止政府滥用公权力的相关规定。

之后引入我国宪法的形成与发展历程，通过了解我国宪法制定及修改的过程和重大贡献，有助于让学生深刻理解我国宪法的精神，进一步提升宪法自信。例如讲述新中国第一部宪法"五四宪法"是如何诞生的？内容包括1982年宪法出台的背景和意义，以及现行82年宪法颁布至今5次修宪的主要内容与重大意义。其中，2004年宪法修正案将"国家尊重与保障人权"的条款写入宪法，增加了关于保护公民合法财产权的规定，增加关于房屋征收征用补偿的条款。在2004年宪法修改之后，我国于2006年颁布《物权法》，进一步细化与强化对公民财产权的法律保护，将宪法付诸实施。2020年我国依据宪法，通过《民法典》，该法律被誉为"社会生活的百科全书"，讲述了一部法律护佑人一生的故事。关于宪法所保护的基本权利，建议将宪法条文规定与相关具体法律及实际案例结合起来，使授课内容生动且有说服力。

此外，鉴于社会上出现了一些破坏宪法实施的现象以及公然违反宪法的行为，建议将关于宪法监督与合宪性审查制度作为重点内容展开讲解，有利于帮助学生树立宪法在其心中的权威地位。2018年宪法修正案，扩充了关于合宪性审查制度的内容，对我国全面实施宪法、维护宪法权威具有重大意义。合宪性审查体现的是宪法在我国法律体系中的最高地位，任何法律、行政法规、地方性法规等法律文件均应当依据宪法颁布，符合宪法规定，不得与宪法相抵触。若有任何法律、行政法规、地方性法规与宪法相抵触，则该法律文件即不具备合法性。

（三）提升教学方法的实效性——灵活运用案例教学

与民法、刑法、诉讼法等其他部门法相比，宪法更加理论化与抽象化，要提升学生对宪法学习的兴趣与实效性，就需要将宪法理论与实际案例相结合。案例教学法是宪法教学中比较常用且效果较好的一种教学方法。

首先，采用案例教学，需要选用恰当的案例，所选案例应当能够说明教师所讲的问题与教学内容，例如关于宪法中规定的基本权利，可以运用齐玉苓受教育权案、陈春秀被冒名顶替上大学案、四川省新津县土地转让补偿费男女平等权诉讼案、浙江女大学生就业性别歧视案、屈臣氏搜身侵害名誉权案、人脸识别第一案等；关于合宪性审查制度，可采用收容遣送制度被废止、劳动教养制度被废止、地方计生法规中的强制性亲子鉴定规定被废止等；关于违反宪法的典型案例，可采用如"杨某侮辱国歌案"等。

第二，为了避免案例陈旧、单一，教师可以选取近年来发生的典型案例。例如法学界每年都会评选出"中国十大宪法事例"，这些案例均是近期发生的，且是在全国具有代表性的宪法案例。例如，在讲解宪法的权威性及法律规范性文件的合宪性与合法审查性时，可以采用曾被评选为十大宪法事例的"潘洪斌致信全国人大常委会案"。

第三，运用案例教学，应充分结合互动式教学法。教师需要针对案例设计一系列问题，让学生讨论互动，提升学生学习的主动性与积极性。互动的方式可以采用小组讨论、发表个人观点，网络教育平台互动、学生互评、课堂辩论、微信群互动等多种方式。

第四，教师在与学生互动讨论之后，需要对学生的讨论发言情况进行点评，并结合宪法理念与宪法理论，及宪法相关条文，对案例进行透彻的分析与总结。教师对案例的分析不能仅仅是对案件结果的公布，还应当运用宪法理论说明这一案例的启示与意义，有利于深化学生对宪法理念的理解，进一步培养学生确立宪法意识。

（四）拓展教学形式——第一课堂与第二课堂相结合

除了课堂教学外，还应当拓展学生宪法教学的新阵地。主要包括，结合每年国家宪法日的宪法宣传主题，广泛开展宪法日宣传活动；设立"学宪法，讲宪法"学生社团，并依托学生社团定期在校内做宪法的宣传与宣讲；依托学校的学工处开展全校学生的宪法晨读活动；开展宪法知识竞赛，宪法辩论赛；开设宪法通识课或者选修课；法院旁听；组建师生志愿者团队进入社区开展宪法宣传活动；强化教师培训，组织教职工全面学习宪法；聘请宪法学专家到校开设宪法学讲座等。大力营造全校学宪法、讲宪法的环境与氛围，充分利用学校各类资源，提升宪法教学的教学质量，培养大学生确立宪法意识，弘扬宪法精神，坚定宪法自信，树立宪法权威。

参考文献：

[1] 习近平谈治国理政（第一卷）[M]. 北京：外文出版社，2018：166.

[2] 习近平. 决胜全面建成小康社会夺取新时代中国特色社会主义伟大胜利——在中国共产党第十九次全国代表大会上的报告 [M]. 北京：人民出版社，2017：37.

[3] 本书编写组. 思想道德与法治 [M]. 北京：高等教育出版社，2023：217–229、235–246.

[4] 习近平关于全面依法治国论述摘编 [M]. 北京：中央文献出版社，2015：62.

[5] 习近平关于全面依法治国论述摘编 [M]. 北京：中央文献出版社，2015：65.

[6] 习近平谈治国理政（第四卷）[M]. 北京：外文出版社，2022：291.

把握好"六个必须坚持"推动工作高质量发展

殷鑫 ①

（广东警官学院 马克思主义学院）

党的二十大报告首次系统阐述了"六个坚持"，即坚持人民至上，坚持自信自立，坚持守正创新，坚持问题导向，坚持系统观念，坚持胸怀天下。"六个必须坚持"是中国化时代化马克思主义世界观和方法论，是贯穿党的创新理论的立场、观点、方法，是习近平新时代中国特色社会主义思想的精髓要义。习近平总书记在参加党的二十大广西代表团讨论时强调，对这 6 条，要在学习贯彻中认真领会，从而深入领会党的创新理论的道理、学理、哲理，做到知其言更知其义、知其然更知其所以然，切实把党的创新理论贯彻落实到党和国家工作各方面、全过程。

公安机关必须牢牢把握习近平新时代中国特色社会主义思想的世界观和方法论。全面把握"六个必须坚持"的丰富内涵和核心要义，学深悟透"六个必须坚持"蕴含的世界观和方法论，将其中的立场、观点、方法贯彻落实到公安工作的各方面、全过程，不断推动公安工作实现高质量发展。

一、深刻把握"六个必须坚持"的内在关系

"六个必须坚持"是一个相互联系、内在统一的理论体系，是对马克思辩证唯物主义和历史唯物主义世界观和方法论的坚持和发展。

坚持人民至上体现了马克思主义的根本政治立场，是我们党百年奋斗的制胜法宝；坚持自信自立、坚持守正创新、坚持胸怀天下体现了习近平新时代中国特色社会主义思想的内在要求和重要观点。其中，坚持自信自立是党百年奋斗得出的历史结论。坚持守正创新是把马克思主义基本原理同中国具体实际相结合、同中华优秀传统文化相结合，不断推进马克思主义中国化时代化的内在要求。坚持胸怀天下是对世界各国普遍交流合作的人类社会发展规律的正确认识；坚持问题导向、坚持系统观念是对方法论的深刻总结。其中，坚

---

① 作者简介：殷鑫，女，法学博士（后），广东警官学院马克思主义学院副教授，研究方向：马克思主义法学理论。

持问题导向遵循实事求是的原则，是指导我们解决前进道路上各种难题的方法和路径。坚持系统观念是党的基础性思想和工作方法。

二、坚持人民至上的根本立场

坚持人民至上体现了党的性质宗旨、初心使命，是党的创新理论最鲜明的底色。习近平总书记多次强调，要始终牢记江山就是人民、人民就是江山，坚持一切为了人民、一切依靠人民。在党的二十大报告中，人民是贯穿始终的一条主线，强调"坚持以人民为中心的发展思想"，"为民造福是立党为公、执政为民的本质要求"。

人民公安来自人民，根植于人民，要忠实践行人民公安为人民的初心使命，想群众之所想，急群众之所急，解群众之所难，把实现好、维护好、发展好最广大人民根本利益作为一切公安工作的出发点和落脚点。

党的二十大报告设专章对"增进民生福祉、提高人民生活品质"作出部署，对保障和改善民生提出了新要求。新时代，人民群众对民主、法治、公平、正义、安全、环境等方面的要求日益增长，公安机关要聚焦增进民生福祉和提高人民生活品质的目标要求，努力提升打击违法犯罪、严格规范公正文明执法、维护社会安全稳定、服务经济社会发展、保障群众生命财产安全的能力和水平，持续增强人民群众获得感、幸福感、安全感。

三、坚持自信自立、守正创新、胸怀天下的重要观点

习近平总书记强调："当今世界，要说哪个政党、哪个国家、哪个民族能够自信的话，那中国共产党、中华人民共和国、中华民族是最有理由自信的。"坚持自信自立就是要坚定马克思主义信仰、坚定中国特色社会主义信念，坚定"四个自信"。公安机关要筑牢忠诚警魂，深刻领会"两个确立"的决定性意义，将坚持自信自立转化为行动自觉，充分发挥"刀把子"的作用，坚决捍卫中国共产党的长期执政地位，捍卫人民民主专政的国家政权，捍卫中国特色社会主义制度，捍卫我国宪法的权威和尊严。

坚持守正创新，守正和创新是辩证的对立统一关系。马克思主义是我们立党立国、兴党兴国的根本指导思想。党的二十大报告指出："实践告诉我们，中国共产党为什么能，中国特色社会主义为什么好，归根到底是马克思主义行，是中国化时代化的马克思主义行。"我们既要坚持马克思主义指导地位，又要坚持"两个结合"，不断开辟马克思主义发展新境界。公安机关要坚持守正创新，大力推进科技兴警战略，创新公安工作机制，打造智慧新警务，提升公安工作整体效能。

坚持胸怀天下，是党百年奋斗的十条历史经验之一。当今世界处于百年未有之大变局，国际形势纷繁复杂，世界各国的前途命运紧密联系在一起。中国始终坚持促进世界和平，推动构建人类命运共同体，同世界人民携手开创人类更加美好的未来。公安机关要在构建

人类命运共同体理念指引下，坚持合作创新法治共赢的理念，积极服务国家外交大局，维护国家边境安全，深化国际警务合作，为维护世界和平发展作出新的贡献。

四、坚持问题导向、系统观念的科学方法

坚持问题导向是习近平新时代中国特色社会主义思想的重要世界观和方法论。面对新时代改革开放和社会主义现代化建设的实际问题。习近平新时代中国特色社会主义思想着眼解决新时代改革开放和社会主义现代化建设的实际问题，科学回答了中国之问世界之问人民之问时代之问，深刻体现了鲜明的问题意识和问题导向。公安机关要解决群众急难愁盼问题，努力让人民群众在每一起案件办理、每一件事情处理中都能感受到公平正义。同时要审视公安机关在执法办案、监督制约、基层社会治理、行政管理服务、体制机制、队伍管理等方面存在的突出问题，着力攻坚克难，全面深化公安改革，深入推进公安法治建设，不断提升执法公信力，深化警务体制机制改革，加强公安队伍建设，着力推动公安工作高质量发展。

坚持系统观念，要求把事物放在普遍联系的系统中去把握。中国特色社会主义事业涉及经济、政治、文化、社会、生态等多个领域，各领域之间相互联系、相互制约。公安工作涉及社会生活的方方面面，新征程上，公安工作面临新形势新任务新挑战，要坚持运用系统观念谋划和推进公安工作，不断提高战略思维、历史思维、辩证思维、系统思维、创新思维、法治思维、底线思维能力，提升跨领域区域协作能力，为建设更高水平的平安中国、法治中国提供有力保障，为全面建设社会主义现代化国家保驾护航。

（本文已发表在《人民公安报》2023年5月7日第3版）

新时代公安院校忠诚文化教育的实践研究

耿武奎　　冯坤美[①]

（广东警官学院 网络安全学院，广东 广州 510230；

广东警官学院 侦查学院，广东 广州 510230）

摘　要：忠诚文化教育是对受教育者的忠诚行为、忠诚思维方式和忠诚价值观念的培育和养成过程，贯穿于公安院校人才培养的全过程。分析忠诚文化教育在公安院校的价值，通过有意识的教育活动，聚焦警察职业素质的核心问题，秉承"理论—设计—实践"的框架思路，从课程育人、管理育人、文化教育与实践育人四个环节出发，促使公安专业大学生在学习、工作和生活中传承忠诚文化精神品格。

关键词：公安院校；忠诚文化；教育实践。

忠诚文化教育是不断自我更新、与时俱进的内核演进，是公安院校校园文化的重要组成部分，深刻影响着公安院校的校风、教风与学风，是思想政治教育、日常生活管理及警察核心价值观培育的重要载体，是践行"对党忠诚、服务人民、执法公正、纪律严明"要求的重要内容，对忠诚警魂的塑造发挥着重要作用。

一、公安院校忠诚文化教育的价值探索

忠诚文化教育是个体对忠诚的认知态度、主要看法及观念认同，是个体接受、领悟忠诚内涵并主动认知、切身实践的一种象征意志、信念、行为规范和精神面貌的文化符号，是一种沉浸式教育方式。因此，明晰公安院校忠诚文化教育模式的模式，重视忠诚文化教育在立德树人过程中的核心作用，对促进公安院校校园文化建设、推进高等教育事业的发展具有十分重要的意义。

[①] 作者简介：耿武奎，男，广东警官学院网络安全学院学生大队大队长，讲师，研究方向：高校学生管理与思想政治教育；冯坤美，女，广东警官学院侦查学院教学秘书，讲师，研究方向：教育学、教育心理学。

（一）忠诚文化教育是校园文化的题中应有之义

公安院校是培养人民警察的摇篮，忠诚育警是公安院校思想政治教育的重要使命，具有忠于党和国家、忠于人民、忠于法律的政治本色和价值取向。忠诚可靠是人民警察最基本的政治要求。忠诚文化亦是培养公安专业大学生忠诚意识的第一议题，是一项系统性的复杂工作。针对公安院校的特点，紧密结合其实际情况，凸显与融合公安传统、专业特色和公安历史，策划组织忠诚文化精品活动，引导学生自觉参与忠诚文化建设的各个环节，逐步提高忠诚文化建设科学化水平，更加系统、全面、完整地研究忠诚文化培育的相关问题，强化忠诚文化理论研究，是促进公安院校深层次的实践应用研究的题中应有之义。

（二）忠诚文化教育是筑牢警魂的必由之路

忠诚文化具有显性与隐性结合的特点，对师生思想行为产生着潜移默化的影响，能够促进师生的共同成长。公安院校忠诚文化教育始终坚持以公安实践为导向，按照"提升工作、形成特色"的工作模式，潜心于忠诚文化教育活动的设计指导，把握公安院校的办学方向、历史积淀和全体师生在文化中所起到的作用，按照"价值感知—价值认同—价值共识"教育规律，强调教育内容的权威性，发挥预备警官的主体性、表达思想的空间，注重预备警官思辨性、主体性和创造性的培养，努力将忠诚文化建设引向深入，逐步构建专业师资和课程一体化忠诚文化培育模式，铸就其忠诚警魂。

二、公安院校忠诚文化教育的基本思路

习近平总书记在全国高校思想政治工作会议上指出，要坚持把立德树人作为中心环节，把思想政治工作贯穿教育教学全过程，实现全程育人、全方位育人，努力开创我国高等教育事业发展新局面。忠诚文化教育作为思想政治教育的重要组成部分，从多维度、多方面出发，不断激发忠诚文化教育的内生动力。

（一）多维度传递忠诚文化教育的价值与养成

公安院校始终以立德树人为根本任务，将忠诚文化渗透于育人的各个环节，以"培养忠诚卫士"为出发点、以"警魂教育"为中心、以"全"为预备警官培养重心，着力构建"三全育人"工作体系，不断提升思想政治教育工作和人才培养的针对性和实效性。在忠诚文化的建设过程中，注重推动"教"与"育"、"管"与"育"、"服"与"育"融会贯通，推动育人工作从"条块分割"转向"协同配合"，实现"面""面"俱到、多"体"联动，构建"一个人都不能少、一个环节都不能漏、一个方位都不能缺"的全员全过程全方位忠诚文化工作支撑体系，切实肩负起培养更多新时代公安专业应用型人才的神圣使命。

（二）凝聚育人主体，激发忠诚文化教育内生动力

忠诚文化教育作为公安院校的主流核心文化，应培养的是对党忠诚、服务人民、执法公正、纪律严明的主流价值输出，更多强调主体对于客体的影响。一是整合忠诚文化教育

的"显性元素"和"隐性元素"，营造多维立体育人环境，强化管理育人、文化育人、服务育人、网络育人、实践育人的育人体系。二是围绕忠诚文化教育的主要矛盾，解决教育过程中的思想问题、忠诚度问题、价值导向问题，努力解决公安院校校园文化中的实际问题。三是强调忠诚文化教育与爱党爱国教育相结合。开展学风、教风、校风的"三风"建设，培育新时代公安院校大学生的核心精神、核心素养，潜移默化地提升大学生的忠诚度、归属感和认同感，增进公安院校大学生的心气和快乐幸福指数，突出忠诚文化教育的思想政治教育含量和育人主体内质，充分发挥忠诚文化的育人功能。

三、公安院校忠诚文化教育的实践路径

忠诚文化教育始终以公安院校文化特点为基石，借助网络思想政治教育的平台，利用大数据的时代特点，逐步构建"以警务实战为导向""以警务化管理为抓手""以'忠诚、责任、服务'为主线"的公安特色校园文化。坚持以鲜活的实践为标靶，注重构建忠诚文化的话语体系和话语方式，聚焦警察职业素质的核心问题，秉承"理论—设计—实践"的框架思路，构建忠诚文化教育平台，不断提升忠诚文化建设的工作效能。

（一）价值引领与主题教育宣讲有效关联

忠诚文化的宣讲活动始终坚持以思想政治教育者为主体，以学生骨干为主力，利用微载体，借助宣传融媒体，积极与受众群体互动，区分普通高校与公安院校的差异，有效发挥警察价值的舆论引导和价值导向，开展贴近生活、贴近实战和契合警察身份的系列主题活动。

一是开设铸造忠诚警魂的思想政治教育主题宣讲；弘扬警察忠诚文化，培植大学生忠诚意识、责任意识、法治意识和服务意识，培育健康文明的校园风尚。二是大力开展人民警察核心价值观宣讲；聚焦网络思想政治教育的优秀案例，开展"全国优秀人民警察"进公安、进课堂、进宿舍等线上线下活动，引导大学生自觉认知、认可、落实"对党忠诚、服务人民、执法公正、纪律严明"的人民警察核心价值要求，使之成为公安专业大学生的共同思想基础与精神追求。三是举办专项实践主题宣讲；借助专项安保实践或重大社会面防控，把理论与实践相融合，把虚拟网络情境和现实生活体验相结合，引导大学生认清自身责任和使命，坚定政治理想信念，在实践中发现自身差距，筑牢预备警官的从警之心、奋斗之梦。四是开设"修身律己"主题宣讲，进行社会公德、职业道德、家庭美德和个人品德等"四德"宣传教育，运用"线上＋线下"宣传教育方式，引导大学生完善自我、文明修身和提升素质，大力推进文明校区建设。

（二）思政课教学过程与"铸魂育警"积极耦合

忠诚文化教育是公安专门人才的必备环节，规划和设计其实施路径，对于提升思想政治教育工作的影响力具有重要作用。在新时代教育的发展过程中，构建适应公安院校忠诚

文化教育的工作模式非常必要。建立辅导员联系党员、入党积极分子制度，构建党团一体化培养模式。开展"志愿服务＋党团建设"，打造"学生骨干＋体验式工作设计"社会实践活动；深化学生支部与公安实习见习单位的文化交流，形成"辅导员—民警—学生党员—入党积极分子"共参与的工作共建风格，构建"互联网＋"大学生"忠诚、责任、服务"核心意识培养的工作机制；以警务化管理为抓手，强调学生的习惯养成，强化党建价值引领，进一步引导大学生树立正确的世界观、人生观、价值观，培养忠诚于党、忠诚于人民、忠诚于事业的意识，不断增强学生的政治判断力、政治领悟力及政治执行力。

结合公安院校忠诚文化教育的开展情况，以公安专业大学生的特点为依据，按照"话史""导行"的思路，开设思想政治教育活动课。"话史"——依托"学'习'课堂""学'习'网络"为载体，以英雄人物事迹分享为载体，向大学生推出"历史今日—记忆瞬间—实时分享"等每月一讲、每月一测等教育计划安排，要求党员、预备党员、入党积极分子、学生骨干、团员主动自觉学，确保思想政治教育真正融入日常、抓在经常。"导行"——借助多元见习实习模式、智慧新警务的背景，不断提升其自主学习能力、实践反思能力和大数据应用能力，为其警察职业发展奠定良好基础。

（三）警务化管理与榜样示范活动充分融合

根据公安院校大学生思想政治教育工作要求和各类公安实践落实情况，以警务化管理为抓手，开展"忠诚、责任、服务"主题教育活动。借助"互联网＋""大数据"平台，以征文活动、辩论赛、演讲比赛、知识竞赛为主要载体，举办线上线下系列评比活动，宣传优秀大学生可敬可亲可信可学的优秀事迹，引导大学生增强理性思辨能力，提高思想道德水平，增强公安专业大学生的责任感、荣誉感和使命感，促进自身综合素质的提高，锻炼和培育一批能说能写能炼的学生群体。在全院树立起鲜明正确的价值导向，树立起良好的校园风气，推动主题教育活动开展；帮助他们树立正确努力方向，激发公安专业学生的自我认同，提高自身的忠诚素养。

以典型示范为引领，以活动实践为指引，是忠诚文化教育的重要途径。举办"忠诚之路"系列公安英模访谈会，借助同步线上直播的方式，以故事形式，讲述警察职业生涯、理想信念追求、人生奋斗历程和工作精彩瞬间等内容，展现人民警察的高尚品质、责任担当以及严谨的工作作风、生活态度，引导大学生以优秀警察为榜样，合理规划职业生涯，对照自身不足，不断提升自我、优化自我，努力塑造自我，牢固树立起对党忠诚的坚定信仰。

通过精心设计、认真组织、隆重严肃、认真办好授予人民警察学生标志宣誓仪式、学生警技团队入队宣誓仪式、升国旗（警旗）宣誓仪式、入党入团宣誓仪式三大宣誓仪式活动，在庄严的宣誓仪式上，明确公安专业大学生的身份职责，将宣誓化为行动力量，督促引导公安专业大学生从严要求自己，积极追求进步，努力提高警务技能水平，培养人民警察素质，提升自身综合能力，增强公安专业大学生的责任感、使命感和荣誉感，助推学生成长成才。

（四）忠诚文化教育与实践育人深入推进

依据最新思想政治教育前沿热点，借助每次开展的实践活动，围绕爱国爱校、创先争优、责任担当、服务群众、创新协作、坚毅乐观、文明守纪、感恩孝敬等相关主题，线上线下同步直播，向学生进行政策宣讲。引领大学生树立正确的人生观、价值观和警察观，传播、延续正能量。发挥朋辈教育影响，构建"专业化"带动、"标准化"规范、"大众化"普及的长效运行机制，打造具有影响力、感召力的特色校园文化声音，助推公安专业大学生在一线实践的过程中发声，掌握"四个一"，开设一场警务技能知识竞赛、一堂"用效果说话"的主题班会、一次"量身定制"的"五进"活动、一份"庄重的入警"承诺，成为"一专多能"的高素质人才。

忠诚文化教育要以循序渐进、过程锤炼、自然养成为原则，改变以往大学四年教育实践环节碎片化、割裂化、零散化的状况，提出"分段式、层次性、四年一体"的概念，将忠诚文化教育贯穿大学四年实践教育，始终坚持在实践中成长，在实践中了解基层公安业务，熟悉警察职能，强化学生在实践中的警察意识、警察责任和警察职能，提升学生的职业素养，做好实践过程中宣传、实践后总结，组织学生开展谈心谈话、演讲、榜样表彰等活动，着重培养学生的忠诚意识、奉献精神、责任精神和服务意识，提升为群众服务的本领。

参考文献：

[1] 李奕欣 . 新时代公安院校忠诚警魂培塑体系建构 [J]. 四川警察学院学报，2021(2).

[2] 陈静，赵晨璇 . 治理现代化视域下高校思政课改革创新研究 [J]. 学校党建与思想教育 . 2021(13).

[3] 秦在东，庄芩 . 论增强高校红色文化育人的实效性 [J]. 学校党建与思想教育，2021 (11).

[4] 杨林书 . 试论大学生忠诚道德教育 [J]. 思想政治教育研究，2009(3).

[5] 王永友，董承婷 . 高校文化育人质量的出场语境：概念、要素及评价 [J]. 思想政治教育研究，2021(1).

[6] 张伟坤，林天伦等 . "一体三维多元"师范生实践能力养成机制：构建与实践 [J]. 青海师范大学学报（哲学社会科学版），2017(2).

公安院校德性价值与知识教育的张力研究

赵亮英①

（广东警官学院 马克思主义学院，广东 广州 510230）

摘要： 道德教育应是德育为先，育人为本。在新时代市场经济与资本作用的冲击下，德性的价值与作用逐渐被专业技术的知识作用弱化；在公安院校的学科体系中，德性价值与技术知识价值之间的张力尤其鲜明；需要从知、情、意的层次，把握好专业知识和德育内涵的转化机制，协调德性教育与知识教育在公安院校大学生价值培育体系中的作用，真正落实立德树人。

关键词： 德性；知识；价值；公安院校

随着市场经济的发展和资本在经济、文化、教育等各领域的渗透，其影响不断深入和扩大。在这样的环境影响下，加强和落实高校特别是公安院校的立德树人任务，培育有着正确政治站位、有着坚定政治信仰、有德性、有知识、有能力、有家国情怀的新时代人民警察，认识和解决德性价值（或道德品质）与知识价值的关系问题尤为重要，即厘清德性教育和知识传授之间的关系及实践转化问题。"立德树人"就其内涵而言，应是德育为先，育人为本；即德性教育为先，知识传播为辅，以事实（即知识教育）与价值（或德性）的结合完善学生人格，促进人的全面发展，这是解决立德树人问题的根本，也是公安院校落实立德树人工作需要解决的深层问题。

一、事实与价值的分离

事实与价值问题可以看成是"是—应该"问题或"实然与应然"问题的另一种表述，即从"是不是"的事实命题或知识论问题是否可以推导出"应不应该"的价值命题？如果可以，其中间环节是什么？应然和实然之间是否具有因果关系？虽然最早提出该问题的休

---

① 作者简介：赵亮英，女，哲学博士，广东警官学院马克思主义学院副教授，研究方向：人工智能哲学、道德哲学及思想政治教育。

基金项目：广东警官学院 2023 年度校级教学质量与教学改革工程项目"公安院校'智能＋实战化'思政课教学改革路径研究"；2023 年度广东省本科高校教学质量与教学改革工程建设项目"公安工作现代化背景下'价值引领—实战导向—项目驱动—案例融通'课程体系建设研究"。

谟认为这二者无法实现跨越，但对于事实与价值的关系问题仍然是学界的经典论题之一。西方哲学对该问题的主流分析进路是：由实然引导应然，即先弄清楚"事实"的实然，在此基础上再思考如何过渡到"应然"。然而，中国传统哲学则表现出一种相反的思考路径：因为价值（即应然问题）具有多重性和相对性，所以我们应该先弄清楚"应然"是什么，然后根据此种境界或标准调整或规范"事实"，由"应然"来引导事实的发展并向"应然"过渡。例如中国哲学传统名言："高山仰止、景行行止；虽不能至，心向往之"，就是这样一种思维方式的典型。

从这两种思维方式的差异中，我们可以感受到在教育体系中事实教育（即知识问题）与价值教育（即应然问题）之间的复杂性；具体表现为当前知识体系中自然科学和社会科学之间关系的复杂性，德育和专业技术类的知识教育之间的张力也因此尤为突出，并且总体而言越来越倾向于专业知识教育，而轻视德育；那么，知识教育与"德育"或价值教育是截然分离的吗？

例如，2018 年 11 月 26 日，一篇名为《世界首例免疫艾滋病的基因编辑婴儿在中国诞生》[1] 的报道，在科学界和社会上引起舆论。事件的主导者不顾国内国际的相关法律和伦理规则，私自对人体胚胎基因进行编辑，并把其行为结果公之于社交媒体上；国内外学者对这一行为纷纷提出批评和抗议，认为其行为不仅违背了科学诚信和科学精神，而且置人类于未知的风险中；同时也违反了我国现有的相关科学伦理规范和法律，相关人士呼吁国内有关部门对于基因编辑技术的临床应用要实施严格管理。又比如，2017 年 11 月，在日内瓦召开了由 70 多个国家代表出席的联合国常规武器公约会议，在这次会议上，美国伯克利大学计算机科学教授罗素尔，资深 AI 研究者，公布了一段十分骇人的"杀手机器人"视频。该视频曝光了一个无人机武器公司的发布会，发布了类似杀人蜂的小型机器人产品；该小型机器人具有超强的智能反狙击技术和猎杀目标能力，威力十分强大。视频发布之后，令各国代表震撼。目前为止，已经有成千上万的人工智能研究者，以及包括美国特斯拉 CEO 马斯克在内的，160 多位人工智能公司创始人都发表公开信，呼吁联合国禁止"致命性自主武器系统"的使用[2]。

从以上两个案例中我们可以感受到，以科技知识为代表的专业知识的研究过程，也都或多或少渗透着价值因素，不存在纯粹的、不具有任何价值倾向的知识教育；或者只能说在知识教育中，有些知识中的价值因素会多一些，有一些专业知识中的价值因素会少一些，比如说数学和逻辑学；但是学生在未来的社会生活或工作实践中如何运用这些知识，就必然会涉及伦理道德和价值问题。所以，高校作为培养国家和社会栋梁之材的阵地，对学生在进行知识教育的同时，绝不能忽视德性或价值观的教育；因为所有的知识，最终要通过学生未来的职业岗位和社会生活应用于实践，这也是我们一直强调"立德"和"树人"必须齐头并进的原因所在。

二、理性、情感与行为

以上分析表明，德性与知识对行为都具有非常重要的作用，在具体的实践过程中，笔者认为，我们既需要发扬中国传统哲学中的精髓，内心有着"为天地立心，为生民立命，为往圣继绝学，为万世开太平"的豪迈担当与使命感（即德性价值或应然），并以此指导实践行为（事实）；但是另一方面，我们也需要借鉴西方哲学的基本思路，结合实践的"事实"，思考如何达到"应然"；换言之在具体的实现中融合德性价值与知识价值，以指导行为。只是，两种价值的转化与融合，还必须厘清理性（知识）与情感（道德感）对行为的影响。

作为情感主义代表的休谟从对人性的分析出发，以经验主义为基本立场，以心灵哲学和心理学情感主义为基础，推理出人类的行动习惯，进而建构起他的情感主义道德理论。休谟认为理性和激情（情感）是人类本性的两大组成部分，其中情感规定了行为的道德性，情感（欲望）是道德行为的动力和源泉，而理性只能对我们的行为做出有限的范导作用[3]。

但是康德却认为，从激情出发激发的行为，从源头来看就是不道德的，因为它是为了满足自己的欲望而为。康德认为，理性产生了道德判断，道德判断直接推动了我们的行为；因而理性是道德行为的动机，理性在产生道德判断的过程中不受任何情感、欲望等等因素的影响；理性原则决定了道德判断的真[4]。因而，康德实际上就完全割裂了理性与情感在道德动机或道德判断过程中的作用；在这一点上，康德也可以说是一个理性内在论者。

另一方面，不同于休谟把理性看成是情感的附属，也不同于康德完全不考虑情感因素对道德行为动机的影响，以英国哲学家边沁（Jeremy Bentham）和密尔（John S. Mill）为代表的功利主义对情感与理性在道德行为中的作用有所发展和建构[5]。功利主义认为情感（欲望）是行为的动机，理性对情感具有限定作用，继而可以引导行为。功利主义的分析在一定程度上把康德和休谟理论中的合理之处结合起来了，具有一定的意义。只是对于理性或情感在道德行为中具体是如何发挥作用的，如何与道德行为之间产生因果关系等等这些问题，功利主义最终是从对后果的计算上来考虑，即通过理性对后果的估算来评价，这又实际上与康德的理论又极为接近了，从而陷入理论困境。

笔者认为，情感是道德动机产生的动力和基础，因为没有情感的存在，没有个人意识和意向性的存在，就无所谓道德行为和道德判断；因此，说情感是道德判断产生的根源，这一点是不错的，不论最初的道德原则的建立是利己还是绝对的善良意志；但是在具体的道德实践中，我们做出某种道德判断、形成道德动机甚至做出某种道德行为，这些都必须通过人的理性才能够进行。换言之，在道德行为的形成过程中，必定理性为主，情感为辅；在道德行为中，有强烈的情感为基础，通过理性就更容易形成道德动机和道德行为。也即是说，在一个道德行为的形成过程中，理性与情感，缺一不可，没有情感就无所谓道德动机和道德行为，而没有理性指引和限制的道德判断和行为，也仅仅是一种自然的情感反应，而不在道德哲学的讨论范畴之内。

要落实好立德树人的根本任务，做好德育与知识的传授这两方面的工作，就必须首先从理性和情感（特别是道德感）上明确其对一个行为产生的具体影响，进而我们才可以考察如何在教育过程中融合这两个方面的因素，引导学生成长成才。

三、德性培育和知识价值的转化与融合

教师作为对国家教育理念的具体执行者，肩负着为国家和社会培养栋梁之材的重任，在教书育人的过程中首先必须明确我们的"应然"是什么，应该树立起怎样的价值观，进行什么样的德性培育，这也就是习近平总书记在今年的"思想政治课教师座谈会"上提到的三个问题：培养什么人、为谁培养人的问题，然后才是怎样培养人的实践问题。笔者认为，对于公安院校而言，同样要考虑到这两个因素，结合预备警官们的未来职业特点，以政治意识为根基，从政治意识和政治站位上明确工作的方向和任务，结合中国传统哲学的知、情、意三个方面来推动具体的实践，探索多元化的、具有时代精神特点的、又符合国家和社会需要的教育教学方式。

具体而言，所谓"知"就是指知识或理性知识，包括理性思维方法和理性思维能力。习近平总书记强调高校思想政治理论课教师的思维要新，视野要广，要有知识视野、国际视野、历史视野，这些都是"知"的范畴。育人既要立德也需要传道授业解惑，完成和实现"知"的要求也就是完成立德树人中传授"知识"的要求，就是强调传道授业解惑。教师要能够提升自身"知"的能力（包括专业知识、专业技能、理性思辨能力和方法等），以此才能更好地引导、帮助学生"知"；这一点，可以通过学校开设各种专业课程以及教师们的科研范畴来体现。

这一点，在当前普通高校中都做得非常好，特别是专业知识的讲授，普遍受到教师和学生的重视和欢迎，因为专业知识的应用效果往往是立竿见影的，在未来的工作领域的需求也具有直接现实性；加之市场经济的影响，这种直接的、功利的或者说实用的知识需求促使了整个教育系统中普遍都会重视专业知识的传授。同时各种教育教学质量的评价标准、科研评价体系以及职称评审体系也都可以很好地督促教师不断去提升自身"知"的水平。这一点在公安院校中，尤其明显。从开设的课程、方向以及教师的研究领域和兴趣来看，公安院校尤其重视专业知识和专业技能的学习和传授，特别是专业知识在公安实践过程中的实用性、有效性，因为一些警务知识和警务技能的缺失，在一些关键场合将会需要付出生命的代价。所以，公安院校都比较注重专业知识和专业技能的传授以及培养学生对知识运用的实战能力等等。

相比之下，思维方法的训练以及人文知识的学习则相对弱化；可以说，重应用性专业

知识和技术知识，而轻博雅知识（包括思维方法和人文），这是当前公安院校立德树人任务里面需要解决的一个短板。因为人文知识的学习和熏陶与"德育"是密切相关的，长期忽视人文知识的学习造成的后果就是：广大公安工作者因为工作的特殊性会频繁地接触到社会的各种阴暗现象；另一方面社会各界有心人士又极易针对公安人员的人性弱点对之进行各种诱惑，从而为自己谋利，这两者长期对公安人员的身心造成冲突之下，极易促使公安人员产生关于人生价值、人生意义的困惑，进而可能导致行为上的偏差甚至是心理疾病。这一问题的解决，仅仅依赖丰富的专业知识是不够的，还需要公安人员通过内在的"德性和情怀"不断地自我修复、自我提升、自我发展、自我完善。因此，培育出有德又有才、人格完善的人民警察才能说是真正落实好了"立德树人"的根本任务。

事实上，对于理性（知识）和情感（情怀）对人的行为的影响关系，英国哲学家休谟在《人性论》一书中做出了明确的分析。休谟认为理性（包括理性知识、理性思维、理性能力）是情感的奴隶；在理性行动中，最终起作用的是情感。虽然休谟的这一理论仍然存在不少问题，被诸多哲学家批判和争议，但是不可否认的是，休谟的分析细致地指出了情感对人的行为的重大影响。一个人做出怎样的行为，必然要受到其内在情感认知的影响。需要注意的是，这里的"情"并不仅仅是指个人情感，还包括情绪、情态、情怀等。前面我们提到的政治意识、政治站位，一方面当然需要通过理性（知识）不断完善和提升对它的认识，但是真正能够把这些观念和知识融入内在的心灵，还必须借助"情"，确切地说是家国情怀。因此，"情"的培育是"德育"的一个重要内涵，在实践中，"情"的培育又与人文知识是必然联系在一起的。从这一方面来看，德为先，育人为本也是逻辑上的必然要求。

"立德"就是要求通过个人内在的情感和德性去体会家国情怀的意义，进而结合理性（知识）指引自己的行为。所以，"立德"既是立老师的德，也是立学生的德，通过老师的德性修养和情怀来影响学生的德性和情怀，达到树人的根本目的；确切地说，通过人文课程对学生情感的熏陶和培养，把人民警察所需要的政治意识、忠诚意识、责任意识和服务意识融入对专业知识的吸收和应用过程中，用"德育"的影响强化知识的获取。由学生内在的德性和家国情怀所产生的政治立场、政治意识、理想信念、价值观等才会更加深刻、更加内敛、更加牢固。所以，"知与情"与"立德树人"从来都不是分开独立的，而是具有内在的联系性。用休谟的话说，理性是情感的奴隶；有什么样的情感或内在德性和思想，就会做出什么样的行为，知识一般而言只具有工具价值，而德育更多的是需要激发学生去认识和体会人的本体论价值。

最后，还需要提到的是"意"，只有同时具备了"知、情、意"，才能成为一个人格完善的人。所谓"意"，即是指意志力。习近平总书记要求思想政治课教师自律要严，要做到课上课下一致、网上网下一致，自觉弘扬主旋律，积极传递正能量[6]。知识、情怀和德性，这些都还是属于内在的思想。一般而言，能够进入公安院校的教师，都是经过严格筛选和审查的，所以应该都具有比较深厚的专业知识功底，也都或多或少的拥有家国情怀，但是每一位教师其表现出来的行为、德性和政治素养却是不一样的，说到底，这里还有一个意志力的作用。意志力不一样，那么把内在的思想付诸行动的力度也不一样。所以，要真正落实好立德树人的根本任务，还必须注重一个"意志力"的培育。事实上，公安院校对于学生所进行的警务化管理、各种公安实践、心理素质锻炼等等都是对意志力的一个锤炼。只有有了坚强的意志力，才能在未来的社会实践或工作实践中面对各种冲突、矛盾、困惑时，保持初心，通过理性战胜外在的诱惑或内在的冲动，从长久的善和幸福出发做出正确的行为，真正把内在的知识和情感转化为行动。因此，"立德树人"的根本任务的落实，不仅要注重"内"——知和情的培养，同时还要注重"外"——意志力的锤炼。

三、小结

总之，警校大学生作为未来的人民警察，其价值观教育必须通过警务制度、人民警察职业道德规范正观念、警务化管理磨意志、模范和公安实践强化情感；通过由外而内的制度、规范和职业道德要求培养其内在的道德修养或德性，进而通过意志能力由内而外转化为道德行为，践行德性；这也是情感与理性协同产生德性和践行德性品质的过程，最终可以引导警校大学生以人民警察的职责为根本立足点，创造自己对生活意义和人生境界的追求。新时代公安院校要落实好立德树人的根本任务，对学生的培养要德育为先，知识为辅；力求从内在和外在两个方面完善人格，把学生培养成为一个既拥有完备人格、能够体会生命的崇高意义和价值、生活幸福的人，又具有坚定政治意识、政治站位、具有家国情怀的人，这才是新时代国家和社会真正需要的人民警察。如此，方能真正做到"立德树人"。

参考文献：

[1] 吴金明 . 世界首例免疫艾滋病的基因编辑婴儿在中国诞生 [EB/OL]. https：//news.sina.com.cn/c/2018-11-26/doc-ihpevhck7336434.shtml.

[2] 马斯克领衔全球百名 AI 专家致信联合国《特定常规武器公约》会议：致命智能武器的潘多拉魔盒一旦打开，将很难被关上！[EB/OL]. https：//www.sohu.com/a/166214103_354973.

[3] 休谟 . 人性论 [M]. 关文运译，北京：商务印书馆，1980.

[4] 康德 . 道德形而上学原理 [M]. 苗力田 译，上海：上海人民出版社，2012.

[5] J.Bentham，An Introduction to the Principles of Morals and Legislation[M].London： Athlone Press; originally published 1789.

[6] 习近平 . 用新时代中国特色社会主义思想铸魂育人贯彻党的教育方针落实立德树人根本任务 [EB/OL]. http：//jhsjk.people.cn/article/30982234.

（本文拟发表在《甘肃教育研究》2024 年第 9 期）

理性、情感、德性与警校大学生价值观教育研究

赵亮英①

（广东警官学院 马克思主义学院，广东 广州 510230）

摘　要：德性在道德行为的形成与实践过程中产生，同时也是道德行为的最终目的和结果；德性的形成和实践离不开意志、观念和情感的作用。警校大学生的价值观教育必须通过警务制度正观念、警务化管理磨意志、模范和公安实践强化情感；通过由外而内的制度、规范和职业要求锤炼道德修养，进而由内而外转化为道德行为，才能真正在深层次上铸就警魂。

关键词：意志；观念；情感；德性；道德行为；警察

德性伦理学认为，德性品质能够确定一个人的行为动机，进而能够确定一个人的行为方式，促使人追求或导向一种道德行为方式；但是对于如何获得德性品质，该如何把德性转化为实践智慧，德性理论并不能给出直接回答；而道德心理学认为，理性与情感共同作用于道德动机，进而实施道德行为；因此，笔者认为，融合道德心理学与德性伦理学的合理因素，厘清理性、情感和德性在道德行为中的关系和作用，就能够明确警校大学生价值观教育或道德教育的核心和重点。

一、理性、情感与道德行为

理性和情感对道德行为的作用分析一直是道德哲学和道德心理学的研究焦点。例如，休谟认为情感是道德动机直接源泉根源，理性是情感的附属，理性对道德行为只是一种辅助的引导作用[1]；康德认为理性（或善良意志）是道德动机的根源，是道德行为的最终来源[2]，并且这是独立于任何情感和欲望的纯粹理性。笔者则认为，情感是道德动机的直接来源，道德情感强烈可以更有效地激发道德行为，没有道德情感也就无所谓道德，如机器

① 作者简介：赵亮英，女，哲学博士，广东警官学院马克思主义学院副教授，研究方向：人工智能哲学、道德哲学及思想政治教育。

基金项目：广东警官学院青年骨干教师培养计划"理智、情感、德性与警校大学生道德教育生态建构研究"（2018QNGG10）"；广东省教育厅省级特色创新类项目"公安院校培育和践行社会主义核心价值观的路径研究"（2015WTSCX079）"；广东省教育厅省级特色创新类项目"十八大以来广东公安党风廉政建设的探索与思考"（2015WTSCX078）"；广东警官学院项目"公安院校大学生政治素质培养体制模式探究（046-00003437）"。

人的行为；同样，没有理性，纯粹由情感触发的行为是自然的生物本能，也无所谓道德。在道德行为的产生过程中，理性与情感的作用是相辅相成的，并且理性占主导地位，情感为辅。以下笔者将借助李泽厚先生的理性结构理论对德性的产生和实践作进一步分析。

李泽厚先生曾谈道："在个体道德行为及心理中，我提出意志、观念和情感三要素。"[3]确切地说，理性分为观念和意志。观念就是我们通常所说的历史文化背景，包括文化、惯例、习俗、法律和规则等，是我们道德情感的直接来源。生活在什么样的历史背景中，有着什么样的观念，就会产生什么样的道德情感。例如，在封建社会，三纲五常是其基本的价值观，因而就会产生妻子忤逆丈夫这样的行为是不道德的道德情感。当然，这种由观念决定的道德情感的强弱，与个人特殊的经历、文化和生活背景等因素密切相关，而这些也都在理性的内涵范畴之内。可见，观念和情感共同作用于个人的内在心理，共同决定产生不同的道德动机和道德判断，这也是笔者认为在道德行为产生过程中存在"理性化情感"的来源，而不是由纯粹的私人情感决定产生的道德判断和道德动机。

但是，倘若需要把因观念和情感产生的内在道德判断进一步转化为行为，还必须借助意志能力，这是行为的决断力。笔者认为，善恶观念（或道德观念）和意志能力结合一起，一方面能够促进产生或强化我们的道德情感，另一方面又能够遏制我们的一些私欲或其他情感，唯此才能产生道德行为。例如消防员救火，为什么消防员能够不顾个人生命安危去救火？难道他真不怕死吗？显然不是，这就是通过意志和职业观念理性控制个人情感而实施的道德行为。此外，这也可以解释，为什么有着相似观念的人也虽然具有相似的道德情感，但却会做出不同的道德行为，因为每个人的意志力不一样，所以把内在的观念和情感转化为行为的力度和深度是不一样的。

观念、意志与情感三者共同构成了道德心理的基本结构，是在道德动机（道德判断）的产生以及道德行为的实施过程中的作用过程；这一个过程实际上也即是德性的产生和实践的过程；概括而言，习俗、法规、惯例、制度等等外在历史文化背景中包含的善恶观念是个人道德情感的直接来源和主要构成部分，形成了道德行为的直接动机和价值判断，进而可以通过意志力转化为道德行为，这个由外而内——即由外在观念到内在道德情感——的过程就是德性的产生过程，这种来源于善良观念并最终转化为个人道德情感的主要构成部分，就是美德，是道德行为的内在心理动机；加上意志力的作用，就可以激发道德行为，真正把美德通过行为表征出来，这也就是德性地实践与表征过程。德性唯有在意志力的作用下，通过实践加以表征才能成其为德性，否则仅仅是一种内在的道德情感或观念，下面将进一步详细分析。

二、德性与道德实践

李泽厚先生说："道德是一种意志行为，即理性主宰感性的行为。"[4] 没有意志力就会产生"明知应做（有观念和情感）却做不到（缺乏意志力量）"的结果；因此，对于德性的培育以及如何能使学生成为一个有德性的人，既要重观念和道德情感的培养，更要注重意志力的锤炼。

具体而言，观念主要就是指来自历史文化背景中的"善良观念"，这种善良观念和每个历史时代的背景密切相关。例如在封建社会，丈夫死了，妻子就要立贞节牌坊，不得改嫁，并把这看成是无上的荣耀。而现今的时代，则不然。允许自由恋爱，只要是夫妻感情破裂，就可以申请离婚，进而再寻找真爱。也即是说，善良观念会随着时代的变化而变化；所以德性的培养首先就要结合现时代的特点，通过各层次的各种教育体制、媒介和方法进行相应的道德观念和道德原则的教育、灌输和培养，这是可以做到的。

其次，道德情感的培养对德性的养成也极为重要。一般而言，人类的情感不同于动物，前面已经提到，道德行为中的情感是理性化的情感，而不是纯粹的自然的动物性情感；另一方面，情感毕竟是一种私人的意向性意识，因而存在有一些人虽然接受了许多道德观念的教育和培养，却未必能够形成善良的道德情感，成为一个品德高尚的人。事实上，甚至有许多接受过高等教育的道德败坏者做出违法行为，例如清华大学生在北京动物园伤熊事件、广东财经大学学生虐猫事件、药家鑫事件等等。加上人的情感中所具有的动物性的一面，即人除了有天然的恻隐之心，同时也有非常残酷的一面，有很多负面的情感；所以对于道德情感的培养，除了在认知上加强对善恶、是非等观念的认识之外，还应从认知上强化人的同情心、羞恶之心和恻隐之心，讲爱、讲情、讲感同身受，加强正面道德情感的培养；例如当前我国社会主义核心价值观的教育过程中强调模范的作用、强调传播正能量，正是这一道理；即加强同情、仁爱等道德情感的培养和熏陶，既可以丰富德性的内涵，同时也可以进一步促进德性的形成。

最后，李泽厚先生提到："在道德心理结构的培育中，理性的善恶是非观念当然重要，但这些观念需要有力量即人性能力才能实现为具体行动，道德不能仅是心理，它必须表现为行动、行为，所以，意志在这里又比观念更突出更重要。所以，培养人的意志力量是十分重要的。"[4] 也即是说，没有意志力，最终所有的观念和情感都只能是内在的善恶观念和道德情感，并不能产生道德行为，也就无所谓德性，德性必须通过实践来表现；善恶观念和道德情感就是德性的内在内容，而意志能力可以通过实践表征出德性内涵。因此，在道德培养或教育的过程中，首先应该培养和锻炼其意志，拥有意志能力，才能够真正不为外界所诱惑，执行和实践自己的世界观、人生观和价值观，这样所教授和培养的善恶观念和道德情感才能真正有所作用，成为一个人的德性。

三、警校大学生与德性培育

中国道家认为："每一事物都是按照其理而存在的。如果一个人做到这点，那么，他就是尽了人之理或尽了人之性。尽人之理或尽人之性，就是最根本的道德原则。"[5] 也即是说，人类的生存是具有目的性的，而这个终极目标或者说人生的价值就是"幸福"，通过遵循最根本的道德原则"尽人之理或尽人之性"就可以获得幸福。笔者认为，"人之理或人之性"即是指人之所以为人者的共相：即是指人的理性、动物性与社会性，并且动物性是最基本的。在尽人之性时，首先应尽的就是动物性，其次是理性和社会性。但是，在什么时候应该满足自己的"动物性"需求（这种需求对于人而言其实已经是具有一定的社会性，例如"吃饭"，对于中国人而言，有川菜、粤菜、湘菜等各种菜系和烹饪手法，已经不再是动物性的"吃"了），什么时候应该遵循理性，克己以利他，甚至是牺牲一己之利而满足国家或社会的需求，这时仅仅依赖情感的引导是不够的，有这样的"观念"也未必能够做到，最重要的是"意志"。因此，源于情感和观念产生的道德动机，最终能否形成道德行为，还需要借助"意志"，意志的强与弱，决定了道德行为的最终实施，这同时也是德性培育、践行德性以及大学生价值观培育的重点，这一点我们在前面已经详细论证。

具体而言，要培养一个人成为一个品德高尚的人，必须从认知观念、情感和意志三个方面入手，这与我国传统哲学中提到的"知、情、意"也是相通的。认知是提升其道德认识，包括个人经验、科学知识及理论思辨。这个可以通过大学的课堂道德教育来实现；同时，探索多元化的、具有时代精神特点的、学生喜闻乐见的理论课堂教学方式是培养"认知观念"的重点。

对于警校大学生而言，因为专业特色，其专业实践能力课程相对会多一些（例如各种警务技术课程），而通识理论课程（例如哲学、艺术课程等）可能相对少一些，这就要求在道德教育课程设计中，需要有更加集中的、系统的道德知识课程，例如课程内容应该包括公德、私德、职业道德、哲学等，在理论上提高学生的认知能力和道德判断能力，提升其对德性的标准、内涵、冲突以及欲望该如何处理的认知及自我调节能力，从而为我们的道德行为提供方向指引奠定基础，这一点，在我国当前普通高校中基本都已经认识到并且做得非常不错。

其次，道德教育还必须重视道德情感的培养和熏陶。李泽厚先生曾提到："恻隐之心也是要培养的，因为人的情感中具有动物情感的部分，既有同情，也有残酷，人有很多负面的情感。负面情感需要排除，正面情感需要培养。'排除''培养'正是外在的习俗和教育。"[6] 道德情感是道德行为的动力和基础，因此，对大学的道德情感的培养和熏陶，特别是"同情""仁爱"思想的培养，尤为重要。

特别是对于警校大学生而言，因为将来他们从事公安事业，所面对的正是这个社会中最为黑暗、接触最多负面的人和事，如果要使其长期保持一种积极乐观的人生态度，拥有正能量，在意志力上的培养和锻炼是根本（这一点笔者随后再谈），其次就是要加强道德情感的培养。只是在对警校大学生的道德情感的培养过程中需要注意两个方面：一是需要赋予他们正能量，让他们充满爱，有仁爱之心，不被以后工作中所经常接触到的人性的黑暗所侵蚀或麻木，消极或悲观地对待警察职业，甚至是自己的人生；另一方面，警校大学生将来在工作中毕竟大多数面对的都是一些不法分子，有些甚至是穷凶极恶的人，所以警察要有爱，但是也要能够理性控制自己的情感，而不是盲目的同情和仁爱，而是要有充满正义感、明辨是非的大爱。在大学中，这种道德情感的培养应是立体的、丰富的、生动的，而不应仅仅是拘泥于课堂或书本，首先可以与相关的实践及校园社团活动相结合，例如"与犯罪分子零距离""与腐败分子面对面""公益活动""社工活动"等，为学生提供一些震撼的近距离榜样，增强其道德情感、道德动机；其次是提升学生对公安实践的认知能力，让学生带着情感、意志和目标去实践和锻炼，而不仅仅是"任务"。

最后也是最难的一点，即"道德意志"问题，笔者认为这也是传统大学道德教育中缺失或忽略的一点，对于警校来说是做得比较好但仍需加强的一个方面。知道道德行为的正确与否，也有一定的道德动机，希望成为一个"好人"，这是绝大多数人都具有的道德意向性，但是在意志方面却往往不够坚定：遇到道德冲突的时候，或者遇到利益冲突的时候，犹豫不作为甚至放弃了一些道德原则。因此，要成为一个有德性的人，就需要磨炼其意志。这里的道德意志，在深一层次来说是在实践中，当道德观念（或道德制度、道德原则）与道德情感发生冲突时个人行为的选择。倘若理性战胜了一时的冲动，就会从考虑长久的善和幸福出发做出德性的行为；否则情感占据主要地位，做出只是拥有眼前利益的行为，甚至是不道德的行为。

在警校，基本上自入校开始，就对所有的大学生进行高强度的军训、严格的警务化管理、日常的出操会操训练以及其他各种军事训练和技能培养，这是警校的特色，同时也是对警校大学生意志磨炼的一个非常好的方式。这也是为什么一般军人、警察都有着比普通人更高的综合素质尤其是有着坚强的意志能力的原因。由此可见，在对学生进行价值观或道德教育的过程中，必须加入一些强迫因素，以锻炼其意志能力，唯有如此才能把理论的道德观念和道德情感的熏陶作用真正落实到行为，展现出实践智慧。特别是在当今社会情境下，市场经济为我国经济腾飞带来了巨大经济利益的同时，在其冲击下，西方的各种意识形态，包括价值观、资本文化等等，大量地渗透进社会生活的方方面面，从而使得我国目前的善恶观念、价值观都有很大的复杂性；这对于未来的预备警官们尤其是一个巨大考验。道德观念、道德情感都会随着社会人文文化、物质生活和社会生活的变化而变化，情感与理性在道德行为中的冲突也随处可见，对青年大学生的影响尤为深远。因此，我们能做的，除了要在道德观念上正本清源外，更重要的是磨炼和坚定大学生的意志能力，因为意志才是行动的主宰，是践行德性的最大理性能力。

参考文献：

[1] 休谟：人性论 [M]. 关文运，译 . 北京：商务印书馆，1980 年版 .

[2] 康德，道德形而上学原理 [M]. 苗力田，译 . 上海：上海人民出版社，2012 年版 .

[3] 李泽厚，关于《伦理学总表》的说明 [J]. 中国文化，春季号 .

[4] 李泽厚，伦理学纲要续篇 [M]. 北京：生活·读书·新知三联书店，2017 年版 .

[5] 陈晓平，面对道德冲突 [M]. 北京：中央编译出版社，2002 年版 .

[6] 李泽厚等，什么是道德——李泽厚伦理学讨论班实录 [M]. 上海：华东师范大学出版社，2015 年版 .

（本文已发表在《高教学刊》2021 年第 1 期）

新时代公安院校思想政治教育路径探析

李静瑞①

（广东警官学院 马克思主义学院，广东 广州 510230）

内容提要：新时代的公安人员大多来自专事公安教育的公安院校，其思想政治价值和意识形态素养也主要形塑于公安院校时期的大学思想政治教育。深化和提高公安院校思想政治和意识形态教育效果，需要探寻和拓展公安院校思想政治教育路径：需优化公安院校思想政治理论课教学内容和方法，注重学理性基础上的价值引领和政治引导，构建课内舆论辨识场，增强学警社会主义意识形态价值认同和辨识能力；探索意识形态隐性教育机制，充分开发利用公安院校线下线上隐性教育资源，注重教师榜样教化和身教示范，帮助学警意识形态观念的建构；构建思政课实践教学联动公安实践机制，促使学警社会主义意识形态自觉。

关键词：公安院校；思想政治教育；思想政治理论课；隐性教育；公安实践

思想政治教育作为一定的阶级尤其是统治阶级所开展的政治实践活动，承担着塑造主流意识形态、传播贯彻国家意志等国家价值。"思想政治教育即一定的阶级或政党为将自己所倡导的意识形态转化为人们广泛接受的意识形态，引导人们形成相应的思想政治素质而自觉开展的教育实践活动。它服务于相应意识形态的传播和接受，指向人们相应思想政治素质的形成和发展"[1]。因此，思想政治教育具有重要的意识形态教化和灌输功能。新时代的公安人员肩负着重要的意识形态功能，需要具备坚定的社会主义意识形态信念和较高的思想政治素质。而当代中国的公安人员大多来自专门从事公安教育的公安院校，其思想政治价值和意识形态素养也主要形塑于公安院校时期的大学思想政治教育。因此，深化和提高公安院校意识形态教育效果，需要对公安院校的思想政治教育路径深入探寻和拓展。

---

① 作者简介：李静瑞，女，法学博士，广东警官学院马克思主义学院讲师，研究方向：马克思主义中国化。

基金项目：广州市哲学社会科学发展"十四五"规划 2021 年度共建课题"公安院校思政教育与社会主义意识形态安全研究"（项目批准号：2021GZGJ103）阶段性成果。

一、优化思政理论课教学，增强学警社会主义意识形态价值认同和辨识能力

"思想政治教育课程不是一般的学科课程，而是具有育德性质和功能的课程，能够对学生思想政治素质的塑造起到重要的影响作用，是学校思想政治教育的主渠道。"[1] 思想政治理论课既是思想政治教育的主渠道，更是意识形态教育的重要阵地。对公安院校学警的思想政治价值和意识形态塑造，需要充分利用好公安院校思想政治理论课这一重要渠道。公安院校培养的是未来的公安人员。国家公安人员肩负着舆论引导和维护国家安全的职能，其自身的政治价值观念和意识形态倾向极其重要。因而公安院校的思想政治理论课在教学内容上应更注重价值引领和政治引导，能力目标上则更需关注学警的意识形态辨识能力的培养。

1. 注重学理性基础上的价值引领和政治引导

习近平总书记在学校思想政治理论课教师座谈会上的讲话中，对思政课改革创新提出了"政治性和学理性相统一"的要求，并特别指出："政治引导是思政课的基本功能。"[2] 这一要求对于公安院校的思政课具有尤为特殊的意义。

公安院校肩负培养党和人民忠诚卫士的神圣使命。作为未来公安从业人员的学警，其政治价值观念和意识形态倾向直接影响着其在未来的从警职业生涯中是否能够承担得起党和人民忠诚卫士的神圣使命。因此，公安院校的思想政治理论课教学中应尤其重视价值引领和政治引导。为此，公安院校思政课在教学内容上，应突出公安院校育人特色，突出忠诚教育、人民公安红色基因教育、公平正义的社会主义法治理念教育、清正廉洁严守纪律的职业操守教育、公安英模精神和英雄文化教育、习近平总体国家安全观教育、社会主义意识形态教育，等等。以此培养学警未来公安工作必备的忠诚意识、政治意识、法制观念、纪律和规范意识，以及社会主义意识形态素养。从独具公安特色的教学内容的选取上着手，培养学警未来公安职业必备的政治素养，对学警进行职业价值观引领和政治意识引导，是公安院校思想政治理论课教学的鲜明特色和重要功能。

当然，强调思政课的价值引领和政治引导功能，并不意味着要把思政课讲成简单、抽象的政策宣讲。习近平总书记在学校思想政治理论课教师座谈会上的讲话中曾辩证地指出："强调思政课的政治引导功能，并不是要把课讲成简单的政治宣传，而要以透彻的学理分析回应学生，以彻底的思想理论说服学生，用真理的强大力量引导学生。"[2] 思想政治理论课并不是简单的政治宣讲，而是一门学科课程，其教学内容同样具有体系化、条理化、序列化的特点，更有其内在的学理性和学科规律。再者，价值尺度必须以真理为前提，合目的性与合规律性是内在统一的。马克思在《<黑格尔法哲学批判>导言》中曾深刻地指出："理论只要彻底，就能说服人。所谓彻底，就是抓住事物的根本。"[3] 马克思主义是关于

自然、社会和人类思维发展的普遍规律的学说，实践基础上的科学性和革命性的统一是马克思主义的鲜明特征。因而，马克思主义理论本身即是彻底的理论。在公安院校的思政课教学中，教师应注重对马克思主义理论本身进行透彻的理论分析，以使学生系统而全面地掌握学科的基本理论、基本知识和基本规律，以及知识、理论之间的逻辑推演。学生真正实现了对理论本身的"真懂"，才可能达致对相关价值的"真信"，从而内化为自身的认知和信仰，并进而落脚于自觉地"践行"。只有这样，才能筑牢学警的社会主义意识形态价值认同，以确保其在将来的公安工作中能够肩负起党和人民忠诚卫士的神圣使命，更好地履行其意识形态功能。

2. 构建思想政治理论课堂舆论辨识场，提升学警意识形态辨识能力

中西方的意识形态博弈和斗争一直激烈尖锐，西方势力总是利用一切可乘之机制造各种舆论风波，力图将之引向对中国制度、道路的攻击，并最终引向对党的领导的攻击，从而制造意识形态舆论事件。公安人员肩负处置舆论事件警情的职责，敏锐的意识形态辨识能力和社会主义意识形态价值认同是作为公安人员预备队的学警职业素养培育不可或缺的一个部分。因而公安院校意识形态教育过程中，要注重对学警意识形态辨识能力的培养。

当前公安院校思想政治理论课普遍较为重视社会主义意识形态教育。但在具体的教学方式方法上还有较大的提高和开拓空间。比如，有的教师在课堂上面对学生关于意识形态舆论事件的疑问时作出避重就轻的回应，不敢或无力正面恰当回应学生的困惑和疑问。为解决这一问题，教师可以通过在课堂上构建舆论辨识场，采用深入分析、客观评价、正向引导的办法，积极正面回应学生的困惑和疑问。

新时代以来，美西方在中国制造的舆论事件频发，如香港"修例"风波、"新冠"疫情之初的"方方日记"舆论事件等。这些事件发生之初，舆论走向往往极不明朗，持不同观点者争执不下，青年学生也会对之感到困惑不解，一部分人甚至轻信西方势力的蛊惑，加入对中国制度、道路和党的领导的指责。有些学生上课时会向老师求助，希望听到老师对相关舆论事件的客观公正、深入全面的分析和评价。面对这种情况，部分教师可能会认为问题比较敏感避而不谈，或者自身对相关问题没有深入的了解和认知而含糊其词。这都无法有效解释学生的困惑，更无法对之进行正确引导，错失了极好的意识形态教育机会。回避的态度不仅不能维护社会主义意识形态安全，反而会对之造成隐性危害，并非明智之举。应当积极回应、深入分析、客观评价、正向引导。

习近平总书记在学校思想政治理论课教师座谈会上的讲话中指出："思政课要在传播马克思主义立场、观点、方法的基础上用好批判的武器，直面各种错误观点和思潮，旗帜鲜明进行剖析和批判。"[2]"任何社会任何时期都会有各种问题存在，要教育引导学生正确看待、辩证认识、理性分析现实问题，辨明大是大非、真假黑白，在对社会假恶丑现象的批判中弘扬真善美。"[2]因此，面对各种舆论风波，最好的办法不是回避，而是直面。

比如，教师可以在课堂上组织学生对共同关心的热点舆论事件进行讨论，过程中，适时介绍相关事件的真相、背景、原因、国家相关政策，以及与之相关的意识形态知识、理论和价值观。在学生讨论和老师的分析引导中制造正向舆论和负向舆论的辨识场，让学生利用正确的意识形态知识、理论和价值观在相互冲突的舆论观点中自觉辨识出正误观点和思潮。这一过程不仅可以使学生明辨相关舆论事件的真相，还可以使学警的舆论辨识能力获得有效锻炼，为以后走上公安工作岗位应对复杂的舆论环境奠定扎实的社会主义意识形态理论基础和良好的舆论辨识能力。

二、探索思想政治隐性教育机制，熏陶学警意识形态观念

公安院校思想政治教育既要注重显性教育，也要注重隐性教育。习近平总书记在学校思想政治理论课教师座谈会上的讲话中谈到思想政治教育显性教育与隐性教育的关系时指出："既要有惊涛拍岸的声势，也要有润物无声的效果，这是教育之道。"[2] 其中，"润物无声的效果"即是指隐性教育。隐性教育是相对于学校依据教学目标设置课程、灌输知识的显性教育而言的。具体是指除学校设置的课程外的一切可以影响学生学习的方式方法，如通过校园环境、校园文化、校园活动、学校自媒体、教师言行和人格魅力等影响和熏陶学生，使学生间接地学到知识。公安院校应深挖校园内各种资源，探索和构建思想政治隐性教育机制。

1. 线下隐性思政教育资源的开发和利用

要探索构建公安院校思想政治隐性教育机制，需要有效开发和利用公安院校中的线下隐性思想政治教育资源，包括线下物质教育资源、精神教育资源、学生活动资源中的思想政治和社会主义意识形态隐性教育资源。

开发利用公安院校中的物质资源。物质环境和物理空间并不是单纯的物质存在，加以巧妙设计和利用，往往能够成为极佳的文化和精神载体，发挥"一草一木皆育人"的化人之效。公安院校的校园物质环境和物理空间主要包括校园环境、校园建筑、教学设施等。相较其他高校，公安院校对学警思想政治价值和意识形态思想素养的要求更高。因此，公安院校在设计和建造校园楼宇馆舍、人物雕像、校园绿化等的过程中，除了对警营特色的营造，还应注重对思想政治和社会主义意识形态因素的植入和彰显，巧妙地发挥其对社会主义思想政治价值和意识形态的潜化和导向作用。比如各地公安院校可以根据自身特色和本地域实际，在修筑校园广场、设置雕塑、悬挂伟人画像时，优先选用马克思主义代表人物，党的领袖或伟人，或党的历史中本区域的优秀人物等。总之，通过物质环境和物理空间的巧妙布置，使学警随时随处浸润于社会主义意识形态导向的物理环境之中，自然而然接受熏陶。

开发利用公安院校中的精神资源。公安院校的思想政治教育精神资源包括警歌、校歌、

校训、校道楼馆名称、墙面标语、宣传栏图文等。与普通高校相比，公安院校的警歌、校歌、校训、校道楼馆名称、墙面标语、宣传栏图文等往往蕴含更为浓厚的社会主义思想政治价值和社会主义意识形态色彩，更易于对学警的思想政治价值和意识形态观念产生导向和影响。因此，公安院校在进行校园文化建设时，应继续保有这种思想政治价值和意识形态氛围，贯彻"双色育警"校园文化理念，将公安院校文化的本有色"蓝"，与思想政治和意识形态的"红"有机交融，使蓝红紧密贴合的独特警校文化在学警的思想政治价值和意识形态观念的培养和塑造中润物无声地发挥作用。以增强校园文化等精神资源对学警思想政治价值和社会主义意识形态信念的隐性教化之实效。

开发利用公安院校中的学生活动资源。与普通高校一样，公安院校在课堂教学之余同样有多种形式的校园活动，包括知识竞赛、学术交流、座谈会、社团活动等。充分借用公安院校学生活动，植社会主义思想政治和意识形态知识、思想和价值于其中，也是一种思想政治隐性教育的手段和途径。对于增强公安院校思想政治隐性教育，默化潜移地导引学警的思想政治和意识形态走向亦能够起到不可低估的作用。具体而言，公安院校的相关教师和学生工作人员可以在指导学警组织校园活动时，有意识地引导其将社会主义思想政治和意识形态知识内容和价值观念融入其中，从而在校园活动中渗透思想政治和意识形态教育和引导，使学生在参加校园活动中受到影响和熏陶。

2. 线上隐性思政教育资源的开辟和拓展

当代新媒体的繁盛和普及，为公安院校进行隐性思想政治教育提供了可资利用的丰富载体和资源。习近平总书记曾经指出："要运用新媒体新技术使工作活起来，推动思想政治工作传统优势同信息技术高度融合，增强时代感和吸引力。"[4] 当今的青年一代被称为互联网"原住民"，其对互联网特别是对各种自媒体高度依赖，被戏称为"长在自媒体里的一代"。鉴于此，可以利用青年大学生对自媒体平台的依赖，引导公安院校学生关注公安或警务类、普法类自媒体资源，充分利用其中的思政教育素材，使学生在对警务时事的关注中潜移默化地接受思想政治和意识形态教育。以广东警官学院为例，新生入学教育过程中，教师会有意识地推荐和引导学生关注广警共青团、警苑心语、广东普法等微信公众号和视频号。而且，为了提高学生对相关自媒体的关注度，思政课教师会把思政课教学与学校相关公众号内容进行联动，如把学生的优秀作品在公众号和视频号中发布，上课过程中更多选取公众号、视频号中的推文或视频作为案例。由此，学生对相关公众号和视频号的关注度极高，即便课余时间，学生对相关公众号和视频号内容的点击率也较高。这些措施都助推了线上隐性思想政治教育的开展和深化。

除利用现有自媒体资源之外，还可以鼓励部分有能力和热情的思政课教师，开通相应的自媒体平台号，制作、写作或甄选转引高质量的公安警务类、普法类或思政知识类、热点事件深度解析类的视频或文章，探讨学生上课时关注度较高又囿限于课堂教学内容多和课堂时间有限无法充分展开讨论和讲解的问题，回应学生对相关问题的关切和疑问，有效引导学生的相关认知和意识形态倾向。这样可以充分利用线上隐性思政教育的形式，把学生的兴趣、所依赖的信息获取渠道与思想政治教育所要实现的教学内容和思想的深化和拓展目的有效统一起来，从而潜移默化地实现对公安院校大学生的思想政治教育和意识形态引导职能。

3. 教师身教示范的榜样教化和引导

教师通过自身是非明辨的言行举止和人格魅力而自然达致的身教示范是隐性教育的又一重要形式。通过施教者的榜样教化进行身教示范，是中国古人、是儒家最为倡导的教育方式。儒家甚至将榜样教化和身教示范看作教化的本质，所谓"上所施，下所教"[5]"学之为言效也"[6]。儒家将"学"的本质意涵界定为"效"，即效法，效法施教者的言行和举止。有学者指出："儒家传统将教、学都视作具体化的行为，因此，教育者必须全身心地投入自我的各个方面：身体、思想、心灵、精神都包括在内。榜样最为紧要，因而也就是最有效的教育手段。"[7]尽管儒家倡导的榜样教化和身教示范的教育方式更多的是古人对于儒家思想和德性的教化和引导，但其揭示的身教示范的隐性教育方式方法却具有古今通用性，在今天对青年学子的思想政治教育和意识形态引导同样适用。

公安院校思想政治教育和意识形态引导场景下的身教示范对作为施教者的教师自身的意识形态素养和信念提出了较高的要求。要想对学生成功地起到相关的隐性熏陶功效，公安院校的思想政治理论课教师和学生工作部门的教师自身必须拥有坚定且深厚的社会主义思想政治价值和社会主义意识形态知识理论基础，还要有敏锐的意识形态嗅觉、超强的意识形态辨识能力，以及因此而秉持坚定的社会主义意识形态信念。只有这样，才能在课上施教和课下与学生的接触中，自然而然地感染和熏陶学生，使学生无形中形成同样敏锐的意识形态嗅觉和辨识能力，以及同样坚定的社会主义意识形态信念。若教师自身对相关知识和理论一知半解、意识形态信念模糊、对扑朔迷离的意识形态舆论事件看法左右摇摆，则很难形成相关面向的人格魅力，自然无法熏陶学生。思想政治理论课教师要"做到课上课下一致、网上网下一致，不能在课上表现不错，却在课下乱讲，不能在现实生活中表现不错，却在网上乱说"。[2]若是这样，那么教师对学生的榜样教化和身教示范自然无从谈起。因此，习近平总书记对党员干部政治操守的要求同样适用公安院校的教师队伍："涵养政治定力，练就政治慧眼，恪守政治规矩，自觉做政治上的明白人、老实人。"[8]只有这样，对学生的身教示范的隐性教育才得以见行见效。

思想政治隐性教育具有潜隐性、渗透性和效果的持久性。相较于传统的显性思政教育，学生往往更易于接受。因此，开辟和拓展隐性思想政治教育渠道，是提高公安院校思政教育和意识形态教育效果的有效路径。

三、构建思政课实践教学联动公安实践机制，促使学警社会主义意识形态自觉

公安实践是指公安院校学警在重大节日、庆典活动时应公安机关的需要和安排而参加的安保执勤活动，或者毕业实习时到公安机关进行实地职业训练的职业能力培养活动。公安实践是培养学警公安职业能力和素质的重要机会。同时，若加以引导和设计，联动思政课实践教学，则可以构建起思政课实践教学联动公安实践机制，把专业性的警务实训与思政课实践教学有机结合，从而探索出公安院校思政课实践教学的有效途径。要联动公安实践搭建思政课实践教学平台，需要构建专兼结合的大师资体系、现场教学 + 事后总结的教学模式和多维综合的评价体系。

1. 专兼结合的大师资体系

基于教育部"开门办思政课"的指导思想，公安院校的师资队伍应专兼结合、校内校外人员搭配。既要有一支马克思主义理论功底扎实、教学技能过硬的专职思政课教师队伍作为师资队伍核心，也要吸纳校内辅导员、党政领导、学生工作部门和组织宣传工作部门的领导或教师加入，还要聘请校外业务能力强、政治素质高的基层民警、公安英模等担任公安院校兼职思政课教师。组建一支专兼结合、校内校外人员搭配的思政课大师资队伍。

只有具备这样一支大师资队伍，思政课实践教学联动公安实践机制才能顺利地组织运行。联动公安实践开展实践教学，涉及校内各职能部门和校外公安局、派出所等实践基地，很难由一个部门或一个系部单独组织开展，需要各相关部门、系部、单位协同合作、密切配合，才能顺利组织运行。师资队伍中容纳各相关部门、单位人员，不仅丰富教学内容和形式，还能推动实践教学的顺利组织和开展。实践教学具体组织运行中，师资队伍中的各人员各司其职，密切配合。比如，专职思政课教师制定教学大纲、实施方案、考核机制，开展现场思政课教学；各专业系部、学生处、校团委教师及辅导员负责组织动员、宣传、带队等；公安局、派出所基层民警和公安英模教官则进行具体执勤处警过程中公安专业技能的指导和政治立场、意识形态辨识能力的引导和培养等。

2. 现场教学 + 事后总结的教学模式

思政课实践教学联动公安实践过程中的现场教学，既包括思政课教师、辅导员、教官等授课团队的现场集中讲解，也包括执勤过程中对具体警情和案件处置过程中教官的具体指导，还包括实践过程中优秀人员、优秀事迹等榜样力量的即时感染和教化。首先，现场集中讲解，是指思政课教师把思政课教学内容的知识点与公安实践内容的结合点作为教学内容，利用警务执勤之前或过程中学警相对集中的时间，在公安局、派出所或者安保现场等地点，展开教学活动。比如学警在参与中共二十大期间的安保活动时，思政课教师可在现场集中教学中针对性地讲解中共二十大的相关知识、议题等。这就把思政课中的相关教

学内容与公安实践的主题自然衔接，且是在安保执勤的过程中适时开展的相关教育，场景独特，教学更具针对性和感染力，学生体会往往也会更为深刻。其次，执勤过程中具体警情和案件处置过程中教官的具体指导，既包括处警公安专业技能的指导，也包括处警过程中政治立场、意识形态辨识能力和自觉的引导和培养。再次，优秀人员、优秀事迹等榜样力量的即时感染和教化，是指公安实践过程中优秀警员和学警的优秀事迹在参加公安实践的学警中的即时网络推送，可对学警形成即时正面的激励和鼓舞。这也可作为另一种形式的现场教学。这种优秀案例即时推送的教学方式，可以使学警即时感受身边榜样的力量，随时随地接受正面感染和熏陶，实现真正意义上的全程全员育人。

事后总结，即公安实践结束后，学生以学校和公安实践过程中所接受的思想政治教育中所学习的知识与所参加的安保执勤活动相关联，撰写和提交实践报告和总结，阐述自身或团队在所参加的安保执勤活动中发生的故事、遭遇的挫折、面对的困惑、收获的感悟；着重阐述自身运用在校所接受的思想政治教育，如社会主义意识形态知识、理论、观念，以及马克思主义的立场、观点和方法对日常挫折、困惑、矛盾冲突的解决过程中进行的理性思考、分析、运用和总结。学生在实际安保执勤中对上述所学相关知识的运用可能是有意识的，也可能是无意识的，但通过这一活动让其对之进行有意识的理性思考、分析和总结，可以促使学警对理论知识、立场、观点和方法的有意识地梳理、总结和反思。从而可以使学警巩固学校里和实践中所学习的理论知识，有效促使学警的理论自觉和运用自觉。

3. 多维综合的评价体系

教学评价对于检验学生学习效果、教师教学质量和教学目标是否实现，都起着重要作用。制定一套全面客观、多维综合的评价体系是构建思政课实践教学联动公安实践机制不可或缺的一个环节。该教学机制涉及联动校内校外多方人员，因而对学生学习效果的评价也应多方参与，建立一套包括教师、教官，实践单位，学生自评相结合的多维综合评价体系。

一是教师和教官评价。在联动公安实践的思政课实践教学过程中，思政课教师和教官根据学警在公安实践中的实践参与度、对学校所学相关知识的运用能力、政治价值和立场、团队合作意识等方面的表现，对学警的实践活动进行过程评价。同时，通过对公安实践结束后学警所撰写和提交的实践报告和总结的评估和打分，对之进行结果评价，以评估学警在公安实践的过程中对学校所学相关知识、理论、观点、价值，以及马克思主义立场、观点和方法的理解和运用等。

二是公安局、派出所等实践单位评价。公安局、派出所作为接受学警公安实践的单位，着重从警务工作的视角，对学警的专业能力、工作方法、政治意识、大局观念、工作态度等给予考核和评估。

三是学生自评。学警作为参与公安实践的主体，对自身在实践过程中的表现和心理波动最为清楚。实践结束后，督促学警对自身在实践过程中的表现，特别是对相关教学内容的把握和认知，对学校所学相关知识的理解和运用，以及理论与实践对接中的困难与不足等等，进行反思和梳理，可促使学生形成对自身学习效果的清晰认知，以便其在以后的学习中进一步改进和优化学习方法，从而实现真正意义上的以评促学。

专兼结合的大师资体系、现场教学＋事后总结的教学模式、多维综合的评价体系，三个方面构成公安院校思政课实践教学联动公安实践机制得以顺利组织运行的必要环节。只有三个环节均能够充分构建和开展，该教学机制才能够顺利运行。其中现场教学＋事后总结的教学模式是该教学机制的核心环节。该教学模式可以使公安院校思政课实践教学充分联动公安实践，从而充分利用和调动社会中的警务资源，搭建起公安院校思政课的"大课堂""大平台"。真正意义上实现教育部关于"开门办思政课"和"调动各种社会资源"，建设"大课堂"，搭建"大平台"，建好"大师资"的构想。从而改革和创新公安院校思政课实践教学模式，打造出高品质的公安院校思政课实践课程。从而实现思政课对学警的全程、全员育人目标，促使学警在警务实训的过程中实现社会主义意识形态自觉。

总之，我国的公安机关和公安人员，无论其政治属性，还是工作职能，都身负意识形态功能，需具备更高的思想政治素质和社会主义意识形态素养。公安院校的思想政治教育对于社会主义意识形态安全起着基础性和奠基性的作用，应当认真探索和研究公安院校思想政治教育的方法路径，筑牢学警社会主义意识形态信念和社会主义思想政治基础，增强其不同意识形态倾向的辨识能力和相关理论知识的运用自觉。

参考文献：

[1] 沈壮海 . 新编思想政治教育学原理 [M]. 北京：中国人民大学出版社，2022：2.

[2] 习近平 . 思政课是落实立德树人根本任务的关键课程 [J]. 求是，2020(17)：4–16.

[3] 马克思恩格斯选集 (第 1 卷)[M]. 北京：人民出版社，2012：10.

[4] 张烁 . 把思想政治工作贯穿教育教学全过程 开创我国高等教育事业发展新局面 [N]. 人民日报，2016–12–09(1).

[5] 说文解字注 [M]. 上海：上海古籍出版社，1981：127.

[6] 四书章句集注 [M]. 北京：中华书局，1986：362.

[7] 杜维明 . 道、学、政：儒家公共知识分子的三个面向 [M]. 北京：生活·读书·新知三联书店，2013：52–53.

[8] 习近平谈治国理政 (第 3 卷)［M］. 北京：外文出版社，2020：521.

（本文已发表在《高校马克思主义理论研究》2023 年第 4 期）

塑造人民警察社会主义意识形态素养必要性探析

李静瑞 [①]

（广东警官学院 马克思主义学院，广东 广州 510230）

摘 要： 新时代以来，中国的社会主义意识形态工作取得明显成效，但挑战依然存在。中国的警察机关在维护社会主义意识形态安全上起着极其重要的作用。因此，人民警察自身需要具有良好的社会主义意识形态素养和信念。具体而言，人民警察的政治属性、职业要求和个人意识形态修养的内在性，决定了其需要具有坚定的社会主义意识形态信念；公安机关和人民警察的舆论引导职能客观上需要其对社会主义意识形态的认同和拥护；人民警察身负维护国家意识形态安全的职责，更需要个人具备丰厚的社会主义意识形态素养。

关键词： 人民警察；社会主义意识形态；素养；意识形态安全

社会主义意识形态安全是指有利于无产阶级和人民大众实现和维护统治，且被社会主义国家社会成员共同认可并遵守的主流意识，形态地位不受威胁的相对稳定安全的状态。新时代以来，中国的社会主义意识形态工作取得明显成效，但社会主义意识形态安全挑战却依然存在，并呈现更为复杂之势。作为党和人民的"刀把子"，警务和人民警察在维护社会主义意识形态安全上起着极其重要的作用，身负意识形态功能。其政治属性和职业要求、政治舆论引导职能及个人意识形态修养等都要求其具备丰厚的社会主义意识形态素养和坚定信念。

一、人民警察的人民性和职业内在要求决定了其需要具有坚定的社会主义意识形态信念

（一）人民警察的人民性决定其需要具有坚定的社会主义意识形态信念

就政治属性而言，马克思主义国家学说认为，警察跟其他国家机器一样，是阶级统治

① 作者简介：李静瑞，女，法学博士，广东警官学院马克思主义学院讲师，研究方向：马克思主义中国化。
基金项目：广州市哲学社会科学发展"十四五"规划 2021 年度共建课题"公安院校思政教育与社会主义意识形态安全研究"（2021GZGJ103）；2021 年度广东省教育厅高等教育教学改革项目"实战化课程推动下的治安专业学生能力培养探索与实践"阶段性成果（2021407）。

的工具[1]，具有鲜明的阶级性。我国是工人阶级领导的人民民主专政的社会主义国家，工人阶级通过其先锋队中国共产党实现对国家的领导，我国的警察在党的领导下行使各种职能，维护人民利益，自然也具有鲜明的人民性。因此，我国的警察天然具有遵循党的领导，并具有人民性的政治属性，因而也被称为人民警察。在党的历史上，作为人民警察机关重要组成部分的公安机关，自成立之初就在党的绝对领导之下履行使命。新中国成立后，在全国范围内建立的公安组织机构，继续坚持党的领导这一根本原则，并坚持用社会主义意识形态思想武装整个公安队伍和人民警察队伍。"坚持从政治上建设和掌握公安机关，引导全警增强'四个意识'、坚定'四个自信'、做到'两个维护'，始终在思想上、政治上、行动上同党中央保持高度一致。"[2]由此可见，政治上，人民警察的人民性具有鲜明的社会主义意识形态属性。

（二）人民警察的职业要求决定其需要具有坚定的社会主义意识形态信念

在具体的执法出警过程中，作为党和人民的"刀把子"，人民警察也必须保持鲜明的人民立场、国家情怀，进而具有坚定的社会主义意识形态立场。这既可保持其坚定政治立场，确保公安姓党，又可在其行使维护社会治安和社会治理职能之时对民众形成意识形态的正向影响。

首先，人民警察，特别是作为与人民群众联系最为紧密的公职群体之一，基层公安民警其价值理念、意识形态偏向、话语的政治倾向等都直接影响着民众的相关认知。若在与群众接触过程中，公安民警表现出明显的非社会主义意识形态偏向，甚至充满对党、国家和社会主义制度、道路、模式的抱怨和指责，则会直接向民众传递出关于国家相关方面的负面信息。民众会认为，公职人员自己都不认同的理念、制度、道路和规则，为什么让我们遵守和拥护。其次，人民警察在执法过程中，需要具有坚定的政治信念和社会主义意识形态观念，以确保在相关执法过程中不被意识形态违法犯罪分子所影响而产生信念动摇。在意识形态领域，一直以来都存在着激烈的博弈，受境外部分别有用心的 NGO（指由西方国家、政府或民间团体资助或者直接领导的本国或别国非政府社会组织）和国内部分所谓的意见领袖和网络大 V 的影响，部分民众过度迷信西方的政治价值观、制度模式和国家体制等，并脱离中国的历史、文化、现实和独特国情，将西方的价值观和制度模式作为尺度衡量中国的相应方面，从而认为中国的民主模式、政治经济制度和国家体制等与西方存在较大差距而进行攻击，达到一定程度势必踩踏法律红线。所以人民警察在处置这类警情时，不可避免地要与相关违法犯罪分子有你来我往的思想沟通和观念碰撞，有些此类犯罪分子甚至有着较高的文化层次和理论素养，可能在被处置过程中还试图说服和影响处置警情的人民警察。

二、人民警察的舆论引导职能客观上需要其对社会主义意识形态的认同和拥护

（一）我国的人民警察肩负着舆论引导职能

我国的公安机关和人民警察无论在任何时期都肩负着社会主义意识形态舆论引导的职能。习近平总书记曾经在中央政法工作会议上指出："要全面提升政法干警的法律政策运用能力、防控风险能力、群众工作能力、科技应用能力、舆论引导能力。"[3] 其实，人民警察舆论引导不仅关涉警察机关和公安民警的执法威信和形象，更关涉党和政府在群众中的公信力和社会的稳定。

首先，我国的公安机关和人民警察必须做好舆论引导，这是人民警察的职责，唯此才能有效维护公安机关和人民警察的执法威信和形象[4]。随着我国民主法治建设进程的加快，以及互联网这一新媒体的产生和普及，信息传播进入了全媒体时代（全程媒体、全息媒体、全员媒体、全效媒体）。民众关心国家大事、参政议政、针砭时弊的热情前所未有地高涨，由此对公权力批评、监督的舆论也极为活跃。由于公安机关和人民警察执法与民众生活密切相关、公众关注度极高，因而易于引发涉警舆论事件。积极的、建设性的涉警舆论有助于促进公安工作的开展和公安事业的进步，从而有助于提高公安队伍的执法能力和水平。但一些别有用心的人则利用民众对涉警事件的高关注度故意炒作和丑化人民警察形象。这样的涉警舆论则会对公安机关和人民警察的执法威信和形象带来极大损害。这就需要公安机关有效应对涉警舆论，对之进行正向引导。其次，我国公安机关和人民警察（包括所有的警务人员）的舆论引导能力，影响我们党和政府在群众中的公信力和社会稳定。在我国，人民警察是代表党和政府执法的，是党和政府的"门面"，公安机关和人民警察的形象就是党和政府的形象。不当的涉警舆论其直接后果是损害公安机关和人民警察的形象，其延伸效应就是损害党和政府的公信力[5]。公安机关和人民警察的形象表面看是人民群众对公安机关和警察的评价，说到底则是人民群众对党和政府的评价。因此，这种评价的好与坏，不仅直接影响到人民群众对公安机关和公安干警的信任度，若负面评价过多过滥，不能及时有效地加以引导，还可能会产生由于公众对公安机关及党和政府的不信任而衍生的对公权力的对抗情绪，这种情绪的进一步扩散可能会对社会稳定造成冲击。因此，公安机关和人民警察的舆论引导极其重要。

（二）社会主义舆论引导需要社会主义意识形态认同基础

公安机关和人民警察要履行好舆论引导职能，需要人民警察对社会主义意识形态的认同。人民警察只有在理念、思想、心理、情感、意志和行动上认同、接受社会主义意识形态，才能在工作中做好人民群众的舆论引导工作。

首先，社会主义意识形态，如郑永廷认为，意识形态认同是人们对某种意识形态自

觉自愿的认可、赞同、接受、遵从乃至尊崇，是主体对意识形态在心灵深处的相通相融和在情感、意识上的归属感[6]。依此剖析，公安机关和人民警察要履行好舆论引导职能，需要公安干警对社会主义意识形态发自内心的、自觉自愿的认可、赞同和接受。只有这样，人民警察在处理日常工作与警情时，才能更好地履行舆论引导职能，发自内心地对社会主义意识形态进行维护和宣导。其次，怎样才能使人民警察对社会主义意识形态产生发自内心的、自觉自愿的认可、赞同和接受呢？依据英国学者柯斯特提出的知信行理论模式（Knowledge-Attitude-Practice，KAP）的观点，知识、信念、行为之间存在依次递进关系；知识是信念的基础，信念是行为的动力。即对知识正确性和科学性的认可，会滋生对相关知识和相关知识所蕴含的观点、意识的信念和认同，而对相关知识、观点、意识的信念和认同又能激发认知主体对之的遵循和践行。我国社会主义意识形态是建立在马克思主义的真理性之上的，是经过长期的革命和建设实践检验的真理性理论和认知，能够激发认知主体对之的认可、接受、认同、尊崇和宣导践行。因此，人民警察只有具备扎实的马克思主义理论知识基础，并且真懂真信，内化于心，才能树立坚定的社会主义意识形态信念和认同，也才能在进行舆论引导时自觉地进行维护和宣导，并且因此而内生出说服力和影响力，从而产生传播力和引导力。

三、人民警察个人需要具备丰厚的社会主义意识形态素养

（一）人民警察要在政治思想上具备丰厚的社会主义意识形态素养和坚定理想信念

意识形态与思想政治有着天然的关系，思想政治要素越稳定，其意识形态结构越稳定；思想政治结构出现了紊乱，其意识形态结构也必须进行调整。意识形态安全则关乎国家政治安全："意识形态关乎旗帜、关乎道路、关乎国家政治安全[7]。"对于人民警察来说，他是为国家和人民服务的，就必须具备社会主义意识形态应有的素养和国家政治信仰。

首先，人民警察要不断筑牢理想之基。坚定自己的理想信念，从思想上领略马克思主义理论的真理魅力，用习近平新时代中国特色社会主义思想武装头脑，推进践行，筑牢理想之根[8]。在政治、思想、心理、情感上强化对我国社会主义政治制度、政治体制和社会主义意识形态的坚定与认同，让马克思主义理论和社会主义核心价值观成为自己的主流意识形态。其次，把社会主义意识形态内化于心、外化于行。要全方位、全过程、多层次、多形式上形成思想政治意志的理想信念和正确"三观"，践行社会主义核心价值观，做到信念之坚，思想之基，精神之牢，情感之真，行动之诚，将社会主义意识形态内化于心、外化于行。这样才能自觉抵制国内外一些不良的社会思潮的影响和防止腐朽价值观等因素的侵蚀，增强自身的抵御能力。

（二）人民警察要在实践中强化社会主义意识形态的管控力

在中国所取得的伟大成就情况下，面对国际上"污名化""妖魔化""西化"思潮暗流涌动，如何维护好社会主义意识形态领域中的良好秩序和氛围？必须不断强化人民警察社会主义意识形态的管控能力，才能营造和谐安定的社会思想舆论生态，从而确保我国政治、制度、文化和社会的安全。

首先，在社会主义意识形态领域中要德法并举。有法安天下，有德润人心。德法并举，社会安定，人心安稳。作为人民警察必须学法、懂法和守法、执法。对制造社会动乱或社会骚动、破坏社会秩序及威胁人民生命财产分子，必须依法执行，强化法律管控力；对西方反华势力，通过各种途径对境内组织和人员进行极端思想与西方意识形态的渗透，必须坚决打击和有力管控教育。在工作实践中大力弘扬中华传统文化精神和时代精神，将社会主义核心价值观作为思想引领，遵守社会公德和职业道德，讲究家庭美德和个人品德，营造文明和谐、守法有德、风清气正、向上向善的社会道德生态。其次，在社会主义意识形态领域中要把握好"网制"双全管控力度。网络走向智能化、精准化过程中，意识形态领域中的斗争会更加复杂化、多元化。人民警察必须积极做好抵御网络化中各种意识形态风险的挑战，建立健全和管控驾驭网络传播的体制和机制，形成"网制"双全的管控力度，这是网络"制"胜之道。在中国式社会主义现代化建设中，意识形态领域总是伴随西化思潮的侵蚀和传播，人民警察应该强化网络的监管、监控力量，要创新网络传播的体制和机制，做到下"先手棋"，发展"红色地带"，打"主动仗"，压缩"黑色地带"，打击"假恶丑"，转化"灰色地带"，让社会主义意识形态正能量充满网络，无处不在，无时不有。

（三）人民警察要强化对社会主义意识形态亲和力的修养

亲和力是社会主义意识形态走近人、感染人、打动人的前置条件。有了亲和力才能接触、沟通、交流、倾听人民群众社会主义意识形态的思想和动向，更好地疏导群众的负面情绪，培育健康、平和、理性的社会心态。首先，加强个人品德修养，厚植人文情怀。亲和力具有巨大的情感影响力，最能打动人心和感动人。人民警察在工作实践中，处处、事事践行以人民为中心发展思想，在尊重人、理解人的基础上，厚植人文情怀和关怀，既要"以理服人"又要"以情感人""以情化人"，由"改造人、教化人"的说教，转化为"关爱人、发展人"的情怀行动，用高尚的品德、人格的魅力、深厚的情怀赢得人心。其次，转化话语范式，寻找共同接受和认同的情感叙事。有了共同的话语叙事，才能让人产生交流与亲近感。人民警察的外表具有一定的威严性，要对人改变其"严肃性"和"大先生"的形象。在与人交流中，要用百姓听得明白、能够接受的大实话和大俗话；语言简明、清晰、精准，要与民众的认知、思维方式相结合，变"硬道理""讲教育"为"情感叙事""晓之以情"的真诚话语，增进互信，相互理解，赢得尊重。

四、结语

纵观社会主义国家兴衰存亡发展史，意识形态安全所起的作用举足轻重。一些社会主义国家的落幕就是从思想和意识形态领域被撕开裂口开始的。因此，社会主义意识形态安全具有极端重要性。作为维护社会治安，与民众直接接触最多的国家职能部门之一和公职人员，警察机关和人民警察在维护社会主义意识形态安全上都起着极其重要的作用。无论其政治属性和职业要求、所承担的舆论引导职能，还是社会主义意识形态安全职责，都要求人民警察自身必须具备良好的社会主义意识形态素养。只有这样，在行使维护国家意识形态安全职能时，才能够更加坚定、坚决和有效。

参考文献：

［1］龙波. 新时期人民警察核心价值观构建方略［J］. 公安学刊 (浙江警察学院学报)，2009(3)：104–108.

［2］苏忻. 习近平总书记关于公安工作论述的理论维度解读［J］. 河南警察学院学报，2021，30(1)：101–108.

［3］习近平. 习近平谈治国理政：第 3 卷［M］. 北京：外文出版社，2020.

［4］杨山林. 公安学科课程思政：特殊性、着力点及实施路径［J］. 公安学刊 (浙江警察学院学报)，2021(5)：103–109.

［5］李冀川. 广东公安机关涉警网络舆情引导研究［D］. 华南理工大学硕士学位论文，2013.

［6］张平. 大学生主流意识形态认同教育的实证研究——基于知信行模式的理论视角［J］. 教育学术月刊，2021(3)：92–111.

［7］中共中央宣传部，中央国家安全委员会办公室. 总体国家安全观学习纲要［M］. 北京：学习出版社，2022.

［8］庞陈敏. 跟上新时代 干出新境界［J］. 中国民政，2017(21)：24–26.

（本文已发表在《佳木斯职业学院学报》2023 年第 7 期）

下 篇 学而习

且看少年芳华，助力国之成长

林琬鋈 [①]

风华正茂正当时，不负韶华不负己。忆往昔，我们已走过千山万水；看今朝，我们仍需跋山涉水。百年征程，前赴后继；时代交接，谁与争锋！新时代新青年，理应心系祖国而励志笃行。作为学警队伍中的一分子，有责任有义务为国家为人民献出青春力量。

思政引领我执勤，正是理论撞实践。在入学前，早已耳闻我院许多公安专业学子利用寒暑假参加各地警务实践，而春运安保各项工作更是少不了"一拐风光"。作为治安学专业大一学生，我很遗憾没能与我系"大部队"一同前往广州东站参与春运安保执勤。回到家中，我始终不舍假期在家中虚度，仍想为广警争分光、为社区做分事。经与揭阳市公安局沟通协商，我顺利参与了当地公安机关的警务活动，终让理论付诸实践。

思政引领我执勤，当是见贤而思齐。2022年春节期间，揭阳市格外的冷，从小被家里人捧在手心的我第一次接触基层工作，不可避免地有过一些消极情绪。但在师兄师姐们的指导下，我也慢慢养成了谨慎谦虚、不骄不躁的工作作风。是身边这些可敬可爱的人，用自己的行动在潜移默化地影响着我，且不说冒着严寒天气外出执勤的种种疲累，更不论在本应欢聚一堂的日子里为维护治安秩序加班加点，单单是他们从不退缩，冒着生命危险奋战在抗疫前线便足以让人动容。疫情当前，他们无冬无夏地配合医护人员当好揭阳市前方的壁垒、背后的坚盾，在人民需要的时候，坚定地守护我们的家园。他们让我知道，哪有什么岁月静好，只不过是有人替我们负重前行。当我真正亲眼去看到、亲耳去听闻、亲身去经历后才发现，原来在我们井然有序的美好生活中，每一处都离不开民警队伍的认真负责、辛苦工作。这种争做螺丝钉的精神，印在了我的脑海里，默默地引领着我。

思政引领我执勤，当是英勇而无畏。随着春运大潮，疫情反复不稳定，揭阳的疫情防控形势愈加严峻，家人也曾因担忧我的身体安全而反对我参加警务活动，但我始终认为，有些事总得有人去做，有些风险总得有人敢担。抛开了小我后的我，在高压工作下磨砺自己的意志，在日常接处警中丰富知识技能，不断提升各方面素质。我参与了轮流值班，和各位师兄师姐坚守在各个主要进出路口，对过往车辆和人员进行检查登记，构筑起保障人

[①] 作者简介：林宛鋈，女，广东警官学院治安与交通管理学院 2021 级治安学专业 1 区队学生。

民群众生命安全的坚固防线。我增强了防疫意识，勤做消毒工作，还积极配合健全动态管理台账，全面摸排其他省市返乡人员情况，做到"早发现、早报告、早隔离，早诊断"。同时，我在周边亲朋好友中做好防疫知识宣传工作，鼓励大家配合民警工作，减轻警队的防疫压力，把做好疫情防控工作作为巩固拓展"不忘初心、牢记使命"主题教育成果的重要战场。坚定信心，振奋精神，这是我们每一位学警应有的赤子之心。

思政引领我执勤，当是广闻而博学。警务技能盈篇满籍，实战经验学难达尽。在与基层公安民警的接触当中，我意识到了，若想成为一名合格的人民警察，需要具备扎实的理论基础和娴熟的警务技能，这样才能在人民群众有需求、有困难的时候及时挺身、排忧解难。虽然我的理论和实践能力暂时没达到很高的水平，但我想起了系党总支书记杨道华在动员会上说过的一句话："只添力量不添麻烦，保平安，展风采。"因此，我尽我所能，边学边实践，边做边领悟。最后，我也不负学校的栽培，在工作岗位上尽职尽责，得到了地方公安机关单位领导的赞赏。

思政理论并非深，加强实践得真知。"纸上得来终觉浅，绝知此事要躬行"，到了地方公安机关实践后，方觉此话一点不假。我深切领会到，我在学院学习的思政理论、警务技能仍停留在纸上，没能"跃纸而出"，无法很好地运用在日常当中。经过勤学苦练，经过左思右想，经过勇去躬行，我对理论、对实践技能有了更深刻的认识和理解。

回首此次警务实践之路，我受益匪浅，醍醐灌顶。这场十五天的"思政课"是一场知识的盛宴，更是一场精神的盛宴。在思想上，我悟得为党为国为人民的精神理念；在技能上，我习得老同志的"识、击、审、移"；在意志上，我深锤心智，再苦再累不轻言，再迷再难不轻弃。通过此次公安实践，我收获良多，同时也对如何做一名合格的学警有了进一步的思考。一代人有一代人的使命，一代人有一代人的担当，我将不负期望、不忘初心，更加坚定地接起这个时代通过疫情给予的与众不同的历史使命与责任担当。

寒冬是为春天到来写下的序章，冰雪之下，是暖流在涌动；阴霾之中，有希望在汇聚，我相信在所有人的共同努力下，告别疫情就在不远的将来。为了我们所期待的正常生活，为了我所热爱的繁盛祖国，让我们一起将心中的向往化作奋发的动力。时不我待，不负春光！

答 案

杜丽娴 [①]

新岁奔腾,山河春满,我们与 2022 年春运如约相逢。江南的风,塞北的雪,堂前归燕,庭院春联,炊烟袅袅的中国村庄⋯⋯对在外奔波的游子而言,春节意味着家与爱,归乡意味着团圆与心暖。而对于从小到大没出过远门的我来说,春运到底是什么样的呢?春运执勤报名表,宛如一张答卷,等待着我书写从未有过的人生体验。

"请各位旅客注意,由山西大同方向列车开来的 K777 列车很快就要到站了,去往⋯⋯"广州火车站里,举目依然皆是熙熙攘攘的人流,耳畔依然回响广播实时播报的到站车次。但这一次,我不再是手持车票归心似箭的旅客,而是归家旅途的守护者。

犹记抵达执勤地的第一晚,天下着细雨,凛冽的寒风划过每个人的脸庞,第一班岗的我站在出站口,显得有些不知所措。这时,纠结、迷茫和彷徨涌上心头,看着朋友圈里朋友们舒适的假期生活,我对自己产生了怀疑:这样做真的是有意义的吗?放弃舒适的假期,迈出站岗的第一步,意味着什么?等待我的又是什么?我不知道答案。

春运执勤的答案是什么?是责任,是担当。还记得我遇到的一个返乡农民工,由于不会操作手机打不开粤康码,只好求助我们。在我教会他如何使用后,他用方言感激地对我

---

① 作者简介:杜丽娴,女,广东警官学院侦查学院 2021 级经济犯罪侦查专业 2 区队学生。

说："谢谢你！"在下一班岗轮换时，帐篷里多了几瓶王老吉，原来这是刚刚那位农民工叔叔为表达感激给我们买的，那一刻，一股暖流涌上心头：并不富裕的他，在用小小的举动回馈我们，温暖我们。在执勤过程中，我们常常是解决问题的一把好手。"警察同志，我的健康码怎么显示不出来？""警察同志，我的身份证掉了，马上要上车了这怎么办？"在南来北往旅客的眼中，其实我们执勤学警都只有一个身份——百姓归途的坚守者。曾经的我，只是一个小小的我，会迷茫，会无助，但这一次，通过在陌生环境里历练，在风吹雨打中磨砺，我坚定了自己的答案。执勤收获的第一份厚礼，是我对自己的肯定，是农民工对我们质朴的答谢，是孩子们灿烂的微笑。

春运执勤的答案是什么？是服务，是尽心尽责。"为人民服务"是我们从小到大耳熟能详的一句话，但在这次执勤中，我才更深刻地体会到它的内涵。广州火车站有一个温馨的小棚，专为来往的孩子们提供便捷舒适的服务，这是便民利民的一大措施。在棚内，执勤学警帮忙派粥、打热水，一桩桩服务百姓的小事，温暖了暂留母婴区的孩子们。记得有一位刚生产完的母亲，本应该还在坐月子的她，踏上了回家的旅途，因天气严寒，暖心的母婴区工作人员及时赠送了奶瓶和毛毯，让刚出生的孩子在褓褓中多一份暖意。室外虽然寒冷，但室内是温情一片，我也真正感受到了何为用实际行动服务人民。在棚内，孩子们用便条写下了对我们的感谢，热水氤氲的热气，暖了一整个冬天。思政课老师常常告诉我们"纸上得来终觉浅"，很多事情唯有亲自实践，方才懂得真谛。在执勤实践中，我学会了站在群众角度看问题，学会了如何与百姓交流，感悟了许多课本之外的真理。一声声耐心指引，一声声亲切问候，是藏蓝的坚守，我们将这份光荣的责任感付诸服务人民群众中去。

春运执勤背后的答案，还是坚守，是奉献。常说"故园渺何处，归思难收"，难道民警们就不想归家？值岗的老民警跟我们说，这是他第十个坚守春运的年头了。在惊讶之余，我敬佩不已，老民警用自身事例告诉我一个纯洁质朴的答案：坚守。晨光拂晓，又是一天值班站岗，也许在日复一日的枯燥和无味中，你难以言说坚守的意义是什么，但看到旅客出站与家人团聚的那一刻，便是慰藉；在外奔波的游子平安到家推开门的那一瞬间，便是满足。

执勤的答案无法言说，却能真真切切感悟，是预备警官的一抹蓝，是不负初心的一份坚守，是真切服务人民收获的一抹质朴的微笑。

新岁乡心切，佳节倍思亲。回家过年的路上，总有归心似箭的等待，总有难以忘记的独家记忆。红红火火的春节里，无数游子从四面八方启程踏上征途，成为春运图景中壮观而温暖的洪流。我们却把对亲人的思念化作默默奉献，用炽热而深沉的家国情怀，守护安定祥和的中国年。

春暖花自开，归期终有期。春运执勤已经结束，但十五天的经历却久久刻在我的心底，我也找到了自己的答案。学会担当，学会奉献，学会服务为民，一桩桩小事构筑成我的独家春运记忆答案。"岁月因青春的慨然已赴而更加静好，也因少年挺身向前而更加瑰丽。"在今后的旅途中，我会好好把握每一份答卷，书写出无愧于自己的青春答案！

执勤遇上思政课，首征恰是百年时

廖灿尔 [①]

吾辈风华正茂，恰逢建党百年，七一出征，守护羊城，逢时有为，实乃执勤遇上思政课！

执勤遇上思政课，更应立志而笃行。能够在建党百年的高光时刻，有幸担任学生所长一职，奔赴基层，服务人民，我倍感荣幸，斗志昂扬！此番与我同道共征花山的，还有其他四位好兄弟，出征前我暗下决心，望能协同他们，在这一堂长达22天的社会面"思政课"中，夯实理论知识，增强责任意识，提振实干信心，不负使命，载誉而归。

执勤遇上思政课，更须勤问并多学。在执勤初期，我们接触了反诈骗宣传工作。工作期间，我们积极把握每个宝贵的机会，向民警师兄师姐们请教，与群众沟通交流；休息时刻，我也不甘愿闲下来，常常组织大家一起沟通心得、交流感悟，抑或主动学习反诈知识，提高自己的防骗指数。通过数日的真学实干，开展反诈宣传的我们，变得愈加自信自如。

执勤遇上思政课，更得敢言兼敏行。这次执勤，真正令我有质的提升的，是执行安保任务。疫苗接种点留给我的印象可以用八个字概括：雨淋日晒，人头攒动。在天气无常、人流量大的这么一个地方，保证秩序良好就需要下不小的工夫。多亏民警师兄的指导，我习得"刚柔相济"并付诸行动——诸如劝戴口罩一事，采取温柔引导小朋友，耐心劝导老人家，恳切督促一般群众的做法；而对于那些屡劝不戴、影响他人、扰乱秩序者，则采用厉声强调、态度严肃、坚决果断的方式。在安保期间，我悉心计算过：自己日均喊出超过百句"戴好口罩"，每次巡逻均能达到5000步/小时，少停歇、不偷懒，在行动中提升本领。

执勤遇上思政课，更求立德且有为。无论何时何地，作为一名广警学子，礼貌礼节必须具备。执勤期间，我特别注重保持礼貌和提升修养，为此经常向老民警请教、与师兄师姐沟通。与民众交流的过程中，我坚持做到"问好开头，谢谢随口"，因为这不仅能在外树立广警好口碑，而且能够坚定我"立德"之人生追求。除了"于内立德"，我还有"于外有为"，不时为老百姓找车子、找证件、找手机等，我为自己能为人民服务而由衷感到自豪，这些也成为我执勤中最宝贵的经历。

---

① 作者简介：廖灿尔，男，广东警官学院治安与交通管理学院2020级治安学专业3区队学生。

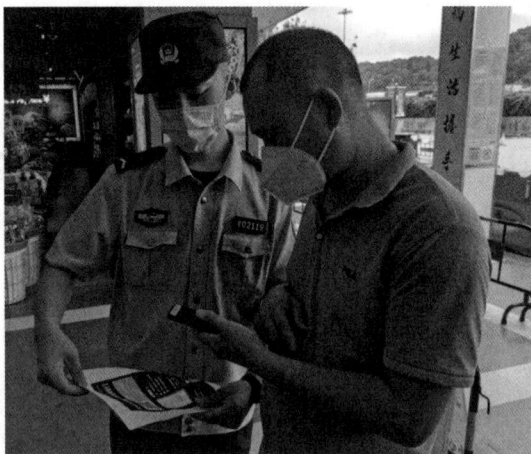

值得一提的是，此次执勤期间我也"忙里偷闲"，观看电视剧《觉醒年代》以学党史，不得不说，它给我带来了许多震撼。先辈所言，意蕴深刻，振聋发聩，醍醐灌顶；先辈所为，警醒世俗，大义凛然，敢为人先。早就耳闻这部剧的魅力，待到亲看时，果然体悟到何谓"精神之鼓舞，觉悟之提升"！习近平总书记指出："学史明理，学史增信，学史崇德，学史力行。"这十六个字恰是我的心声。当然，仅仅停留在荧幕上是不足的，为此，我又重新开始规划暑期的读书计划，并用平日攒下的零钱购买了一整套《新青年》，欲充实暑假并从中获益，让思政课由执勤期间拓展到暑假期间！思政课欲有成效，学思践悟是正道。此次执勤，由课堂理论到社会实践，我对昔日所学有了更加直观的认识，我也坚信此番实践必然会促我认识之拔高，必然有助我来日之进取。在党旗之下，着蓝衣，燃红心，体沐风雨，情系民众，我对"对党忠诚，服务人民"这八个字的理解更透彻了，我"于内立德，于外有为"的人生追求也愈发笃定了！此番执勤，虽平凡，却历千万人，做有益事，更能启智修心，对我而言，意义非凡。我以为，执勤遇上思政课，要在认知上、情怀上、意志上、行动上有所增益。回顾执勤的点点滴滴，我发现这二十余天以来，不仅是我个人，还有与我同行的其他四位好兄弟，都能或多或少地，在认知上、情怀上、意志上、行动上有获益。这也是我的初衷，当初启程时暗下的决心，在大家共同的努力下终获硕果！

回望"七一"安保执勤征途，这堂长达22天的"思政课"给我带来了诸多收获：认知上，学习的视野拓宽了，不仅于书本来、课堂来，更于社会实践中来；情怀上，不再局限于"空抒情"，而是真正从无限的为民办事中体会到情怀至深的丝丝细腻；意志上，在雨打日晒中，在跑上跑下时，我真切感觉到意志力的增强；行动上，身为学生所长，责任在肩，上传下达、实干力行，必需要尽先锋作用，走在前头，不散漫、不懒怠，争作为！此次出征，在这四个层面我皆收获颇丰。

此番执勤，正是一堂具有特殊意义的思政课，我学有所得，感悟颇丰，受益匪浅，可谓不虚此行！

为国护安，让执勤插上思政的翅膀

汤曦凯 [①]

百年征程波澜壮阔，百年初心历久弥坚。站在"两个百年"的历史交汇点，时值中国共产党成立 100 周年庆典之际，我院积极组织学警承担广州市的安保执勤任务，而我作为治安系的一员，有幸参加了这次光荣而神圣的为国护安行动，在历经 20 多天的执勤工作中，收获满满，无论是理论还是灵魂，都经历了一次畅快淋漓的洗礼与升华。

一、秉持人民至上，铸预备警官忠魂

毛主席说："人民，只有人民，才是创造世界历史的动力。"习近平主席在庆祝中国共产党成立 100 周年大会上更是发出铿锵之声："要牢记为人民谋幸福、为民族谋复兴的使命，永远保持同人民群众的血肉联系，始终同人民想在一起、干在一起，风雨同舟、同甘共苦，继续为实现人民对美好生活的向往不懈奋斗，努力为党和人民争取更大光荣！"是的，人民至上，坚持走群众路线，是中国革命和现代化建设制胜的法宝。所以，无论是在最初收到参加这次安保任务通知时，还是在此后 20 多天的安保执勤中，我们不分白天和黑夜，保持 24 小时待命。任务就是命令，一个警情电话或一声百姓诉求，无论身在何处，是否身体异样，我和战友都必须第一时间赶到事发现场；纵使面对高强度的工作，我也能保持昂扬的斗志。因为我深深明白，勇于担当起人民至上、国家利益高于一切的重任，是人民警察神圣而无上光荣的使命，我必须接受国家与人民的检验，在忙碌工作中挤出时间复习、在疲倦与茫然甚至偶尔的恐惧中始终铭记为了人民安居乐业，为了国泰民安，我将无我，誓死为民。

二、善用辩证思维，执勤擦出智慧火

在执勤中，我随着民警师兄奔赴于治安巡逻、邻里调解纠纷、醉酒驾的核查、扫黄打非等各类现场，除惊讶于平安年代社会还存在不少"隐秘的角落"，更惊叹于唯物主义辩证法的智慧，几百年前就指出世界是充满矛盾的，而在错综复杂的矛盾体系中，我们要对

---

① 作者简介：汤曦凯，男，广东警官学院治安与交通管理学院 2020 级治安学专业 5 区队学生。

症下药，善于把握每个矛盾的特殊性，集中力量抓住主要矛盾。

记得在这次执勤工作中，我碰到了一起民事纠纷：李某某与张某某分别居住在一幢楼房的两个单元，但卧室共用一堵墙。张某某妻子无业，为了维持生计，便在家里购置了缝纫机做工艺品，由于经常在中午或夜间作业，这就严重影响了李某某及其家人的生活。为此，李某某多次找张某某理论，要求其妻子停止作业。而张某某的妻子我行我素，导致双方矛盾升级致大打出手并报警。鉴于是邻里关系纠纷，不宜将矛盾激化，民警便开始谋划案件调解方案。但双方在张某某之妻停止在家作业、医药费误工费承担、赔礼道歉等方面意见分歧巨大，于是民警师兄和我们执勤学警们商讨：案件的起因是张某某的妻子为提高收入做手工艺品而起，解决案件的关键是找到并解决主要矛盾。为此，民警积极协调社区为张某某的妻子找到了一份在辖区制作校服的工作，该起纠纷最终得到顺利调解。

可见，纵使公安工作千头万绪，错综复杂，上至天文地理，下到鸡毛蒜皮，若能恰当地运用辩证思维，就会不断擦出智慧的火花，以更好地纠正社会中的不和谐音符，并在与不法分子的博弈中还人民一个井然有序的社会环境，推动平安社会、法治社会的成型。

三、树立创新意识，开启警务新局面

创新是社会发展的动力。创新思维能力是构成警察素质的核心要素。当前，社会结构、社会观念发生了很大变化，治安形势日趋复杂化，犯罪总量不断攀升，组织化、暴力化、智能化和跨区性特点也日益突出，这使得公安工作原有的工作模式和工作方式受到严峻挑战。因此，警务要适应形势需要，以创新思维来破解新时期出现的难题。人民警察要不断参加创新学习，敢为人先、敢于创新敢于打破常规、突破现状。比如，我在执勤工作中，学着创新簿册填写形式、改进卷宗管理方法等，既要遵守严密的纪律，又要探寻新的方法和新的思路，实现新颖独特的执法理念，才能做好一名创新型的人民警察。

不到一个月的执勤虽然已落下帷幕，但我深知，这只是我未来职业生涯的一次初步预演。奋斗有为新时代，扬帆起航新征程。如今，"十四五"规划的壮丽蓝图已徐徐铺开，我们也进入了全面建设社会主义现代化国家的新发展阶段。筚路蓝缕践初心，奋楫笃行担使命。今后，我将牢记"对党忠诚、服务人民、执法公正、纪律严明"的誓言，学会用科学理论武装头脑，做一名忠于人民、忠于国家、忠于党、具有科学辩证思维、创新意识强的新时代人民卫士，护卫祖国和人民的安康，为警旗添彩、给党旗添辉！

用心去沟通，共建鱼水情

苗冉冉①

解决"大城市"的问题，离不开社区的"小网格"。而我执勤的起点，正是冼村派出所这一"小网格"。一月的广州其实并不太冷，虽然已到大寒时节，但天气依旧晴朗。我的执勤故事，便从这里开始。

"你们广州警察就是这样做事的吗？"一声声指责和谩骂从电梯处传来。随后，说话的男子被民警带出恒大中心大厦。看着眼前的场景，我僵在原地，不知所措……

这就是我在广州恒大参加执勤的第7天所经历的情景。由于众所周知的原因，每天数不胜数的来访者踏入这里，又失望而归。到了恒大放假前的最后一天，很多情绪激动的上访者开始闹事，为了维护现场秩序稳定，民警将部分行为过激的群众带回了派出所。这些群众口中脱口而出的是对"广州警察"的指责，不断地推搡着身边的民警，直到市局领导亲自上阵调解，才抚慰好他们的情绪。

---

① 作者简介：苗冉冉，女，广东警官学院治安与交通管理学院 2020 级治安学专业 6 区队学生。

　　当这些从前只在媒体上看到的画面真真切切出现在了我的眼前时，作为一个学警，我确实做不了什么，没有执法权，也没有调解矛盾的能力，但这并不代表着我就不去思考，不去改变。那天晚上，我不断地反思着；执勤的日子里，我能提升的是什么？除了熟悉各项业务工作之外，当我真的去面对基层的人民群众，听他们的控诉甚至提出一些不合法律的要求时，我真的有能力去应对吗？

　　像恒大这样的情况，或许在看热闹的路人眼里，当事人好像只是一些为了讨债而大打出手的人。要是换成以前，我也只会觉得这些人不仅妨碍了我们的维稳工作，还辱骂我们民警和学警，着实令人愤怒。但是，作为人民警察，我真的应该这么想吗？答案是否定的。

　　我想起"毛泽东思想和中国特色社会主义理论体系概论"课老师在讲解"五位一体"总体布局时，谈到坚持总体国家安全观，要求统筹外部安全和内部安全，对内求发展、求变革、求稳定、建设平安中国，对外求和平、求合作、求共赢、建设和谐世界。其实，所有一切都应当回归到一个目标，维稳工作也好，调解矛盾也好，我们都是为了在发展中保障和改善民生。既然如此，警民鱼水情的重要性不言而喻，在调解和冲突中，用心去沟通更是难能可贵。

　　所以，看回恒大这事，跟当事人沟通的第一点就是要学会放下旁观者心态，切实地去换位角度思考，才能更好找到突破点。单说上访者的初衷，他们何尝不想做一个遵纪守法的好公民？但是投资的失败导致钱财的亏损，年关将近，却没钱回家团圆，不得不一遍遍走上上访之路。当然，这并不是他们可以大打出手、扰乱秩序的理由。在调解的时候，对方已经非常激动了，我们警方更应该心平气和、耐心地去积极沟通，而非记恨于对方的言语利剑。既要拿出用心沟通的诚意，更要理清秩序稳定、人身安全的前提。

　　结束在恒大的巡逻工作后，我开始在派出所备勤。如果说恒大的安保只是公安工作的一个缩影，那么，在派出所备勤中面对的就是不计其数的原生态警情。

　　有一次，我遇到了一名男子与出租车司机发生冲突的事件。出租车司机当时因口角动手，导致男子受到了轻伤。前几次他们的调解都是不欢而散，而我参与了最后一次的调解。有了之前心态上的转变，我对调解工作有了新的认识，重新投入工作就有了稍许的不同。从认识到实践，是认识过程的第二次能动的飞跃。虽然我对沟通调解有了不一样的认识，但这样的理论只有回到实践中去，才能得到检验和发展。同时，我也深知由理论向实践的飞跃，必须从实际出发，还要有正确的实践方法即工作方法。这一次，我站在双方的立场上仔细考虑，并没有把双方的情况理想化，而是清楚双方都有什么困扰，愤怒来自哪些方面，再分别交流了双方的意见，心里摸索出一些劝解的方案能够达到双赢，最后将解决方法付诸实际。调解的结果是，受伤男子同意不走法律程序，只要求司机赔偿相关医药费和精神损失费以及写一封保证书道歉。而出租车司机也从一开始强硬的态度转为诚恳道歉。双方最终握手言和。

这是我第一次尝试参与调解群众的矛盾纠纷，或许这是一件非常小的事，但我觉得只有从这些芝麻绿豆的小事入手，一件件加以解决，才能把工作做到群众心坎上。

我在派出所备勤的短短 15 天，从初来的新鲜好奇，到一次次跟随民警出警学习，不论是调解纠纷还是电信诈骗相关的工作，越来越明白基层工作的不易，工作琐碎繁杂，让人焦头烂额，但又缺之不可。执勤实践虽然结束了，但我清楚，保障和改善民生是一项长期工作，没有终点站，只有连续不断的新起点。

这些天我最大的感悟是"心在人民，原无论大事小事"，用心去和人民群众沟通，共同增进警民的鱼水情谊，这何尝不是人民警察的"人民"意涵所在呢？

有光的石头

张珈玮 [①]

　　我，似一颗石头，在天桥上尝荒荒雨雾，坚守广州火车站，望尽人流如雨处处。我为什么与家相隔，出现在这里？

　　是思政如剑，让我刺破幸福的暖房，准备斗争！是傻？傻在我下定决心错过与老友们早就准备好的寒假活动；是错？错在珠三角地区疫情形势严峻时仍告别父母去支援执勤；是过？过在我放弃了陪弟弟的时间，打破了给他的所有约定——那些他在梦里都会笑出声的开心画面，就像被一道长刀划破。我起身离去。

　　是思政如灯，帮我照亮黑夜茫茫，执步远方！本以为无缘大一执勤的我，在 1 月 9 日接到一通询问我是否愿意顶岗的电话，这是我放假在家朝思暮想、无论如何都愿意抵换的机会和巧合。我挺身而来。

　　是思政如光，撑起我心中理想，坚守在岗！马克思主义基本原理在我心中筑起一道道

---

① 作者简介：张珈玮，男，广东警官学院侦查学院 2021 级侦查学专业 1 区队学生。

坚不可摧的城墙来挡住我为己为私的恶欲，让我有一颗坚定不移的心，站在那守在那，寻光而行，铸就平安归途。我正身以对。

群众像水流，他们也是水流。他们也许是那高尚的激流，也有可能是底层的暗流，穿过我们站南中队的天桥岗。而我和我的朋友，是一块块会指路的石头，我们不知水流们从哪里来，又要到哪里去。但我知道应该让思政之光深深地扎在我的心里，而我也将深深扎在我的岗上。因为，水流们会注视我们，经过我们，水流潺潺，他们借着石头们的阴影，倚着石头们休息；借着石头的轮廓，前往远方那个名为家的地方；向我们展现着他们回家的幸福，同时也流露着对我们石头怀光立此的尊敬。

我每天都以写日记的方式记录我遇到的人和事，社会主义核心价值观是我坚守的原则，马克思主义的基本立场是我每天的动力，习近平主席那句"劳动是一切幸福的源泉"是我坚持的勇气。我帮过因负重过多而面色苍白的奶奶，听她诉说人老无力的无奈；我帮助过国家级战斗英雄，他告诉我对越自卫反击战的光辉往事；我背过身患残疾的老人，明白"走回家"是他最后的倔强；我也认识了很多照顾我的民警师兄，我被非法拉客的大叔撒气时，他们帮我出头；我日均行走 3 万步，站都站不直时，他们赶紧叫我休息；晚班闲暇时，他们跟我讲述中国太极真正的魅力，手把手教我见识某第十三代传人的深厚内力。

在春运执勤里，我们瘦的是身子，强壮的是信念，是让思政做引领我们石头的指南针，我们少了头上的逆角，却多了对责任的执着，是让思政成为我们的光的执着。有保安问过我："你们纪律这么严，你会不会累？"我说，这是属于我们独有的锻炼；有阿姨看到我帮忙搬抬行李上上下下，问："同志，别那么忙了，这样不累吗？"我说，帮助你们，为你们服务是我的职责；有老人在我的岗前稍作停留休息，手舞足蹈地跟我分享着他的家人，对我诉说着他快要与家人重聚的期待，还问我："大过年的，这么晚才能回去啊，家还回得去吗？"我只有一句话：石非无家，但求人海溯溯还己乡！

作为一名学警，我要恪守前事不忘，后事之师。继承爱国主义传统，弘扬民族精神和时代精神，继续全心全意为人民服务。爱国主义是中华民族的优良传统，是中华民族生生不息、自立于民族之林的强大精神动力，也是我们学警坚持下去的动力。在新的历史条件下，以热爱祖国为荣，以危害祖国为耻，做一个忠诚的爱国者，是对当代学警的基本要求，所以，无论再苦再累，无论一天站了 6 小时还是 8 小时，我们都是坚持坚持再坚持，始终以人民满意不满意、高兴不高兴、答应不答应作为衡量春运执勤工作优劣的唯一标准。

春运执勤虽然短暂，但我们因肩顶肩、背靠背战斗积累的友谊与信任不会丢下。愿所有为春运执勤逆光而行、铸就平安归途的战友，与人流不息共享年华，与满星沧月共度华宵，做一块块有光的石头，成为中国人民警察队伍的合格接班人！

站口的星光

沈国荣 [①]

风霜呼啸，寒风彻骨，在厚重的雾霾中，一束束车灯透过，折射在件件反光衣上，在黑压压的高速路口，星星点点，如同黑夜中璀璨的新星——耀眼夺目。

"又是一夜通宵班。"我环抱双臂，小声嘟囔，身体禁不住连连哆嗦……

执勤有些时日，流连于小镇的街道，沉溺于小巷的醉香，辛辣的佳肴与湿冷的天气孕育出小城的别样风韵，民警前辈的热情相待和秉公执法则更映衬着当地的风土人情。

作为往赴支援粤北春运的重要力量，刚踏入这片土地的学警们皆怀揣崇高理想与使命，在带班民警的帮助下，以强大的意志适应严寒的气候、以认真求索的态度提高业务能力，矗立在凛冬的执法站口，守护着万家灯火的返乡之路。

"检查一下这辆车。"正当我奋拉着疲敝的眼皮，带班民警指着卡前一道灰色身影对我们说。

---

① 作者简介：沈国荣，男，广东警官学院刑事技术学院 2020 级刑事科学技术专业 5 区队学生。

这是一辆七座车。临近春运，总会有许多载货车辆、载客车辆通过站口，有些司机为图方便，违规加装、加长、超载等现象屡禁不止，于是该类车辆成为我们的重点排查对象，即使在寂寥的深夜，民警同志亦会一丝不苟地进行严厉排查——确保在锐利的鹰眼之下，不出现任何漏网之鱼。

我们朝车辆招手示意，司机随即十分配合地靠边停车。我和队友打开探照灯一边观察路况一边朝车辆小跑靠近，在漆黑深邃的夜路，探照灯的强光成为我们点亮黑夜的第二双眼睛；带班民警在我们身后缓缓地跟着，手机电筒在永夜的吞噬下显得格外羸弱，散发的点点荧光似乎要被侵蚀殆尽。

按照工作流程，一名学警向司机索要查看其相关证件。可能是天气极度寒冷的缘故，年轻的司机大口地喘着粗气，口腔呼出的白气升腾，在顶上绽开一朵雾花。他熟练地取出了早已准备好的证件，靠在了虚掩的车门前；我和另一名队友则用探照灯查探车上乘客的情况。"嗯嗯，该司机的行驶证显示该车为七座车，核实车上共有七名乘客。"我们扭头向民警前辈汇报。他点了点头。

"等等。"民警前辈走到车旁打量，走过车前时车灯照在他的脸庞，映衬出刀刻般的纹路，闪烁着令人胆颤的目光。

副驾上的妇女紧紧地环抱着手中的抱枕，目不转睛地盯着步步紧逼的民警，那眼神似乎在盯着猎食的苍鹰、勾魂的无常……

"警察同志，这只是一个还没断奶的小孩，这么小的一个孩子，也能算是超员吗？"男人的额头渗出豆大的汗珠，说话间急促地吐出白色的雾气，脸色显得很难看。

在一旁的年迈男性则显得更加激动，在执法站口大声喧闹。

女人在一旁怀抱着大哭的孩子，轻轻地拍打孩子的后背，小声呢喃："别哭，宝宝别哭。"孩子的头从米黄色的枕巾中探了出来，透露出小孩子特有的稚嫩。

原来，这位先生并非本地人，只是举家在当地务工，因为疫情，已有一年多未归乡土，但一家子足足有八口人。他明白开车承载八人将会造成超员，于是在接近检查站前，将小儿子严严实实地裹在枕巾中，意图浑水摸鱼、蒙混过关，可他着实没有想到，在这么晚的寒夜里我们的民警仍然保持着高度的警觉和清醒。他叹了口气，带着妻儿和父亲，前往执法站进行信息登记。

"真狡猾！"我在心里暗暗愤慨，一方面是对违规人员的"诡计多端"感到防不胜防，另一方面是为自己的失误感到自责。

正当我们登记信息的时候，孩子的爷爷情绪愈发激动，指着民警破口大骂，指责交警为了侵吞罚款而违规执法，称这么小的孩子不应该当成载员，警察执法太过冷血，没有人情味。

民警同志并没有对老人的失态而感到恼怒，他为老人接了杯水——尽管老人并不领情，接着开始向他们阐述法律规定的自然人概念、超员违规的条件以及该种行为可能造成什么样的严重后果……他细心、耐心、细腻的程度，与其平日雷厉风行的工作作风截然不同。

最终，司机和其妻子均表示承认错误并将书写检讨、接受公安机关的任何惩罚；但老人情绪依然激动，甚至于连家属都无法安抚其情绪，他掏出手机，开始拍摄民警、拍摄执法站布局、拍摄那沓工作文件并扬言要上传到网络以"揭露"人民警察的"暴行"。

"停下！"一声怒斥响彻了寂寥的夜空，顷刻回荡在群山之间，久久不能弥散。灯光下，是民警前辈怒目圆睁的模样，如一尊怒佛，矗立在茫茫的黑夜之中。

老人冷静了下来，随即泛起泪花："我们到城里打工也不容易，老百姓平日辛辛苦苦赚钱，就因为多带了一个还没断奶的孩子，就被你们警察罚款，我接受不了。"司机和妇女纷纷走到老人身边安慰他，接着扭头对民警前辈表示愿意接受开具的处罚。

"我们非常理解人民群众的处境和需求，处罚的目的是教育，超员是一项非常危险的行为。每个座位都配备有安全带，而超员者没有任何保护措施，如果出现了交通事故，你们可以确保母亲和手上孩子的安全吗？"民警前辈如是说。

一家人陷入了沉默。紧接着，民警前辈摆手示意正在开具罚单的同事停下手头的工作，对这家人说："这一次对你们进行警告教育，不允处罚处理，但是下次不能再有这种不安全的驾驶行为了，你们可知悉？"

"明白明白明白，谢谢民警同志！"一家人喜出望外，连连道谢。

"好了好了，根据法律规定，你们需要将超员人员用另一辆车载走。"民警前辈补充说道。

这下一家人又发了愁："这大晚上的，在异地务工的哪有别的车可以帮忙载人，至少也得驶出高速才能打车……"

故事的最后，是女人抱着孩子坐在警车上，警鸣呼啸，回荡在寂寥的山间。孩子从女人的怀中探出头，露出稚嫩天真的笑容。车后的执法站，老人握着民警的手，嘴里不断说着感谢的话。

回想起在课堂所学，知行合一，理论总得由实践检验。经由本次执勤任务，从带班民警的身上，我领悟到《马克思主义基本原理》中历史唯物主义揭示的人民群众地位；感悟到《中国近现代史纲要》中关于王朝更替、岁月更迭的规律——得民心者得天下，得群众者长久安；联系到《思想道德修养与法律基础》中的职业素质要求，联想到《毛泽东思想与中国特色社会主义理论体系概论》的最新理论指引。要实现警民精诚合作、打造南粤强大警队、维护社会安定的目标，就要时刻为人民群众着想，时刻牢记"执法有力度，为民有温度"，使人民群众对人民警察产生肯定和信赖。

思考之余，执法站内的落地窗内壁泛起了一层又一层厚重的水雾，雾水顺着玻璃内壁，淌在地上形成了小小的积水。望着空无一人的执法站，我拿起拖把抹了抹，但很快雾水又渗了下来……我放下手中的拖把，望向窗外的站口，车光照映在一件件亮黄色的反光衣上，发出刺眼的光芒。

我抬头望了望天，今夜的星星似乎格外地耀眼。

初心如磐赴安保，思想如炬耀征程

廖灿尔 ①

　　思政理论在心中，见习执勤争先锋，初心如磐赴安保，思想如炬耀征程！身为南粤预备警官，我有幸参与过学院组织的社会面警务实践，又因为拥有思政大课和警务知识作理论指引，让我在安保执勤中能够正确立足，尽锐出击，收获硕果。

　　思想作先导，理论作武装，方能正确立足。参与执勤安保是每位预备警官的必经之路，而初出校园课堂，迈向公安战线，需具备丰富的理论储备和端正的态度作风，才能在纷繁复杂的社会面站得稳、走得开、迈得远。作为区队的团支部书记，同时身为入党积极分子，我一贯保持认真态度，勤恳学习理论知识，一年多来，先后学习了"思想道德修养与法律基础""马克思主义基本原理""毛泽东思想和中国特色社会主义理论体系概论"等思政大课并将在未来加入"青马班"学堂更进一步夯实自己的思政理论基础。我相信，只有把

---

　　① 作者简介：廖灿尔，男，广东警官学院治安与交通管理学院 2020 级治安学专业 3 区队学生。

牢思政理论这一关，才能保证在安保执勤实践中拥有正确的站位与态度。

思想作灯塔，理论作指南，方能尽锐出击。在警务实践中，学警协助民警进行反诈宣传、街面巡逻、身份查验等工作，既要敢于做，也应善于做，多问、多学、多运用，把储备的知识应用到实际工作中去，知行合一并汲取优秀经验进行内化，择其善者而从之。安保执勤期间，我暗自树立座右铭："笃志实干扎前线，当以思政铸丹心；力争上游扛大旗，须有理论为引领。"出征安保执勤正如扬帆起航，一线风吹浪打，基层日晒雨淋，想在警务实践中尽锐出击，就应当以思想为灯塔、以理论为指南，把稳知行之舵，引领我直挂云帆、乘风破浪。

思想作沃土，理论作枝叶，方能收获硕果。理论是实践的先导，实践是理论的源泉，在安保执勤中积攒经验，是升华理论知识的关键一环。"纸上得来终觉浅，绝知此事要躬行"，历经基层警务实践的磨砺，我也对"我将无我，不负人民"之浓浓情怀以及"强国有我，请党放心"之铮铮誓言有了更深层次的认知。课本里厚积的思政理论铸牢了当代有志青年的理想之基，让我们愿意利用假期着上警服蓝、志愿红、医护白，去投身于社会的方方面面，并在一次次的实践与奉献中获得更宝贵的实践成果。

思政理论不仅是我安保执勤的领航方向标，而且是保障我无畏向前的坚实后盾。一方面，思政理论重在"立德"，预备警官需经得住"小恶小善"的考验。比如，我们在参与疫情防控的秩序维护时，发现群众口罩佩戴不规范、打疫苗占位插队、疫苗接种后留待观察不足半小时、在防控场所违规拍照等细节问题，应当及时制止，不应嫌其微小繁琐而放之任之。身着警服，严格履职、敢于尽责方是"立德之本"。另一方面，使命担当的教育，让我在复杂困难的任务面前能够踏实理性地分析应对，让我甘愿在简单乏味的工作之中细心耐劳、力求创新。只有"敢为人所怠为之事，敢啃人所难啃之骨"，才能真正做出一番成绩。这也是日常思政理论学习给我带来的信心与底气，让我有理可依，不畏实干。

从警生涯的预备期，思政理论一直是我们重要的力量源泉，扎实且深厚的思政理论为我们的信心和底气提供了源源不绝的内生动力。安保执勤有许多"一刻"——佩戴"警用八件套"的那一刻、坐上警车的那一刻、维护秩序的那一刻、调解纠纷的那一刻、物归原主的那一刻、凌晨接警的那一刻，于我而言、甚至于每一位预备警官而言，是最光荣也最难忘的一刻！归根到底，我们之所以拥有由衷的荣誉感与自豪感，是因为我们树立了正确的价值观念，也正因此，我们投身于安保执勤的信心和底气才得以铆足。

我参与的基层安保执勤经历虽然短暂，但感慨万千！源自课堂的思政理论教育给予了我无限的奋进力量，而投入安保执勤实践再度升华的思政理论又坚定了我再度征战的信念！希望在不远的将来，我能够再踏征途，笃行不怠，踔厉奋发，成就更好的未来！

翰墨写忠诚，丹青绘警魂

方创杰 [①]

斑驳银碎映照凤凰花，红火欲滴，热烈欲狂。穿过交错冗杂的枝叶，轻抚着少年奋斗的背影。清光窈窕，江山未老。青松黄花不敢近，百里追逃音犹醒。扪心难息除恶志，或留空碑署新名。

随时可能会牺牲，为什么还要当警察？于广州市增城区新塘镇沙村派出所为期 22 天的实习让我找到答案：万家灯火需要守护，警察就要扛起重担。"国家安危，公安系于一半"，国家一日需要打击犯罪的铁拳，一日就会有平凡的父亲、丈夫、儿子选择穿上警服，花上一生的时间去追寻誓词答案。前赴后继，接续传承，何处家国，何处忠骨。

苍山滚滚，初升的朝阳掀起惊涛骇浪；赤旗泱泱，热烈的身骨担起国之希望。小时候，在梦的开端迷茫张望。那时候的梦想是一滩柔软的星光。稚气的声音兴奋地喊出"要好好学习，考好大学，找好工作"。千篇一律，却纯真柔和，不带锋芒。幼稚的心灵想的是未来的和煦暖阳、鸟语花香。而如今，在梦想的道路上坚定稳健地徐徐前进。有着孩提没有的方向，燃着成为优秀预备警官的信念。多了稚童未尝过的失败，心中却多了更加强大的力量，只因一身藏蓝。少年一肩挑着草长莺飞，夏夜明星，一肩却也挑着长夜漫漫，酷暑寒冬。

日月换新天，时代为争锋。我们现在本质上还只是一群学生，不过换上一身警装，学着前辈的样子守护增城区新塘镇的一方平安。但穿上警服，我们就是无所不能的超人，心思缜密，工作认真，本领过硬，分毫不输他人。在沙村派出所值守的学警们首次身处疫情中心，或许内心还是十分忐忑的，每天都会关注广州疫情的相关新闻报道。当广州市政府开始调动全社会的力量抗击疫情的时候，我们都希望自己能够为这座城市做一份贡献。"人民需要，我们就上！"世上没有从天而降的英雄，只有勇敢挺身而出的凡人。一个个冲锋向前的身影，面对身后无数生命和期冀，肩负国家希望与民族重任，汇成黯淡疫情中难得的温暖和力量，点燃略蒙阴霾的城市中的万家灯火。

明月沧桑，河山之幸。童年的偶像是除暴安良的好汉，少年的迷恋是英雄虎胆的神

---

① 作者简介：方创杰，男，广东警官学院治安与交通管理学院 2020 级治安学专业 5 区队学生。

探……每一位怀着惩恶扬善、匡扶正义的警察梦的少年，在心中一定勾画过无数次穿上警服的样子吧？年少时对警服的崇拜，源于警察正直伟岸的形象。随着警院时光的流转，我们对警服的理解更加深刻，也在用青春和热血赋予警服更多的意义。

听闻 2011 年毕业于广东警官学院的陈敏师兄讲述他十年的从警生涯，在与师兄颇具涵养与风趣的言谈交流中，我逐渐"沉沦"。面对疫情防控检测点的群众，他那已连续工作 10 小时的躯体竟丝毫不觉疲惫，仍旧耐心给予指引，悉心提供帮助。当我问道："师兄，今日工作如此乏味，为何你总能保持非常好的耐心和幽默和蔼的口气？"他不禁笑道："心灵不疲倦，意志总不会垮下来，总要有人付出，为什么不能是我们呢？"我内心不禁一颤：是啊！总要有人付出，为什么不能是我呢？

陈师兄给我的莫大启发是：既生而为风，就注定一生追寻；既身披警装，就应该一生奉献。警徽的光芒必将载着我们的梦，沉淀到我们生命的最深处，散发出影响我们一生的醉人芳香！

童话的世界也许会破碎，梦想的力量却从未消失。不再奔跑，是为了走得更稳。扬起风帆，我向来无惧风浪。筑梦路上的伤痕与失望，都是未来最傲人的勋章。抬起头，我仍憧憬着一树树樱花的浪漫；低下头，追梦的脚步从未停息。跌了跟头，却摔不坏如今的信仰；淋过了雨，却熄灭不了追梦心火；被梦的荆划出了伤，被现实的泥潭吞噬过希望，却不能改变对梦想的向往。

晴空花树下，夏阳光影里，换上夏执勤服，我更是自己的骄傲！

广州火车站的浪漫

陈延开 [①]

傍晚的广州火车站，喧哗的人流渐渐安静下来，车辆开起了暖黄色的前照灯，在车站前连起一条金色的光带。薄纱般的云彩想遮住夕阳，却不小心染上了一身红霞。醉红色的余晖洒满整个车站，落在每一个赶路人身上，送予最后一丝温暖。灯光在阑珊处斑斓，白炽交织在黄昏的暗色里，钟楼上的指针发出绿光，宣告进入夜晚。车站也仿佛慢慢随着旅客的倦意缓慢下来，弥漫着宁静的惬意，像是回忆起它厚重的历史。

中华人民共和国成立以后，广九铁路华段改称广深铁路，原广州东站也于1951年更名广州火车站。毛主席曾郑重而简明地说："这个世纪（笔者注：二十世纪），上半个世纪搞革命，下半个世纪搞建设，现在的中心任务是建设。"广州站在新中国的建设发展中发挥了不可磨灭的作用。改革开放的春风吹遍大江南北，唤醒中国新的生机，广州火车站勇担对外开放的重任，在经贸来往和文化交流中展现文明古国的魅力。新时代新征程，随着交通基础设施建设不断加快，广州火车站与时俱进、开拓创新，接受新的任务，面对新的挑战，继续推动社会发展。

就在这一方小天地中，哲学的魅力也处处展现。

每个社会角色都是独立的个体，通过相互联系，形成了一个有机的世界；火车站上每一个职位，在各自的岗位上发挥着自己的光和热，通过相互联系，构建了一个井然有序的火车站。警察同志在昼夜更替的岁月里守护车站的安全、百姓的安危；因警察的守护，车站的工作人员可以安心地管理和运作，以饱满的热情将归心似箭的旅客送往魂牵梦萦的故乡；因工作人员的指引和疏散，在出站口做核酸检测的医护人员减轻了压力，放心坚守抗疫的防线；因医护人员的坚守，年轻的志愿者减少了心理负担，以充足的干劲服务社会；因志愿者的奉献，警察同志有了更多的精力守护安全，打击违法犯罪……警察正义的藏蓝色、车站工作人员令人安心的亮黑色、医护人员高尚无私的洁白色、志愿者温暖动人的橘红色……每一个颜色都散发着动人的光辉，交融在一起，描绘了一幅缤纷和谐的车站春运景色。

离开与留下，恰似一对矛盾体：一个飘向远方，一个原地绽放。那些匆匆赶路的旅客，

脸上满载着怡悦，让人感同身受他们归家的欣喜，沉甸甸的背包里面装满了对远方家人醇厚的想念，林林总总的行李装载着一家人奔赴幸福小康的祈愿。漂泊在外而回不了家的游子，藏起对远方家人的寄托，将无尽的思念转化为不停向前的动力源泉，像是发动机上的发条，毫不保留予以动力，使得游子永葆能量、进进向前。游子归家与留下奋斗，走与留的矛盾，都是为了所爱之人过上美好生活的选择，是人间辛苦与浪漫的交织融合。他们匆忙的脚步和忙碌的身影，诠释了爱意的不同定义，但他们的幸福是交融的，是统一的。

若不是量的积累，哪里寻找质的蜕化？若不是医护人员的日夜坚守，怎会见证这无"疫"生活？每当下晌阳光温柔明媚之时，正值我们早班的结束，我们循例会去出站口做核酸检测。悠悠灰沉色调的出站棚里，永远不会缺席一抹圣洁的白色，他们是医护人员，用夜以继日的检测树立一道坚实的屏障，化咽拭子为长剑，一剑封"新冠"，击溃梦魇般的病毒。每当做完检测，我总是充盈着信心，不再感到孤独，因为我们和白衣天使们一同作战，守护前线。医护人员的检测工作是枯燥而繁重的，出行高峰期时，医护人员的双手根本无法从冗忙中抽离出休息的空隙，可想在这防护服里的身体多么疲惫。但正是因为那一根根细小的咽拭子，勾勒出一幅幅绚烂的绿码，那一瓶瓶保存液里，提前见证了你我一米距离的缩短；正是医护人员日日夜夜冲锋一线，才会有抗击疫情来之不易的阶段性胜利；正是有白衣天使义无反顾守护的力量，才有了健康中国质的飞跃。所以，我还看见，那疲惫的身体之上，是至高圣洁的灵魂。

坚守在岗位，望着归家的旅客，我心里总会回漾起《我和我的祖国》的旋律。

　　在茫茫夜色中，尽管寒意侵袭，但令人永远心火燎原的，是屹立在车站上方、红光照耀大地的八个大字：统一祖国，振兴中华。1986年，广州市委决定在广州火车站挂上"统一祖国，振兴中华"的巨幅标语。每当港澳台同胞来到省城，看见这闪着红光的大字，我想他们心里一定激荡着难以平复的情感。穿越回那个时候，我仿佛看见，那华夏基因的跃动；我仿佛感受到，那流淌在炎黄子孙体内的血液在沸腾；我仿佛听见，港澳台同胞对祖国统一强烈愿望的呐喊！我伫立在这八个字面前，内心热泪盈眶。中国必须统一，也必然统一，正如习近平总书记所说："任何人都不要低估中国人民捍卫国家主权和领土完整的坚强决心、坚定意志、强大能力！"可歌可泣的中国人民将以更加坚定的信念，实现祖国真正的统一。

　　广州站钟楼上的指针缓缓走动，艳红色的晨曦唤醒熟睡的城市，将一抹抹阳光洒在赶路人的身上，像是为他们镀上一层美丽的光边。列车在轨道上滑过传来"隆隆隆"的声音，阳光铺满大地，昭示着美好的一天和光明的未来即将到来。时代的脚步也同列车一样滚滚向前永不停歇，伟大的中国人民永远奔赴向前，挥洒着属于中国人的浪漫，见证着中华民族的伟大复兴！

执勤记

姚俊余 [1]

忆往昔峥嵘岁月，慨壮志与热血当犹滔滔江水，连绵不绝。恰同学少年，风华正茂，当有感而发于实践，志强则健之于行。况穷且益坚，不坠青云之志，方成道尔。

余，三尺微命，行列大一，资不及师姐，格不够师兄。斗，无搏击之巧；追，亦难有疾风之速。唯一腔热血，一片丹心可鉴于天地，献以伟业。古有言，石可破也，不可夺其坚；丹可磨也，不可夺其赤。此亦余之所求也。

然壬寅虎年，国之大殇，疫疾肆虐。九州黎民，无不惶恐。万巷空寂，足不出户，以隔新冠。粤有警校，倚地学之业，育栋梁之材；应局党有召，各级学子闻声而动，备勤，动员，赴海珠，能者竭力共举，誓为山川黎民战。

余虽寄蜉蝣于天地，渺沧海之一粟，却知星星之火，可以燎原。人道前路坎坷，荆棘密布。眼见黑云翻墨，山川失色，唯歌道：纵纵无人和我，齐驱并驾。风里依旧敢逞雄，雨中何妨再称霸？古人应知我，道曰冲天豪情，凌云壮志。鞠躬尽瘁轻生死，多少年来如一日。慷慨赴沙场：长夜漫漫路无尽，万家灯火少有眠。纵身担警械八件套，体弱步虚尚未闲。阑干风冷雨潇潇，蚊虫作伴苦不言。睹海珠零落凄清，闻世人长叹息，月似蒙尘星不亮，路犹断崖仍敢前，何日得平定疫情？念家中父母康健否，新冠未勒归无计，人不寐，国安心悠方得睡。

幸党有策略，治有方。解封控，复经济，促发展，安民心，神州大地现生机！山河无恙，五洲同庆。余亦欣生活之变，慨不忘初心，方得始终。

后值重要领导人访湛江，湛江乃南海沿岸要港，商贸繁华，文化兴盛。余虽愚，然以至诚之心，全力为民。行己正，守天法，执公义而不阿私情。以造福于百姓为己任，誓愿以全心全意为人民服务，故自请赴湛江执勤。

余至湛江，慨此地"物华天宝，龙光射斗牛之墟。人杰地灵，徐儒下陈蕃之榻"。余非有徐儒之才，不及其恭俭义让之德，亦无高士之誉，然衣食住行皆有照养。虽昼出夜归，鲜有闲暇之时，以中有足乐者，无人有怨也。

---

[1] 作者简介：姚俊余，女，广东警官学院治安与交通管理学院 2022 级交通管理工程专业 2 区队学生。

论执勤之景，可谓"足蒸暑土气，背灼炎天光"。余尝匍匐于地，蚊蚁咬之而面不改色，腹饥难忍而缄默不语。发肤之苦犹可忍，人言可畏难抵抗。余受命以来，遵组织淳淳教导，一字不言工作内容。便服以来，多为群众不解，尝受不白之揣测。奈何工作经验甚少，着便服观之类学生，口拙难自辩，难令人信服并配合工作，实为余之责也。

自受命以来，夙兴夜寐，恐托付不效，有损学校颜面，有伤局党英德。故不敢忘思政理论之言，深入研读以待实践。邓老曾言："实践是检验真理的唯一标准。"至粤警以来，余不辍耕读，尝涉猎《习近平新时代中国特色社会主义思想概论》《形势与政策》《四史》理论教材数本，此余所以报家国而忠党校之职分也。君子藏器于身，待时而动。若胸无笔墨，待到用时唯悔不当初矣。幸有此举，方佑余得偿不误局党所托，忠人之事，不辱使命。

《形势与政策》言："必须坚持人民至上的价值追求，坚持把人民利益放在最高位置。"此乃应事之法宝，处事之方针。海珠执勤时，疫疾肆虐，家家多有不便。闯卡人数名。问之则曰："家中无粮，心中发慌。上有黄发，下有垂髫。古人云巧妇难为无米之炊，今闯卡无非为保家安。"余知其难处，然外有新冠似豺狼，留得青山在不愁没柴烧。即刻上报其急，以油米相赠劝其归返。

政策不可破，人情更应思。又有急疾者，家无药石可医，久不得治，危在旦夕，闯卡呼救未得医。余知当"坚持把人民利益放在最高位置"非固守成规可至，急呼救护觅寻医。且看性命无虞时，心中尘埃方落定。此所谓忧民之所忧，急民之所急，得异于先天下之忧而忧，后天下之乐而乐乎？

民族之兴亡，还须看青年。适逢百年未有之大变局，当莫等闲，白了少年头，空悲切。顾炎武言，天下兴亡，匹夫有责；林则徐曰，苟利国家生死以，岂因祸福避趋之；文天祥云，人生自古谁无死，留取丹心照汗青……余每思及古人言，叹其人心坚志强。余亦立志冲锋在前，服务黎民，故不悔执勤。

思政理论引领安保执勤 责任担当书写藏蓝青春

刘恩琪 [①]

我曾在电视剧《警察荣誉》中听到过这句话，"伟大出自平凡，平凡孕育着不平凡"，有什么职位能实至名归地被赋予伟大？当我们都在梦想着成为一个伟大的人做一些伟大的事时，是否知道其实伟大源于平凡，源于生活中的每一件小事？在进入警校前，我印象中的警察是在缉毒现场中奋勇抓敌，在追捕过程中乘胜追击，在扫黑除恶时立下大功，佩戴着闪着光辉的警徽警衔骄傲地站在人群中央。但等我进入警校，直至参与学院的安保执勤工作，我才意识到我并没有真正了解这个职业，我所看到的是他们光鲜的外表，隐藏在背后的其实是每天繁琐的工作和道不尽的无奈。

作为一名大一学生，通过日常和师兄师姐的聊天，我早早便知道今后四年会参与许多的执勤活动，也很荣幸，在大一下学期，我便正式参与了"406执勤工作"，这一次的执勤在一个我从未去过的城市——湛江，这座小城市将会接纳我们近千名学警，而我们的任务便是维持秩序稳定，完成上级安排下来的工作。交管区队的我自然而然地被安排了道路工作，在连续几天的站岗工作中，我见识到了形形色色的人，也接触了颇多棘手的事情，我深感这份工作的不易，由衷佩服每天做着这份工作的民警们。

唯有深入群众，方可觉工作之艰辛。倍感愧疚，曾经的我也只是在影视剧中或者课本中听闻那些社会上惊心动魄的案例，便兀自认为警察就是日日上刀山下火海，在刀尖上做着英雄伟业。等我真正拿到任务，站在人来人往的街道上指挥交通、拦截逆行车辆时，才意识到原来更多时候警察要面对的不是穷凶极恶的案件和犯罪分子的枪支炮弹，而是日复一日地轮岗值班、源源不断的群众诉求和街区的鸡毛蒜皮。由于任务的特殊性，很多时候我们没办法将具体的安排诉诸民众，每次下达管控的通知时，很多要出门的家长孩子们就会聚在一团，时间短还好，但没过多久，他们内心的不耐烦便按捺不住，脸上的愤怒也慢慢透露出来，有些人甚至不顾民警的劝告，穿过警戒线，这时候，即便我们的不满和恼火再浓烈，也必须用温和的语气和善意的微笑来面对他们，晓之以理，动之以情，认真倾听他们的诉求，和他们解释这是我们的任务，而不能摆着架子，肆意拦截，不顾群众的意愿，

---

① 作者简介：刘恩琪，女，广东警官学院治安与交通管理学院2022级交通管理工程专业5区队学生。

这远不符合"人民警察为人民"的理念。重复的工作、相似的任务和严格的命令都让我觉得这份工作远没有我想的轻松容易，我们面对的是人民群众，服务的是人民群众，他们的困难便是我们的困难。即便几天下来我的四肢都很酸痛，但我依然觉得很自豪，因为我更加了解这份职业背后的艰辛，也深刻理解民警的苦衷，这将为我未来从警生活打下思想基础，扎实深入群众，深入每一寸土地。

唯有大胆实践，方能明工作之不易。"走开！你们凭什么拦我，有什么依据吗！"当听到这句质问时，我一瞬间不知道如何应对，只是吓得站在旁边不知所措。这时候，民警姐姐不顾冲上前的电瓶车，径直走到那位情绪激动的大叔面前平静地和他解释当下的情形，即便那位大叔口吐不雅之言，甚至时不时推着车子逼着民警姐姐后退，但民警姐姐仍然用专业的表达安抚他的情绪，表明任务的重要性。进行长时间耐心的沟通后，那位大叔才理解我们的任务，配合我们的工作离开人行道。第一次接触公安工作，很多学警都会遇到这种棘手的事情，可能会感到无所适从，虽然有些警情我们不一定能很好地解决，但那位民警姐姐却没有逃避，而是毫不畏惧地站了出来，耐心地给当事人提供最优的方案，印证了"责任与担当"的理念。她给我上了很好的一课，教会我如何处理突发事件，和群众打好交道，把担当铭记于心，融会贯通，指导实践，保群众平安，让群众满意。

唯有思政力行，方可明责任之重大。我们大一时听过《马克思主义中国化进程与青年学生使命担当》这门思政课，古往今来，无数文人墨客、英雄豪杰向我们证明了人生的真谛在于担当责任。通过这次执勤，我们在实践中更加理解了"人民群众是社会历史的主体，是社会变革的决定力量"这句话，也更明确自己的责任担当，决心发挥自身价值，在服务他人和奉献社会的实践中不断成长。康德说过，"既然我已经踏上这条道路，那么，任何东西都不应妨碍我沿着这条路走下去"，如今，我们已经踏上了从警之路，成为一名学警，那么我们便要克服万难，知任重而道远，在不断的实践中深刻感悟思政理论，依靠群众、服务群众，坚持情为民所系，权为民所用，掌握更多的本领，以饱满热情的态度服务社会！

2021年7月1日，习近平同志在庆祝中国共产党成立一百周年大会上讲话中指出："未来属于青年，希望寄予青年，新时代的中国青年要以实现中华民族伟大复兴为己任，增强做中国人的志气、骨气、底气！"从思政课堂到课外反复琢磨，再到亲身参与执勤实践，我与日日夜夜坚守一线的民警相伴，感受过疲惫，体验过无助，但更多的是我将那些理论描摹下来，一点点刻在行动中，不断坚定内心的理想。望不远的将来，我能不忘初心，不负韶华，背负使命，绽放属于青春的藏蓝年华！

只问使命，无问西东

郑雅蓝 [①]

穷理以致其知，反躬以践其实。鲜红旗帜下，凝聚着无数青年的志向与梦想；伟大征程中，见证着各行各业青年的奉献与奋斗。无论过去、现在还是未来，中国青年始终是实现中华民族伟大复兴的先锋力量。身为学警的我们亦是广大青年中的一分子，我们有责任和使命从校内学习中汲取思政力量，由基层实践中提升自我，从而维护一方平稳，守一国平安。

何为学警之使命？是以理论为杆，立身百行。理论是实践的指南，是行动的先导。在校内学习中，我积极参与课堂，担任每一门思政课实践课拍摄相关视频任务的负责人和撰稿人，将思政理论融入视频内容。疫情三年，学校为了保护我们的人身安全，几乎没有向外承担安保工作，因此入学后的大多时间我都得以静下心来自我沉淀。时代向前，青年向上。课余时间，我时常通过学习强国、央视频等新媒体软件了解即时性的党的理论。我深知，身着这一藏蓝的警服，在党的旗帜下服务人民，最根本的就是要从思政理论出发，了解党的方针政策，引导我们了解党的百年奋斗历史，厚植爱党、爱国、爱社会主义的情感，读懂党的伟大精神，方能为往后的公安工作提供良好的知识沃土，以正确的价值三观传承红色基因，处理社会矛盾，维护国家稳定。

何为学警之使命？是以实践为尺，知行合一。不登高山，不知天之高也；不临深溪，不知地之厚也。纸上得来终觉浅，绝知此事要躬行。如果说学校学到的思政理论作为公安工作锐利的语言武器和执法规范的参考是一个标杆，能够给予我明辨是非、丈量"三观"的能力，那么实践就像一把刻度精准的直尺，教会我实际工作的"真本事"。历史证明，实践是检验真理的唯一标准，它让课本上的理论落到了实处，使主观见之于客观，使人的精神见之于实际，把人的思想与客观实际联系起来，行动是最有效的磨砺。

在最近的四零六执勤中，我有幸作为其中一员，前往湛江雷州市辅助当地民警进行安保工作。在本次任务里，同区队的同学都被七零八落地拆散开，分到跨年级的各个执勤小分队。而我分配到的那一组前往雷州的龙门镇站，周围是大山，几乎荒无人烟，面对陌生

---

① 作者简介：郑雅蓝，女，广东警官学院警务指挥战术学院 2021 级警务指挥与战术专业 1 区队学生。

的环境和人，我没有感到畏惧。在为期七天的执勤里，我没有缺勤过一次任务，为了不错过工作通知的信息，我将手机调整为响铃模式以便提醒我自己及时换装出发。安保执勤是一个很枯燥而漫长的过程，往往一待就是半天，我从一开始的焦躁和茫然，到后期的淡然和警觉，时刻观察并戒备周围的环境。老民警不仅要负责带我们执勤，就连开车带我们从酒店到铁路站这一个小时的车程他也是亲力亲为，他尚且没抱怨过，我又有什么不满呢？更何况，基层的任务从来就不轻松，我应当放平心态，才能从执勤中学到更多东西。在这之后，我也渐渐明白，公安的工作从来没有表面上看的那么光鲜亮丽，"服务社会"从来不是空话，每一位基层民警都在以身践行"服务"二字：在每一个日出，在每一个黑夜，都能见到他们站岗的身影，熬夜对他们来说已经是家常便饭。山以险峻成其巍峨，业以磨难成其伟大。我追随其后，也想努力成为这样的人。

何为学警之使命？是以奉献为刃，披荆斩棘。冀以晨雾之微，补益山海，荧烛末光，增辉日月。立志将"小我"融入"大我"，与时代同步伐，与祖国共呼吸，拓宽人生的宽度和深度。前有广州海珠执勤，深入疫区，舍"小我"，不惧染疫，协助维护管控区内民众的生活秩序的"大我"，穿戴整齐的防护服下是我们因长时间工作而闷热到满身的汗水和疹子；后有湛江雷州安保，扎根基层，舍"小我"，日夜颠倒，协助维护当地交通管制秩序的"大我"，保护人民群众的生命安全，避免不法分子有机可乘……"哪有什么岁月静好，只是有人替你负重前行。"曾经，我是被保护的温室花朵，十八年过去，作为学警的我也开始接过前人的接力棒，拒绝沉沦，奉献自己炽热的峥嵘青春，对我们而言，没有法定假期，只要是人民需要的地方，就是我们心之所向。

在执勤结束后，我时常思考自己在宝贵的执勤经验中究竟学到了什么——是理论与实践的相结合，是警务技能是否熟练的一次社会性检验，也是揭开理想外衣的现实性内核。思想上，我有了进一步提高，明白《马克思主义基本原理》里"要坚持用马克思主义的立场、观点、方法观察时代，把握时代、引领时代，在机遇面前主动出击，不犹豫、不观望；在困难面前迎难而上，不推诿、不逃避；在风险面前积极应对，不畏缩、不躲闪"的方法论，在执勤中给予我无尽的精神力量；学习上，我的警务技能有了实际性的提升，法言法语也愈发熟练，相关法律法规不再是"眉毛胡子一把抓"。在校内，我们总幻想自己能像影视剧里的人民警察，惩恶扬善，在大街上抓捕小偷，为民除害。可实际的工作往往大多是琐碎的小事，执勤工作正是未来工作的一个小小缩影，就像在一个地方站岗执勤一整天，调解街坊邻居鸡毛蒜皮的争吵。我们不能因为公安工作不符所想就有所懈怠，相反，正是一位位人民警察恪尽职守完成了他们的工作，才使得社会有如今安定的局面。将一件小事做好不难，难的是将每一件小事做好，看似寻常最奇崛，成如容易却艰辛，我认为公安工作的实质就在于此。

只问使命，无问西东。正如习近平总书记所言，"人民警察来自人民，心系人民，植根人民，服务人民是公安机关的优良传统"，作为中国平安建设的主力军，我们只有不忘初心，始终将奉献使命放在心中，将责任扛在肩上，练就担当作为的脊梁，勇敢向前，坚守自我，才能创造无愧于党，无愧于人民，无愧于时代的业绩！

实战练精兵，实操增学识

何家乐 [①]

"铁一般的理想信念，铁一般的责任担当，铁一般的过硬本领，铁一般的纪律作风"，习近平总书记用"四个铁一般"指明了公安队伍的建设方向。政治武装思想才干引领实战，在国家着力推进新时代公安队伍在思想上和实战上的双百分建设途中，我们生活在饱含警色的校园里，有着与其他高校完全不同的生活作息和学习环境，执勤实习正是我们警院生涯中别样且难得的学习机会。

作为公安院校的一名学生，我深知"知、情、意、行"相统一的重要性，在警院中的所学所闻都是为了之后的工作而服务，公安知识最终要落于实际操于实战，由此我格外珍惜每一次的执勤活动，严肃紧张恪守尽责，如此造就了我执勤生活中的底色。

一声呵斥

"纸上得来终觉浅，绝知此事要躬行。"课堂上教授得再多也不及实战一次给我带来的教训之深，只有实际经历才会知道各类看似繁琐的公安工作规范背后都是血的教训。"你们是不是傻了，你们学校没有教过你查车时不能站在车辆前面吗，反光衣又没有、手电筒就只有一个？你们知不知道安全两个字该怎么写！"师兄的呵斥让我睡意全无，此时在课堂上所学几种规范查车卡位的设置才再从我记忆的深处唤起。湛江的夜晚带着一丝寒意，我与带队民警在我们的值守区域内巡逻，乏意渐渐地在我们身上涌起，漆黑的乡间小路上平时看来锃亮的车灯也难以照亮路上的黑暗，这是我第一次见到全程没有路灯的乡道，此时我们开到了路口，不远处隐隐约约的出现几个身影还有一丝丝光亮，夜色让我们难以注意到他们，随着一阵急刹，他们在挡风玻璃前出现，原来是我的同学，四个身影穿着执勤服在路口值守，黑色的衣服让他们与夜色完美的融合。我这才知道每一个规范的背后都有其深刻的教训，课堂上的内容不断在我脑中复现，我知道这是为数不多检验我学习成果的时刻了。

---

① 作者简介：何家乐，男，广东警官学院治安与交通管理学院 2021 级治安学专业 5 区队学生。

一丝疑惑

行是知之始，知是行之成。我曾不断反问自己，成为一名人民警察真的是你想要的吗？"2022年全国公安机关共有308名民警、179名辅警因公牺牲""因病在职去世的一线警察平均年龄为48岁"……高压的工作，群众的不理解曾让我对未来充满疑惑，无声的内耗在我脑中滋生，直到一次在英德的工作让我对未来逐渐改观。"这水怎么都淹上房顶了！"同学的一声惊叹让在大巴上刚睡着的我被惊醒："原来新闻中的所说的洪水是这样啊。"高架之下滚滚的江水让我难以想象遭遇洪水时的人们是有多么绝望。到达目的地的我们，列队行进之中一个声音传入我耳中："妈妈，好多警察叔叔。"听到这我的内心极其复杂，身份的转变好像没有来得及让我准备，上一秒还仅仅是一个大学生的我似乎身份已经转变成为保护他们的守护者。

一声感谢

湿透了的淤泥是如此之重以至于两个人才能铲起一斗，几个人劳作一上午才将一条小巷的淤泥清理完毕，身上的衣服早已湿透、裤腿也沾满了泥巴，还未等我们歇息一阵，一个大妈就向大家请求帮助："你们能帮我把家里的东西搬出来吗？"还没等话说完大家就纷纷站起又投入到了工作当中。"谢谢""这里有几张凳子我搬出来给你们坐"，群众一声声的感谢让我们疲惫的身躯重新充满活力，这是一种我从未感到过的快乐。看着整洁的街道，那是我们奋战一日的成果，我至今依然记得这个画面，疲惫的我们倚靠在椅子里，夕阳就如此肆意地撒在大家身上，阳光洒在我们的警服上熠熠生辉，我用镜头记录下了这一刻，这张照片至今仍保存在我的相册之中，每逢我回看照片时，好似群众的赞赏依旧在我眼前浮现，群众的赞美依旧在我耳旁萦绕。这是我第一次知道为人民服务绝不是一句口号，回望那时对未来的疑惑，在现在看来是多么的幼稚，只有切身体会才会认识到这就是信念的力量，是这种信念坚定了我要成为一名优秀人民警察。

一些收获

回望执勤生涯，疲惫和汗水是常态，但我也收获颇丰，学习到了许多课堂上难以获取的知识，收获到了群众的赞赏，收获到了我对未来的期盼。实战练精兵，实操长见识，执勤生活可以说是我们广大警院学子别样的浪漫，只有经历实战大家才会知道：我要学什么，我要成为什么，我要做什么，为迷茫的大学生活指明方向，增强才干掌握本领，立志成为新时代党和人民满意的好警察。

以学为本，以行践之

陈烨珊 [①]

"纸上得来终觉浅，绝知此事要躬行。"社会实践为高校学生了解国情、认识社会、研究问题提供了宝贵契机，作为一名治安系学警，执勤乃是一次宝贵的社会实践。

清明节前，外出湛江执勤的通知犹如一颗石子投入我充实的校园生活中，形成一圈圈波纹，涟漪不断泛起。过往都是师兄师姐们分享他们的执勤故事，对其充满向往；而在本次执勤中，我们 22 级跟着 20 级的师兄师姐们去湛江市区执勤，对于第一次执勤的我来说，这无疑是一件好事也是一个挑战。

动员大会后大家怀着激动的心情登车，在车上，我遥望着车后的公安墙：国家安危，公安系于一半。从驶出庇护着我们的校门那一刻起，我们便不再是一名普通的大学生，而是千千万万人民眼中的一名人民警察。执勤期间，我们必须始终牢记"忠诚，责任，服务"的广警校训，方能出色完成本次执勤任务。

经过六个多小时的舟车劳顿，我们终于抵达湛江。下车肆意呼吸着湛江这座滨海城市的新鲜空气，我意识到，本次执勤任务要开始了。

在我们享用丰盛的晚饭后，湛江的夜如常降临，昏暗的霓虹灯悄悄为每家每户的人们盖上被子，而我们却早已换上便服前往执勤地点。同龄的少年们，或许坐在桌前，奋笔疾书；或许躺在床上，冥思遐想；亦或者睡梦正甜，惬意满面，但我们执勤学警的故事才刚刚开始……

大巴载着对于未知任务充满期待的我们驶在白日车水马龙夜晚却冷清寂静的街区，不一会儿便到了执勤地点。带队民警简单阐述本次执勤的任务目的是弥补湛江市麻章区派出所警员不足后，我们便在民警的带领下有条不紊地分组开始执勤任务。当晚我们女生组主要负责巡逻物流城的地面情况以及占领制高点观察物流城内是否有异常情况。随着时间的流逝，天越来越黑，起初的紧张与兴奋消失殆尽，疲惫逐渐赶超了起初的激动，但我们仍然需要戒备，防止公路旁出现异常情况，警惕有不法分子怀着躁动的心在黑暗里蛰伏。以往凌晨时刻我们早已进入梦乡，而此刻我们强撑睡意，间隔巡逻，查看情况同时活动自己

---

① 作者简介：陈烨珊，女，广东警官学院治安与交通管理学院 2022 治安学专业 4 区队学生。

疲惫的身躯，让自己保持清醒，驱赶疲惫与枯燥，做好本分内的工作，用实际行动坚守到最后一刻。当听到带队民警撤离带回的语音时，我们"如听仙乐耳暂明"，迅速收拾好装备返回指定地点。"疲惫是最好的安眠药"，回到酒店简单洗漱后我便迅速陷入梦乡，让以往饱受失眠折磨的我体验了一番"一沾枕头就睡着"的快乐。

通过夜巡物流城的任务，我深刻体会到了人民警察工作的不容易，我们只是负责一些低难度的工作就已经身心俱疲，可想而知，一名正式的人民警察的工作有多么辛苦，看着派出所里趴在会议桌上抓紧时间休息的民警们，我不由心疼他们的同时肃然起敬。奋斗绘成新"警"色，担当铸就新"警"魂。人民警察为人民，他们脸上的黑眼圈深刻诠释着"忘我无我"的精神境界，他们用坚守与笃行书写最美"警"色，用"警魂"点亮了长空中最亮的"心"。

向他们致敬！

之后几天我们被派去一个村子里背靠铁路巡查村子是否有异常情况。村子较为落后，有种原生态的朴素与自然，村民大多为老人与小孩，看着突然出现的我们，他们或许会质疑，"你们是哪个学校的""你们是来干吗的"，他们或许会猜忌"这里有什么好逛的，来这里肯定有什么目的！"，他们或许会防备，我们在巡逻村子是否有异常情况，他们也在巡逻监视我们是否有怪异行为。但牢记保密意识的我们并不能向他们透露我们的任务，好在带队民警操着一口流利的本地方言向他们解释一番并顺利安抚了村民的情绪。在村子里的巡逻工作同样让我收获颇丰：

第一，我对社会面防控工作有了新的认识，意识到社会面防控工作包括很多工作，我们这次执勤主要负责的巡逻工作只是其中一种。

第二，面对广大人民群众，要学会群众的语言，包括肢体语言，方言等，这是警民沟通工作的重要工具。

第三，在此次执勤，再一次磨练了我们的意志，增长了我们的工作热情，对我们以后将会从事的公安事业有了更深入的认识。

"不登高山，不知天之高也；不临深溪，不知地之厚也。"唯身临其境方能感同身受，唯切身感受才可认识深刻，正如陶行知所言："行是知之始，知是行之成"，知行须合一，力行而后知之真，操千曲而后晓声，观千剑而后识器，我们身为青年学警，想在将来正式成为一名人民警察后能出色完成任务，必须将课本理论与实践相结合，由此可见本次执勤实践经验对于我们是多么重要。语言苍白无力，行动方显诚意。赵括纸上谈兵，空有设想，无法实现；李广少言寡语，却雷厉风行，战功赫赫。"空谈误国，实干兴邦。"谈论容易，实践却难，唯有亲身实践，认真躬行，方能突显诚意，成就大事。身为青年学警，我们需学其所用，用其所学。生逢盛世，肩负担当，如何能不负韶华，不辱使命？答案无外乎"以学为本，以行践之"。

　　"凤凰鸣矣，于彼高岗。梧桐生矣，于彼朝阳。"如今，锦绣山河收拾好，万民尽做主人翁，中国正一步步走向强大，迎接复兴的曙光，但仍需要千千万万的人民警察护航新征程。因此，吾辈青年学警，当以青春之生命，护卫盛世之中华，提高主动实践的兴趣与能力，不仅要迈开脚，走进基层，更要勤动脑、勤思考，带着问题调研、带着思考实践，用脚步丈量祖国大地，用眼睛发现中国精神，用耳朵倾听人民呼声，用内心感应时代脉搏，以学为本，以行践之，深入了解民情，努力将知识积累、社会观察等成果转化为实实在在的建设性意见和举措，应当成为我们治安系学警社会实践的更高目标。铁肩担道义，热血铸警魂，我们治安系学警应挥洒青春的汗水、无悔肩上的责任，以无愧于人民、无愧于民族、无愧于时代、无愧于历史的新姿态做时代的弄潮儿。

　　岗位平凡，责任巨大；六天湛江行，塑造警官魂。一颗石子落入水中会激起无数波澜，但最终会归于平静。这次执勤过后，我们的生活会恢复如初，学习也会重回正轨，多姿多彩的校园活动也会如期而至，但执勤期间以学为本、以行践之的经历给我们带来的感悟与收获，必会令我们受益终生。

知行合一，行稳致远

黄名榆①

"只有书本知识，没有实际斗争经验，谓之半知；既有书本知识，又有实际斗争经验，知行合一，谓之全知"，这句话出自中国知名革命家和教育家徐特立先生；而美国著名政治家和科学家富兰克林则是说道："读书是易事，思索是难事，但两者缺一，便全无用处。"纵看古今，横观中外，各大家对于"知"和"行"都报以相统一的态度。

褪下校服，着上警服，我成为一名公安院校的学生。在拥有学警身份的一年多里，我参加了三次见习，每一次见习无不让我体会到"知行合一"对我们而言就如同布帛菽粟，是我们在成长为合格预备警官的路上不可或缺的。

经过大一学年思政课程的洗礼，不愿虚度光阴的我在暑假进行了第一次自主见习。七月的傍晚理应是燥热的，但那天却是淫雨霏霏，让人平添了一丝烦闷。在师兄的带领下，我接待了一名女孩。师兄和我将她带到了询问室，在旁听师兄与女孩的问答中，我逐渐了解到，女孩瞒着父母只身一人从湖南来到东莞寻找自己所谓的男朋友，未满 14 周岁的她与其男友发生了性关系。师兄反复询问女孩是否将自己的真实年龄告知过对方，女孩的回答却始终摇摆不定。她的情绪随着时间的推移逐渐失控，无奈下，我们只好结束询问。我陪同女孩到医院进行检查，即使撑着伞，斜风细雨也丝毫没有留情地将我的警服染深，紧盯着手臂上的警徽，我陷入沉思。如何才能让女孩开口并把真实的情况告诉我们呢？并肩坐在医院椅子上，我试图与女孩拉近距离，但回应我的是沉默和断断续续的"嗯"。回到派出所，我帮助师兄重新梳理证据，最终，我们在女孩与其男友的微信聊天记录中找到了她谎报年龄的证据。夜里，细密的雨仍在飘洒，脑海中浮现的，是朱熹先生的这句话："行然后知之艰，非力行焉者不能知也。"

首先，实践是认识的来源。如果只是拘泥于理论，那么我只能片面地了解到询问的技巧，但因为有了实践，才让我有机会真正接触询问的流程，掌握与他人沟通的技巧。其次，实践是推动认识发展的动力。如果只是固守着书本，那么我只会知道刑法老师所传授的"行为人与不满 14 周岁的幼女发生性关系，无论是否自愿，均以强奸罪处罚"，但因为有了实践，

---

① 作者简介：黄名榆，女，广东警官学院治安与交通管理学院 2021 级治安学专业 1 区队学生。

才让我得以更加深入地认识到，如果对方确实不知女孩不满 14 周岁，在双方自愿且未造成严重后果、情节显著轻微的情况下，可以不认为对方是犯罪。

结束这个案件后，我回归到了日常的劝阻工作中。顾名思义，劝阻就是针对存在被诈骗可能的群众进行劝导和阻止，预防或及时制止受害行为的发生。根据上级领导下达的任务，我每天需要拨打几十通劝阻电话。有接通的，有挂断的，有表示理解和尊重的，也有传达怀疑和不满的……每当遭受质疑，我都不禁思考，这么做的意义究竟是什么？繁忙的任务让我来不及思索，我继续拨打名单上的下一个电话。电话接通了，这是一位男士。根据上级传达的信息并通过询问，男士表示他的手机里确实有下载一个婚恋软件，我告知他这实际上是一个套着婚恋交友软件外壳的诈骗软件，他惊叹道："我昨天差点就转了 2 万元过去！给忙忘了，还好今天有你们提醒。谢谢啊警官！"这一刻，我的疑惑有了解答。身为一名预备警官，我的未来是要成为一名人民警察的，而人民警察以"人民"二字在先，定当是事事为人民、事事利人民。我们存在的意义，便是为人民解难题，为人民做实事，为人民谋福利。正如思政课上所言，人民群众是社会物质财富和精神财富的创造者，是实现社会变革的决定力量。习近平总书记也曾强调，必须把人民群众放在心中最高位置，牢固树立以人为本、人民至上的价值观，把人民群众对美好生活的向往作为我们最高的奋斗目标。

只有知行合一，方能行稳致远。作为吾辈青年，我们与其他普通院校的同学一样，要通过专业学习武装自己；作为学警，我们又不同于普通高校的学生，肩负着预备警官的责任与担当，更应该加强思政理论的武装。想要行稳致远，我们必须要付出加倍的努力，读万卷书，行万里路，也唯有这样，我们才能逐步成长为让人民放心、让党放心、让国家放心的人民警察。

照亮新时代新青年中国梦的原火炬
——读《共产党宣言》有感

陆宥泽①

1848 年 2 月 21 日注定是一个不平凡的日子。这天，《共产党宣言》单行本在伦敦问世。三日后，《共产党宣言》正式出版。这本马克思与恩格斯共同为共产主义者同盟起草的纲领，简单易懂而且含金量十足。它不仅在当时产生了巨大影响，更在几十年之后漂洋过海，为当时还处于半殖民地半封建社会的旧中国播撒了甘霖，使得"共产"一时间成为光明进步的代名词。

尽管在二十世纪初《共产党宣言》只有日译本，但中国学者仅引用其中只言片语的力量，就已经震动中国的思想界。十月革命的一声炮响，更是为中国送来了马克思主义的思潮，加上五四运动的洗礼，先进知识分子开始广泛学习、掌握马克思主义并逐渐作为自己的信仰。面对帝国主义、封建主义、官僚资本主义的严重压迫，追求民族独立与解放和国家富强成了中国人民的心声，一些走在时代前列的知识分子开始选择马克思主义作为改造中国的理论武器。因此，人们已不满足于对《共产党宣言》只言片语的介绍，将经典原著完整地、权威地译成中文，就成为许多人的迫切愿望。彼时正筹备建党的李大钊和陈独秀在北京读了《共产党宣言》英文版后深受震撼，都认为应该尽快翻译成中文。而后，艰巨的翻译任务落在了陈望道身上。为了专心翻译，也为了保密，1920 年 3 月，陈望道放弃教学工作，回到了自己的家乡浙江义乌分水塘村，夜以继日地工作。经过两个多月的字斟句酌，他终于完成了翻译工作，思想也得到迅速升华，坚定地走上了马克思主义道路。可见，一本《共产党宣言》可以对当时的新青年产生多大影响，而今，它也必然跟随着中华民族实现伟大复兴的脚步，实现精神与信仰的薪火相传。

① 作者简介：陆宥泽，男，广东警官学院侦查学院 2021 级经济犯罪侦查专业 2 区队学生。
基金项目：广东警官学院"星火读书小组"承担的中国高等教育学会马克思主义研究分会 2022 年度"马克思主义经典著作研读"资助计划的阶段性成果。

一、《共产党宣言》科学揭示了社会历史的本质是阶级斗争

正所谓"察势者智，顺势者赢，驭势者独步天下"，马克思发现了人类历史发展的脉搏，科学揭示了人类历史中的主要矛盾——阶级矛盾。

《共产党宣言》第一章从无产者和资产者的关系入手，展现了压迫者和被压迫者互相对立的规律。马克思指出，资产阶级曾经也是非常革命的，在反对封建社会制度的革命中，资产阶级大大推动了历史向前发展，这是对历史的肯定；但是因为自身局限性，终究又变成了阻碍发展的元素，这就是历史的辩证否定。

通俗易懂地讲，在资本主义框架体系中，分配上是"劳者不获，获者不劳"。在这种畸形体系下，最"躺平"的正是资本。马克思也由此延伸，揭示了资本主义最大的历史功绩，就是创造了一批能够把他们埋进坟墓并推动历史继续向前的无产阶级。在字里行间，马克思也在用亲切的语言，灵活地使用了辩证法中"否定之否定"的规律。

资本不是一种个人力量，而是一种社会力量，因此，《共产党宣言》中主张把资本变为公共的、属于社会全体成员的财产，这并不是把个人财产变为社会财产，所改变的只是财产的社会性质。它将失掉它的阶级性质。

《共产党宣言》一文中的辩证法、通俗易懂的阶级斗争理论以及富有实践性的主张，在中国革命时期无疑是一本极为优秀的革命人才培养手册。

二、《共产党宣言》对各类社会主义思潮进行了深刻批判

在《共产党宣言》中，马克思对各类社会主义思潮进行了深刻的批判，它们有封建的社会主义，有小资产阶级的社会主义，还有所谓的德国的或"真正的"社会主义，归根结底这些都是反动的社会主义。我们来看看马克思与恩格斯对此的犀利讽刺：

"资产阶级的社会主义只有在它变成纯粹的演说辞令的时候，才获得自己的适当的表现。自由贸易！为了工人阶级的利益；保护关税！为了工人阶级的利益；单身牢房！为了工人阶级的利益。——这才是资产阶级的社会主义唯一认真说出的最后的话。资产阶级的社会主义就是这样一个论断：资产者之为资产者，是为了工人阶级的利益。"

纵观历史，《共产党宣言》面世的百年后，以美国为首的帝国主义国家鼓吹"人民资本主义"用以蛊惑群众，而从根本上讲，这正是马克思和恩格斯在百年之前就批判过的资产阶级反动的社会主义思潮。当下西方帝国主义势力将各类反动思潮披上了"社会主义"的皮，企图对我国进行和平演变。作为新时代新青年，熟读《共产党宣言》，不仅能让我们不受其蛊惑，还可以主动出击，撕下西方帝国主义势力反动思潮的面具。

三、《共产党宣言》指明建立人类命运共同体是历史的必然选择

历史洪流滚滚向前，随着世界市场和工业化的进一步发展，不仅无产阶级人数在不断增加，而且结合成更大的群体。当机器越来越发达，尤其是像科学技术极度发达的今天，人工智能作为辅助人脑力劳动的延伸工具，因此在同样的工作岗位上，人与人之间不仅是体力差距的影响越来越小，脑力差距也越来越小。《共产党宣言》中也提到，机器使劳动差距越来越小，在这时其内部利益、生活状况也越来越趋于一致。

在这种前提下，马克思与恩格斯对资本主义世界的发展进行深刻的分析，他们缜密而深邃的思维已经认识到未来的社会绝不会像他们所处的那个时代一般，未来的社会必然会打破现有的社会运行模式，因此提到了人的自由发展促进了人与人之间的结合，形成一个个"自由人联合体"。

恰恰也正如马克思与恩格斯所分析的一样，逾百年后的今天，《共产党宣言》之中的"自由人联合体"思想结合马克思主义中国化，这一思想深化发展的结晶就是"人类命运共同体"思想。

伴随着经济全球化向前迅猛发展，民族间的矛盾与民族之间的压迫开始逐渐消解。全球化促进了各国的经济发展，使得国与国之间的联系变得紧密，但凡事都具有两面性，同时也会让原本仅仅存在于一国或者几国的问题搭上全球化的便车，使其对参与全球化进程的各国产生影响，一场战争、一次经济危机、一轮疫情都足以对万里之外的别国产生冲击。当今世界正处于百年未有之大变局，各国之间只有加强合作，加强经济文化交融，放下矛盾，才能实现真正的互利共赢，才能最大程度地推进共同发展。

正如新冠肺炎疫情，为什么中国能做到疫情可防可控，能做到社会经济平稳运行并且输出中国抗疫经验帮助世界，正是因为中国抓住历史发展的必然性，立足于人类命运的前景下，展现大国担当推动共创构建人类命运共同体。

四、《共产党宣言》深刻阐述了何谓之真正的共产党以及为什么要坚持共产党的领导

共产党是无产阶级政党，但并不是所有的无产阶级政党都是共产党。"共产党人同其他无产阶级政党不同的地方只是：一方面，在各国无产者的斗争中，共产党人强调和坚持整个无产阶级共同的不分民族的利益；另一方面，在无产阶级和资产阶级的斗争所经历的各个发展阶段上，共产党人始终代表整个运动的利益。因此，在实践方面，共产党人是各国工人政党中最坚决的、始终起推动作用的部分；在理论方面，他们胜过其余的无产阶级群众的地方在于他们了解无产阶级运动的条件、进程和一般结果。"

类比于英国的工党等一系列同样代表工人立场的政党，我们就可以看出一些所谓代表

无产阶级利益的"工人党"与共产党的区别：共产党追求的不仅仅是为无产阶级伸张权益，不仅仅是涨工资、多休假、话语权，而是追寻一个更高的终极目标——"共产党人可以把自己的理论概括为一句话：消灭私有制。"

所以，真正的共产党人，正如《共产党宣言》提及的共产主义者同盟章程中所说的，"承认共产主义，具有革命毅力和宣传热情，严格保密"。这些正是对共产主义者的基本要求。习近平总书记也指出："我们党的老一辈革命家都是受《共产党宣言》的影响而走上革命道路的。"

当前，我们正走在中华民族伟大复兴的康庄大道上，进入中国特色社会主义新时代，身处百年未有之大变局之中。而《共产党宣言》正像一支照亮新时代新青年中国梦的原火炬，指引着我们矢志不渝听党话、跟党走。所以，作为公安院校中有理想的新时代新青年，我们要经常精读《共产党宣言》，深入了解其精髓并立足实际，借以加强自己的思想建设，锻造四个"铁一般"的自我，为最终实现强国梦贡献出一份青年力量。

资本主义经济的内在矛盾及其批判

张迁 ①

2023 年 11 月，由本人领衔的广东警官学院"红雨读书小组"申报中国高等教育学会马克思主义研究分会 2023 年度"马克思主义经典著作研读"资助计划并成功入选。在后续阅读学习《资本论》的过程中，我们讨论过这样一个问题：既然资本主义经济危机总是由一些具体原因引发的，比如，股票投机过热导致美国大萧条、阿拉伯国家联合提高油价引发第一次石油危机等，那么，是否只要解决具体问题，就可以阻止资本主义经济危机的爆发？

经过讨论后，我们的答案是否定的。实际上，很多时候恰恰是资本主义国家解决问题的自救手段促成了危机的爆发，例如，一战结束后，英国和法国要求德国化工企业提供低价合成染料作为战败国实物赔偿的一部分。在原料和人力成本不变的情况下压低收购价，企业的利润当然就降低了。但是，向英法提供廉价产品的协议意味着德国化工企业有了一条稳定的销售渠道，这反而维系了德国化工企业的生存，挤压了英法企业的市场空间。换言之，英法掠夺德国化工产业的措施反而让德国化工产业得以生存，掠夺的政策在现实的发展中走到了自己的反面，掠夺别国产业反而让别国产业得以生存。事物通过自身的发展转化为自身的对立面，这就是辩证法的一大特征，而这样的特征在资本主义制度下格外明显地表现出来了。资本主义制度下的经济活动有一大特色，那就是造成经济危机的病因往往也造就了危机前的繁荣，而危机产生的破坏则可以是下一次繁荣的基础。所以，资产阶级经济学家解决经济危机的药方，恰恰可能成为经济危机的诱因。

《资本论》是马克思主义系统性研究资本主义经济的著作，但它不仅是马克思对经济研究的集大成者，更是马克思集中运用自己辩证法的智慧结晶。马克思在《资本论》第一卷第二版跋中说道："现代工业所经历的周期循环的变动……甚至会把辩证法灌进神圣普鲁士德意志帝国的暴发户的脑中。"当然，这种循环变动绝不是单调的重复，而是螺旋的上升。在资本主义一次又一次繁荣和衰退中，社会的生产力向前发展，生产资料私有制的

---

① 作者简介：张迁，男，广东警官学院公共管理学院 2022 级行政管理专业 1 班学生。

基金项目：广东警官学院"红雨读书小组"承担的中国高等教育学会马克思主义研究分会 2023 年度"马克思主义经典著作研读"资助计划的阶段性成果。

框架越来越无法满足社会化大生产发展的需要，资本主义就为自身的灭亡做了越来越充足的铺垫。而这更决定了资本主义的弊病不可能通过小修小补解决，因为尽管解决掉资本主义的一些具体弊病可以帮助资本主义稳定发展，但资本主义发展的总方向却是让资本主义自我毁灭。在这样的方向上，资产阶级经济学家幻想的永恒的资本主义制度，绝不可能如他们所愿永葆青春。

但是，资本主义的必然灭亡是否意味着我们可以袖手旁观呢？是否意味着我们可以坐享共产主义的果实掉下来呢？答案也是否定的。资本主义不是一种外在于人类社会和每个具体的个人的存在；我们不可能像研究星体的运动那样，以局外人的视角研究资本主义。马克思曾说："人们自己创造自己的历史，但是他们并不是随心所欲地创造，并不是在他们自己选定的条件下创造，而是在直接碰到的、既定的、从过去承继下来的条件下创造。"资本主义并不是一个强加于社会的外物；它是社会中的每一个个体，在既有历史条件下进行生产生活的产物；是现有生产力条件下，人们的一系列不可不为的实践产生了资本主义。现有条件下再生产资本主义的实践是必定产生的。但同样地，推翻资本主义的实践也是必定产生的，因为资本主义的内在矛盾已经决定了它是必然灭亡的，所以它自我灭亡的预兆也会以反抗资本主义的斗争表现出来。尽管这些斗争发生在推翻资本主义的条件还不成熟的时期，但这些反抗本身正是使条件成熟的历史进程的一部分。

一旦我们有了这样的认识，再抱持袖手旁观的"摆烂"心态就是不可容忍的了。上述的资本主义社会的辩证规律以不同的形式、不同的具体矛盾表现在生活实践的方方面面中。不论生活实践中的各种问题有怎样的形式，这些问题都必然有一条共同的规律，那就是问题的解决方法就是解决问题的努力过程本身。

"辩证法不崇拜任何东西，按其本质来说，它是批判的和革命的。"辩证法的力量不是等出来的而是用出来的，没有投身实践的人、没有对马克思主义的自觉运用，那么理论的学习就只会沦为思想游戏。作为青年马克思主义者，我们更要意识到正确运用马克思主义认识和改造世界的责任不在别人，而是就在我们自己。

基于学生视角的公安院校课程思政现状及建设路径研究

刘思彤 [①]

摘 要： 公安院校肩负着培育预备警官的职责，公安课程思政有利于为公安院校学生树立科学的价值观，为国家培养政治素质过硬的公安人才。从学生视角出发，以广东警官学院为例，通过调查问卷的形式，观察到当前公安类院校课程思政实施范围较为全面，反馈效果较好，也发现存在学生缺乏主动性、师生互动积极性较低以及教师疏于对各学科思政元素的深度挖掘和巧妙融合等问题，提出了提高教师思政意识、加深学生对课程思政的理解以及推进课程思政教学方式多元化等建议，为公安院校课程思政建设提供新视角、新方案。

关键词： 学生视角；公安院校；课程思政

一、研究现状

我们研究小组在知网分别以"课程思政""公安、课程思政"及"公安、课程思政、学生"作为检索关键词，限制来源条件为 SCI 期刊、EI 期刊、北大核心、CSSCI 及 CSCD，限制时间条件为 2017 年"课程思政"这一概念提出至今。

1.共检索到以"课程思政"为关键词的文献 1903 篇，数量分布趋势见表 1：

数据来源：文献总数：1903 篇；检索条件：（主题%='课程思政' or 题名%='课程思政'）AND（（年 Between('2014','2022'））AND（（SCI收录刊='Y'）OR（EI收录刊='Y'）OR（核心期刊='Y'）OR（CSSCI期刊='Y'）OR（CSCD期刊='Y'）））；检索范围：期刊。

总体趋势分析

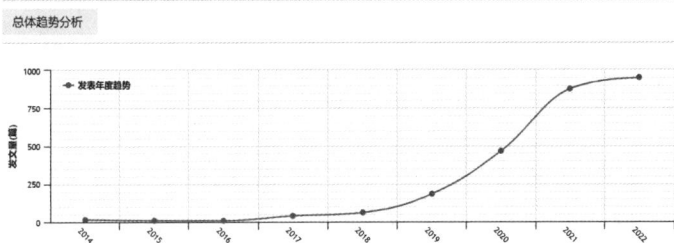

表 1

---

① 作者简介：刘思彤，女，广东警官学院侦查学院 2021 级经济犯罪侦查专业 1 区队学生。

2.共检索到以"公安、课程思政"为关键词的文献 924 篇，数量分布趋势见表 2。

🔴**数据来源：** 文献总数：924 篇；检索条件：（主题%='公安 课程思政' or 题名%='公安 课程思政'）AND（（年 Between('2014','2022')）AND（（SCI收录刊='Y'）OR（EI收录刊='Y'）OR（核心期刊='Y'）OR（CSSCI期刊='Y'）OR（CSCD期刊='Y'）））；检索范围：期刊。

总体趋势分析

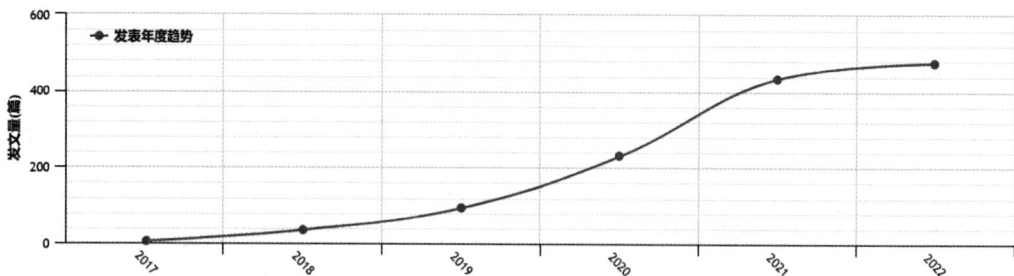

表 2

3.共检索到以"公安、课程思政、学生"为关键词的文献 17 篇，数量分布趋势见表 3。

🔴**数据来源：** 文献总数：17 篇；检索条件：（主题%='公安 课程思政 学生' or 题名%='公安 课程思政 学生'）AND（（年 Between('2014','')）AND（（SCI收录刊='Y'）OR（EI收录刊='Y'）OR（核心期刊='Y'）OR（CSSCI期刊='Y'）OR（CSCD期刊='Y'）））；检索范围：期刊。

总体趋势分析

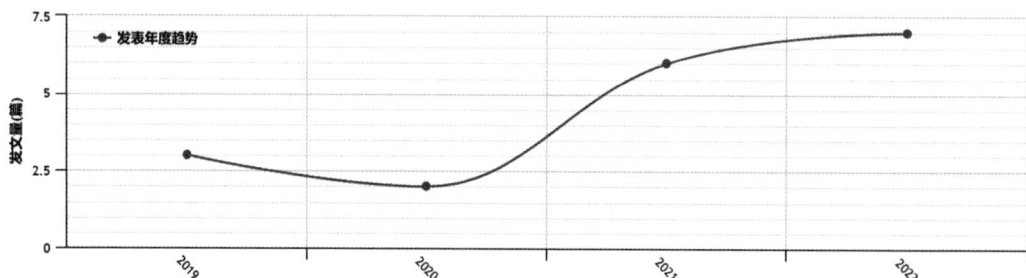

表 3

　　由以上研究趋势可知，近年来国内研究者对公安课程思政的研究不断增多，说明课程思政越来越受公安教育界的重视。但随着关键字的增加，文献数量在减少，总体集中在近两年，由此可见，新环境的变化为公安院校课程思政建设带来了新的机遇与挑战。虽然学界研究的论文数量不多，但总体呈上升趋势，所以，本文以学生视角来研究公安院校课程思政实施现状，具有一定的创新价值、理论实践价值。

二、研究过程

（一）问卷设计及实施

1. 问卷设计

为了解课程思政融入公安院校教学实施现状、从学生视角探索公安院校课程思政实施过程中存在的问题，研究小组基于《高等学校课程思政建设指导纲要》和各权威文献研究数据需要进行了调查问卷的设计，以广东警官学院为例，通过"问卷星"平台，制定网络问卷，向本科一至四年级共八个公安专业学生发放。

问卷共 18 个问题，内容主要包括以下五个部分：

（1）公安类学生基本个人信息。

（2）公安类学生对课程思政的认知程度。

（3）公安课程思政的实施现状。

（4）公安院校课程思政实施过程中存在的问题。

（5）公安类学生对公安院校课程思政实施的意见、建议和期待。

2. 问卷实施情况

本次调研主要围绕广东警官学院的在读本科生展开抽样调查，共收回有效问卷 367 份。

按照男女比例分类，其中男生 270 人，占比 74%；女生 97 人，占比 26%。广警在校学生实际男女比例为男生 76%，女生 24%，问卷调查对象男女比例与实际男女比例有较大相符性，问卷数据有一定可信度。

按照年级分类，本次调查对象覆盖了大一至大四年级的学生。

按照专业分类，本次调研向广东警官学院八个公安专业部分学生发放问卷，向各专业学生所发问卷数量、收回的有效问卷数量均与各专业实际学生人数的比例相当。

（二）问卷调查结果分析

1. 公安类学生思想觉悟较高，对"课程思政"有一定认知

为了了解学生对"课程思政"的认知情况，我们设计了三个问题。

在问题"你通过各种渠道听说或了解过'课程思政'这个概念吗？"中，认为自己"非常符合"的比例占 42.78%，认为自己"比较符合"的也达 44.96%；在问题"你认为'课程思政'和'思政课'有区别吗？"中，高达 72.21% 的学生认为两者之间有区别，可以区别"课程思政"与"思政课"；在问题"你认为在专业课中引入思政元素重要吗？"中，超过 90% 的学生认为在专业课中引入思政元素是重要的。在调查范围内，学生对于课程思政有一定了解的比例过半，且能认识到其重要性，可见公安类学生对"课程思政"有一定认知，思想觉悟基础好。

2. 公安院校课程思政实施较为全面，学生的满意度较高

为了解公安院校课程思政实施现状，我们研究小组共设计了五个问题，从学生视角了解教师这一课程思政落实主体的情况，间接收集课程思政实施现状。根据教育部《高等学校课程思政建设指导纲要》以及广东省教育厅《关于强化课程思政建设一流课程的意见》中关于课程思政内容的定义，我们将"思政元素"统一概括为核心价值观、法治意识、历史教育、人民警察职业素养等，供填写者参考。同时，根据上述文件中对教师在课程思政中的要求，将教师参与课程思政实施的表现概括为四个问题，分别为：教师个人思想立场是否端正、是否牢固立德树人意识、课程思政与专业内容结合度以及进行课程思政的频率。

根据总体情况而言，绝大部分学生表示其专业课老师会在课堂上融入思政元素，可见课程思政在所调查公安院校较为普及；绝大多数学生认为其专业课老师政治信仰正确、政治立场坚定，能带来积极正面的引导作用；对于教师能否落实育人主体责任，将立德树人放在首要位置，融入渗透到教育教学全过程，绝大部分学生认同教师从多方面展示出的育人能力；为调查是否存在专业教育和思政教育"两张皮"问题，我们设计提问"专业课老师能否紧扣专业课程特点，将价值引领贯穿课程教学之中"的问题以调查思政教育能否顺利融入公安专业课程教学当中，并得到了绝大部分学生认为当前专业教育和思政教育能够较好融入的结果；最后，我们还设计提问"专业课老师在课堂上引入思政元素的频率"以观察当前专业课教师在公安专业课堂上对课程思政的重视程度以及落实情况，并得到了较为肯定的反馈。总体可见，从学生角度看，公安院校课程思政实施较为全面，满意度较高。

3. 公安院校课程思政实施效果较好，得到学生的肯定

为了解公安院校课程思政在学生层面上的实施效果，我们分别从"为人""为警"两个方面设计了问题。回顾"课程思政"这一教育理念的主要思想，即要用好课堂教学这个主渠道，各类课程都要与思想政治理论课同向同行，形成协同效应，达到协同育人的目的，把"立德树人"作为教育教学的根本任务。公安院校课程思政实施效果如何，主要看学生在思想层面上的认知和进步的程度。

结果显示，超过 90% 的学生认同该校专业课程实施课程育人效果，能够引导其坚定理想信念、树立正确的价值观、提高政治素养，能较好达到"课程思政"这一教育理念中立德树人的目的，可以说明课程思政育人在该校已引起学生共鸣。与此同时，"课程思政"在公安专业课中一大任务是培育学生的为警职业感。根据问卷结果显示，绝大部分学生在公安专业课上能感受到"对党忠诚、服务人民、执法公正、纪律严明"的价值引领，其作为一名学警的警察意识得到了深化，更加坚定了为人民服务的信念。可见，从学生视角上，公安专业课课程思政实施效果较好，得到学生的肯定。

4. 公安类学生对公安院校课程思政实施的意见、建议和期待

在本部分中，我们共设计了五道题目，从学生视角出发，涵盖对公安院校课程思政实施的意见、建议和期待等方面。

第一，结合前期通过阅读分析现有文献，整理概括出学生当前在专业课中融入思政元素的过程中可能面临的阻碍。

第 14 题 你认为当下你在专业课中面临思政元素融入的过程中遇到的阻碍有哪些？
[多选题]

选项	小计	比例
专业知识与思政教育融合程度低	207	56.4%
专业课程教师的思政教育素养有待加强	189	51.5%
未能充分发挥公安教育特性	222	60.49%
科学的评价机制有待完善	162	44.14%
其他	6	1.63%
本题有效填写人次	367	

从结果来看，我们归纳出的四种可能遇到的阻碍均占有较大比例，由此可见专业知识与思政教育融合程度低、专业课程教师的思政教育素养有待加强、未能充分发挥公安教育特性、科学的评价机制有待完善等问题确实存在于当前课程思政实施当中。其中"未能充分发挥公安教育特性"这一选项所占比例最高，说明当前学生认为目前公安院校课程思政实施面临的最大阻碍是在专业课堂中存在思想政治教育与其他学科的割裂，可以推测当前专业教育和思政教育可能仍存在"两张皮"问题。

其次，为检验当前公安院校课程思政实施情况，观察当前公安院校课程思政所覆盖的内容，掌握学生对公安院校课程思政的了解程度，逐步丰富课程思政内容。在本部分中，我们共设计了两道多选题。

第 15 题 你认为你在专业课上听到了以下哪些思政元素？ [多选题]

选项	小计	比例
中国特色社会主义核心价值观、中华优秀传统文化	204	55.59%
法治知识、法治思维	245	66.76%
党史、新中国史、社会主义发展史等历史教育	220	59.95%
聚焦公安工作热点、难点问题	205	55.86%
人民警察职业素养、核心价值观	159	43.32%
其他	2	0.54%
本题有效填写人次	367	

第16题　你认为若在专业课中融入思政元素，你更倾向于以下哪些内容？［多选题］

选项	小计	
中国特色社会主义核心价值观、中华优秀传统文化	199	54.22%
法治知识、法治思维	230	62.67%
党史、新中国史、社会主义发展史等历史教育	215	58.58%
聚焦公安工作热点、难点问题	244	66.49%
人民警察职业素养、人民警察核心价值观	153	41.69%
其他	3	0.82%
本题有效填写人次	367	

从结果不难看出，我们给的四个选项均占较大的比例，反映了学生大部分在课程思政中学习到了这些内容，并且非常愿意这些内容融入专业课中。在目前的专业课中，"法治知识、法治思维"的课程思政内容占比最高，说明公安院校教师认为这一选项内容十分重要。而在统计中，学生更倾向于"聚焦公安工作热点、难点问题"的课程思政内容，既符合警校教学内容，更契合了警校生的特点，说明学生们对自己的定位十分清晰，更愿意去学习与将来工作有关的内容。

最后，为更好实施公安院校课程思政，提出推动公安院校学生主动参与课程思政的方法，我们向学生提出"在专业课中融入思政元素，你更倾向于以下哪些形式？"的问题，以了解学生更容易接受思政教育的切入点，为更好调动学生参与课程思政的积极性与主动性找到方向。调查结果如下：

第17题　你认为若在专业课中融入思政元素，你更倾向于以下哪些形式？［多选题］

选项	小计	比例
老师在专业课堂上言传身教、潜移默化的教学	229	62.4%
师生共同参与的新型教与学的模式（如开展互动讨论、观点分享等）	243	66.21%
综合运用好"第二课堂"（如参与执勤、实习等实践教育活动等）	255	69.48%
新技术支持下的智慧课堂（如线上线下的混合教学、资源共享等）	171	46.59%
其他	6	1.63%
本题有效填写人次	367	

由结果看出，四种方式均占有较大比例，由此分析，学生更倾向于多种形式融合的"课程思政"授课方式。从调查结果中还能发现，综合运用好"第二课堂"（如参与执勤、实习等实践教育活动等）这一选项占比最高，说明学生更愿意用亲身实践和真实体会来感悟

思政内容。这也充分体现了公安院校的教学特点，实践与理论相结合，为以后的从警生涯打下坚实的基础。

为更好实施公安院校课程思政，提升公安院校学生对公安院校课程思政的喜爱度与满意度，我们向学生提出"谈谈你对公安院校课程思政实施的意见／建议／期待等"的问题，以了解学生对公安院校课程思政的真实想法，为公安院校完善课程思政内容及实施方式提供依据。调查结果如下：

第 18 题	谈谈你对公安院校课程思政实施的意见／建议／期待等。
答案	认为老师可以在课堂教学上多结合自己所经历的事情（如案例）帮助我们更好理解
	认为应该开创思政课堂实施新模式
	多加师生互动
	思行并举
	以故事或现实案例进行讲授
	教师队伍身正为范，潜移默化影响我们
	明确考核标准
	在课堂上更加生动灵活，不要生搬硬套
	期待更多种形式的课程思政
	思政内容与公安工作紧密相关
	少点口号式、旗帜式的教育
	多提供社会实践的机会

三、研究结果

（一）学生视角中的公安院校课程思政现状

本课题从学生视角出发，主要围绕公安院校课程思政建设现状、公安院校课程思政建设路径进行研究。为从学生视角了解课程思政融入公安院校教学实施现状、发现公安院校课程思政实施过程中存在的问题，研究小组在广东警官学院范围内面向公安类学生发放问卷，并对调查问卷进行分析总结。

研究得出学生视角中的公安院校课程思政现状如下：公安类学生大部分对"课程思政"这一概念有一定了解，"课程思政"在公安院校的普及程度较高；绝大多数公安类学生能认识到"课程思政"的重要性，思想觉悟较高，"课程思政"实施可行性较大；绝大部分公安类学生表示其专业课老师会在课堂上融入思政元素，认同教师从多方面展示出的育人能力；对于思政教育能否顺利融入公安专业课程教学当中，公安类学生希望专业课老师能更加紧扣专业课程特点，将价值引领贯穿课程教学之中，而非套用生搬硬套的教学思路，希望能在各专业课程中感受到课程思政所带来的"润物无声"式教学体验。

为此，我们通过调查问卷总结出当前学生视角下的公安院校课程思政实施过程中可能出现的问题：

1. 专业知识与思政教育融合程度有待提高。学生仍感受到当前公安专业教育和思政教育存在一定程度的脱节，可能仍存在"两张皮"问题。只有当公安专业教育和思政教育有机结合，才能润物无声发挥课程思政的真正效果。

2. 学生期待教师的思政教育素养加强。教师是学生在公安专业课程中的领路人，更是每一个学生思政教育的指路人，教师的思政教育素养会在专业指导中的一言一行中无形流露。学生们期待思政教育不止出现在思政课上，更多可以贯穿在各公安专业课当中。

3. 当前公安院校课程思政教学模式趋于单一。可能受于公安课程内容限制，当前课程思政教学大部分局限于教师的单方面授课，忽视了学生在课程思政中是占有主体地位的，学生们在单一的教学模式下易产生疲倦和惰性，从而减弱课程思政教学效果。

（二）学生视角中的公安院校课程思政建设路径

为更好实施公安院校课程思政，通过问卷综合以上公安类学生对公安院校课程思政实施的意见、建议和期待，我们归纳出开展课程思政建设的若干路径，为公安院校课程思政建设提供新视角、新方案。

1. 深度挖掘公安专业课中的思政元素，提高公安教育与思政教育融合程度。学生作为接受思政教育的主体，可以敏感地感知到专业课程教育与思政课程的结合程度。因此，基于公安院校课程思政的特殊性，各学科也应当充分挖掘公安专业课程中蕴含的思政资源、思政元素，将学科、学术资源转化为育人资源，从而摆脱生搬硬套的教学思路，达到课程思政"润物无声"的教学目的。学生在公安院校接受理论知识和实践活动的教学，课程思政也应当在公安专业知识讲授和公安实践活动体验中同步进行。

2. 加强公安院校师德师风建设，提高教师思政意识。教师作为课程思政的主体，不仅是知识的传授者，更是良好道德品德的示范者。公安机关特殊的政治属性决定了公安高等院校课程思政工作的重要性，公安院校教师更是承担了育警铸魂的使命。公安专业课堂上思政元素的挖掘和融入，都是通过教师这一桥梁传递给学生，应继续挖掘各门课程的思政元素并有机融入专业课程讲授当中。学生渴望的是课堂中"润物无声"融入的课程思政内容，这更加要求教师提高教师思政意识，明确课程思政实施要求，在教学过程中灵活融入思政教育，拒绝生搬硬套，"润物无声"实现立德树人的根本任务。

3. 强化学生主体地位，推进公安院校"课程思政"教学方式多元化。多元化不仅是改革教学理念与方法，提高公安类学生参与度，更是要有多元有机的融入方式。从课堂教学上的融媒体创新教学方式，再到课外的实践活动，都可以创造课程思政的实施契机，充分发挥育人综合效应。其中，"综合运用好'第二课堂'"这一选项占比最高，说明学生更愿意用亲身实践和真实体会来感悟思政内容。此外，"师生共同参与的新型教与学的模式"也得到了大部分学生的青睐，可见如今的学生更愿意参与到课堂中成为互动者，而非被动的听者。

四、附件：《关于公安院校课程思政实施现状的调查问卷》

1. 你的性别：[单选题]

A. 女　　　B. 男

2. 你的年级：[单选题]

A.2021 级　　　B.2020 级　　　C.2019 级　　　D.2018 级

3. 你的专业：[单选题]

A. 侦查学　　　　　B. 禁毒学　　　　　C. 经济犯罪侦查　　　D. 治安学

E. 交通管理工程　　F. 刑事科学技术　　G. 警务指挥与战术　　H. 网络安全与执法

4. 你通过各种渠道听说或了解过"课程思政"这个概念吗？[单选题]

A. 非常符合　　B. 比较符合　　C. 不确定　　D. 比较不符合　　E. 非常不符合

5. 你认为"课程思政"和"思政课"有区别吗？[单选题]

A. 有　　　B. 没有　　　C. 不确定

6. 你认为在专业课中引入思政元素重要吗？[单选题]

A. 十分重要　　B. 比较重要　　C. 不确定　　D. 比较不重要　　E. 完全没必要

7. 你的专业课老师会在课堂上融入思政元素（核心价值观、法治意识、历史教育、人民警察职业素养等）吗？[单选题]

A. 非常符合　　B. 比较符合　　C. 不确定　　D. 比较不符合　　E. 非常不符合

8. 你认为你的专业课老师政治信仰正确、政治立场坚定，能给你带来积极正面的引导作用。[单选题]

A. 非常符合　　B. 比较符合　　C. 不确定　　D. 比较不符合　　E. 非常不符合

9. 你认为你的专业课老师将立德树人放在首要位置，融入渗透到教育教学全过程。[单选题]

A. 非常符合　　B. 比较符合　　C. 不确定　　D. 比较不符合　　E. 非常不符合

10. 你认为你的专业课老师能紧扣专业课程特点，将价值引领贯穿课程教学之中。[单选题]

A. 非常符合　　B. 比较符合　　C. 不确定　　D. 比较不符合　　E. 非常不符合

11. 你的专业课老师在课堂上引入思政元素的频率。[单选题]

A. 频繁进行　　B. 较常进行　　C. 不确定　　D. 偶尔进行　　E. 从不进行

12. 你认为通过你所在高校的专业课学习能引导你坚定理想信念、树立正确的价值观、提高你的政治素养。[单选题]

A. 非常符合　　B. 比较符合　　C. 不确定　　D. 比较不符合　　E. 非常不符合

13. 你认为在专业课学习中，能感受到"对党忠诚、服务人民、执法公正、纪律严明"的价值引领，你作为一名学警的警察意识得到了深化，更加坚定了为人民服务的信念。[单选题]

A. 非常符合　　B. 比较符合　　C. 不确定　　D. 比较不符合　　E. 非常不符合

14. 你认为当下你在专业课中面临思政元素融入的过程中遇到的阻碍有哪些？[多选题]

A. 专业知识与思政教育融合程度低

B. 专业课程教师的思政教育素养有待加强

C. 未能充分发挥公安教育特性

E. 科学的评价机制有待完善

F. 其他

15. 你认为你在专业课上听到了以下哪些思政元素？[多选题]

A. 中国特色社会主义核心价值观、中华优秀传统文化

B. 法治知识、法治思维

C. 党史、新中国史、社会主义发展史等历史教育

D. 聚焦公安工作热点、难点问题

E. 人民警察职业素养、核心价值观

F. 其他

16. 你认为若在专业课中融入思政元素，你更倾向于以下哪些内容？[多选题]

A. 中国特色社会主义核心价值观、中华优秀传统文化

B. 法治知识、法治思维

C. 党史、新中国史、社会主义发展史等历史教育

D. 聚焦公安工作热点、难点问题

E. 人民警察职业素养、人民警察核心价值观

F. 其他

17. 你认为若在专业课中融入思政元素，你更倾向于以下哪些形式？[多选题]

A. 老师在专业课堂上言传身教、潜移默化的教学

B. 师生共同参与的新型教与学的模式（如开展互动讨论、观点分享等）

C. 综合运用好"第二课堂"（如参与执勤、实习等实践教育活动等）

D. 新技术支持下的智慧课堂（如线上线下的混合教学、资源共享等）

E. 其他

参考文献

[1] 王学俭，石岩．新时代课程思政的内涵、特点、难点及应对策略 [J]. 新疆师范大学学报 (哲学社会科学版)，2020(02)：50-58.

[2] 陆道坤．课程思政推行中若干核心问题及解决思路——基于专业课程思政的探讨 [J]. 思想理论教育，2018(03)：64-69.

[3] 高燕．课程思政建设的关键问题与解决路径 [J]. 中国高等教育，2017(23)：11-14.

[4] 高德毅，宗爱东．课程思政：有效发挥课堂育人主渠道作用的必然选择 [J]. 思想理论教育导刊，2017(01)：31-34.

[5] 唐亮．公安院校"课程思政"建设的必然逻辑与实践路径 [J]. 武警学院学报，2020，36(2)：84-89.

[6] 段朝晖，李寿国，黄克勤，等．公安院校提升思想政治理论课教学质量的创新研究 [J]. 北京警察学院学报，2018(3)：114-120.

[7] 杨健．公安院校课程思政建设的路径研究 [J]. 河南教育 (高校版)，2020(12)：107-110.

[8] 白月娇．公安院校"课程思政"的价值意蕴及路径探析 [J]. 山西警察学院学报，2020，28(4)：111-114.

[9] 陈小飞．公安院校思政课程建设与教学改革研究 [J]. 青年时代，2019(18)：195-196.

[10] 刘群．浅谈提高公安院校思政课教学实效性 [J]. 黑龙江科学，2015(9)：266-266.

[11] 习近平. 习近平谈治国理政 (第 2 卷)[M]. 北京：外文出版社，2017.

[12] 余江涛，王文起，徐晏清. 专业教师实践"课程思政"的逻辑及其要领 [J]. 学校党建与思想教育，2018(1)：64–66.

[13] 公安部政治部. 痕迹检验学 [M]. 北京：中国人民公安大学出版社，2014.

[14] 胡春红. 公安院校课程思政建设初探 [J]. 教育观察，2019，8(24)：13–14，26.

运用 AGIL 模型分析志愿热潮下红色文化发展对策
——以广州起义纪念馆为例

林海欣　植成铭　李哲明 [①]

1. 调研背景

习近平总书记在党的二十大报告指出："要用好红色资源，深化爱国主义、集体主义、社会主义教育，着力培养担当民族复兴大任的时代新人。"认同文化及文化背后的家国民族是中华儿女自立于世界的前提。在当今时代背景下，红色文化在教化育人、思想道德建设等方面仍然发挥着至关重要的作用，新时代年轻人应该恪守其人文风尚的引领作用，勇于担当其文化发展之责任。

然而，当前红色文化的传承与发展在年轻人群体中受重视程度不高，红色文化发展的模式尚不够完善，现有的红色文化传播途径较为单一，表现形式有待创新。同时，缺乏实践性的学习也存在着对红色文化内涵挖掘程度不深的情况，新时代年轻人不能较好地感悟时代发展与文化的深层内涵，难以推动红色文化与时俱进。因此，理论与实践的缺失性发展已经成为当今红色文化传承与发展的巨大阻力，而推进理论与实践相结合的发展模式已迫在眉睫。

揆诸当下，近些年来，社会上掀起了志愿服务新热潮。随着越来越多的红色景点志愿服务活动的开展，各社会组织对红色志愿活动的积极性也显著提高。志愿活动在促进人类社会发展与文化传承中起着不可替代的作用。

基于上述时代背景，本调研组围绕"如何让红色文化与志愿服务相互依托，推动红色文化的传承与发展"展开调研与分析，研究"红色文化与志愿活动相结合"文化发展模式的可行性，并探究适合其发展的推广模式，为红色文化的传承和发展添砖加瓦。

---

① 作者简介：林海欣，女，广东警官学院法学院 2022 级法学专业 8 班学生；植成铭，男，广东警官学院法学院 2022 级法学专业 8 班学生；李哲明，女，广东警官学院法学院 2022 级法学专业 8 班学生。

基金项目：校级 2023 年大学生创新创业训练计划项目（类别：创新训练项目）《运用 AGIL 模型分析志愿热潮下红色文化发展对策——以广州起义纪念馆为例》（项目编号：X202311110051）的阶段性成果。

2. 调研的目的与意义

2.1 调研目的

本次调研旨在通过实地调研和案例分析全面了解志愿活动在红色文化传承发展中的具体作用和优势；通过发放调查问卷分析年轻人群体对红色志愿活动形式的看法，为红色志愿发展模式提供群体依据和有价值的参考意见；同时，利用 AGIL 模型对新时代红色文化发展现存困境进行分析评估，并有针对性地提供红色文化与志愿活动相结合的发展路径。通过本次调研，我们希望能推广"志愿活动 + 红色文化"的文化发展模式，并为该模式的实践提供理论和实践基础，为红色文化的传承发展提供有力支持和指导。

2.2 调研意义

第一，通过多渠道传播红色文化、整合与利用各方资源，有利于红色文化精神的传承和发展，促进红色文化教育多渠道传播与推广，为红色文化的发展提供理论支撑。

第二，红色文化与志愿活动的耦合式发展，有助于线下的志愿驿站在后疫情时代的"复苏"和相关机构的改进，为更多的红色景点、红色场馆注入新活力。

第三，通过红色文化教育，提高年轻人的思想道德素质和个人综合素养，加强年轻人对爱国主义的深刻理解，塑造其正确的人生观、价值观和世界观。

第四，国家通过资金政策支持，大力弘扬红色文化，促进优秀红色文化发展模式的可持续性发展，增强国家文化软实力和竞争力，为实现中华民族伟大复兴提供强大精神动力。

3. 调研对象

广东省广州市年轻人。根据世界卫生组织确定的年龄分段，年轻人的年龄范围为10–24 岁。

4. 调研思路与方法

4.1 调研思路

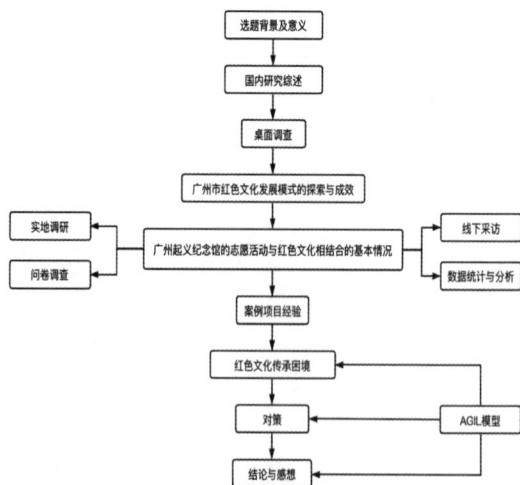

图 4.1 调研思路与方法

4.2 调研方法

4.2.1 实地调研

实地调研是指对第一手资料的调查活动。团队成员前往广州起义纪念馆参观，并在参观过程中了解红色人物、体验志愿服务、采访志愿者，以实地考察的方式了解广州起义纪念馆志愿活动与红色文化相结合的基本情况，感受该发展模式的可行性。

4.2.2 问卷调查

问卷调查法是通过间接书面访问的方式达到调研的目的的调研方法。团队通过"问卷星"面向广州市年轻人发放调查问卷，问卷内容包括个人基本情况、对红色文化的价值认可度、喜爱的红色文化推广方式、对红色志愿活动的兴趣等。问卷调查法突破时空的限制，具有调查范围广、对不同研究对象可同时开展调查的优点，为红色文化的现状分析提供了数据支撑。

4.2.3 数据的统计与分析

对于调查问卷收集后的数据，本项目不仅限于传统的数据简单整合，还结合统计学的方法，利用聚类分析、因子分析等计算机算法对收集的数据进行处理和分析，深入挖掘收集的数据信息与研究内容之间的关系，对数据与研究内容之间进行匹配因素分析，得出更为精确的结果。

4.2.4 模型分析

团队以 AGIL 模型分析法作为研究方法，利用 AGIL 模型梳理出红色文化在适应（Adaptation）、目标达成（Goal attainment）、整合（Integration）与模式维持（Latent pattern maintenance）四个维度研究下的传承现状，并基于上述四个维度的现状分析对红色文化的传承与发展模式转化提出理论思考与分析，最后提出适合红色文化与志愿活动相结合的有益传承发展路径。

5. 调研内容

5.1 实地调研 感悟志愿力量

我们前后多次参观广州起义纪念馆，以有无志愿讲解员提供全过程讲解服务为标准，得到不同的参观体验（如表 5.1.1 所示）。

表 5.1.1 参观纪念馆的体验比较

体验指标	有志愿讲解员	无志愿讲解员
参观方向明确度	高	低
疑惑解答及时性	高	低

续表

体验指标	有志愿讲解员	无志愿讲解员
文化精神解读	深刻	不深刻
参观效率与质量	高	低
参观体验感	强	弱

在有志愿讲解服务时,讲解员能够针对不同的观众提供个性化服务(如表 5.1.2 所示),并能拓宽游客的参与方式,提升体验感和参与感(如表 5.1.3 所示)。

表 5.1.2　志愿讲解员对不同观众的个性化服务需求

观众需求	志愿讲解员提供的个性化服务
历史人物兴趣	提供相关历史人物讲解
历史文物兴趣	提供相关历史文物讲解
城市脉络兴趣	提供城市历史发展讲解

表 5.1.3　参观纪念馆的参与感和体验感

参与方式	参与度
与讲解员交流	高
参与展品模拟操作	中
静态欣赏展品	低

在多次对比验证下,我们得出结论:志愿活动与文化相结合的模式无论是对志愿者本人还是游客,都提高了自身对红色文化内涵的理解,并有效提高红色文化的传承力度,维持红色文化的传承与发展。

5.2 分析发展案例 探索红色文化发展模式

我们发现广州起义纪念馆举办的沉浸式话剧《1927 永远的红色》和《穿越 1927 广州起义》深受观众好评。这对演员和观众都是一种深入学习红色文化的好机会。

团队中有成员参加了由广州市检察院、广州市天河区检察院联合主办的"小 Law 号双师课堂"的普法情景剧志愿活动,该活动采用"志愿者 + 检察官现身普法 + 社工讲解"的模式,高效达成普法和宣传反校园欺凌知识的目的。

在排练情景剧过程中,相比平日的理论学习,团队成员对于其中蕴含的法律知识和反校园欺凌知识学习更加深刻。

同时,广州起义纪念馆在"志愿活动 + 红色文化"协同发展志愿项目上取得较好的成绩,我们因此提出将广州起义纪念馆长期举办的沉浸式话剧和沉浸式研学活动以"志愿活动＋红色文化"模式推出的想法，让年轻人以志愿者的身份参与话剧的排练，推测这个模式会吸引更多年轻人的参与，从而推进红色文化的传承与发展。

5.3 深入挖掘红色资源 助推红色文化发展

近些年来，社会上出现了"志愿服务"的热潮，广州起义纪念馆适应时代热潮，推出一系列的志愿活动如"志愿讲解员"、"红色基因宣讲员"等等。

广州起义纪念馆充分整合各方资源，致力于建设新时代高效传承发展红色文化的红色场馆。它整合人才资源，开展了"新时代文明实践中心·红色文化大讲堂"宣讲活动；整合文化资源，开展了《穿越 1927 广州起义》等系列沉浸式话剧排演；整合教育资源，与广州大学美术设计学院进行深入合作开展了"红色思政·协同育人"教育项目；整合文物资源，开展了"开国上将周士第系列展"；整合广东省内各地红色志愿活动资源，开展《红色文化轻骑兵 2023 之一村一物一故事》活动等。

在清晰的发展规划和高效的资源整合能力作用下，广州起义纪念馆成为了广州市第四个新时代红色文化讲习所，是全国爱国主义教育示范基地，其红色文化志愿讲解服务项目被评为"2022 年度广州市最佳文旅志愿服务项目"。

5.4 红色故事接力讲 红色基因代代传

在陈列馆外，我们遇到了正在做志愿讲解的一名十岁左右的小姑娘。她自信地站在陈列馆前向大家介绍广州起义纪念馆的故事。在完成讲解后，小讲解员接受了我们的采访，她向我们分享了从事志愿工作的感受：形式有趣，也是锻炼自己的口才和胆量的好机会。在志愿活动中，她不仅深入地了解到广州起义文化，还收获到帮助游客的喜悦。她表示，有机会还会做志愿讲解活动，甚至愿意参与更多其他形式的志愿活动，传承红色精神和志愿精神，报效祖国。

除此之外，我们还采访了前来参观的一名游客，在采访中得知他是一名人民警察，在被问到志愿活动相关问题时，他提到自己之前在参观各红色景点时经常能看到做讲解的志愿者，他认为志愿讲解能提供参观方向，提高参观体验感，深刻了解到的红色故事与精神内涵在他的警察工作中提供着关键力量。

通过采访，我们对红色文化起到的积极作用有了更深层次的感受，同时对调研主题"志愿活动＋红色文化"的文化发展模式有了新的认识。

5.5 作问卷调查 析红色文化现状

团队组建上调研组，通过"问卷星"面向广州市年轻人发放调查问卷，问卷内容包括个人基本情况、对红色文化的价值认可度、喜爱的红色文化推广方式、对红色志愿活动的兴趣等。收集到有效问卷共 274 份，其中 10 到 24 岁人群占比约 91.24%，共 250 份。由于本次研究针对 10 至 24 岁人群，故将 250 份定为整体样本空间。通过问卷调查可以了解到：

5.5.1 年轻人对红色文化的认知情况

线上调研组通过发布问卷调查与统计，旨在了解广州市内年轻人对红色文化的认知兴趣、认知程度、认知途径等，具体结果如下：

一方面，年轻人有主动了解红色文化的意愿。

为了解年轻人对红色文化的认知兴趣，问卷设置了问题：您对红色文化是否感兴趣？

调研组得到结果（如图5.5.1所示）："有兴趣"的人数占60%，"有点兴趣但不多"的人数占36%，"没有兴趣"的人占4%。

问卷中新时代年轻人对红色文化的兴趣程度

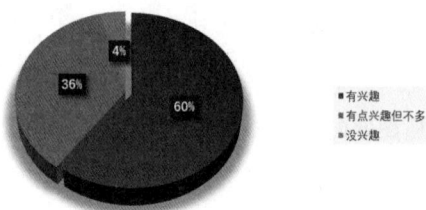

■有兴趣
■有点兴趣但不多
■没兴趣

图 5.5.1　对红色文化的兴趣程度

另一方面，年轻人了解红色文化的途径主要靠理论学习。

在被问及"认知红色文化的途径"时，有37.80%的年轻人表示通过"报刊、书籍、电视等新媒体"，34.80%的年轻人通过"课堂学习"了解，18.43%的年轻人通过"校内宣讲"方式了解，仅有8.98%的学生表示通过"课外研学实践活动"认知红色文化。可见，大部分年轻人对于红色文化的认知仅停留在理论之上，并没有深入实践之中（如图5.5.2所示）。

新时代年轻人认知红色文化的途径

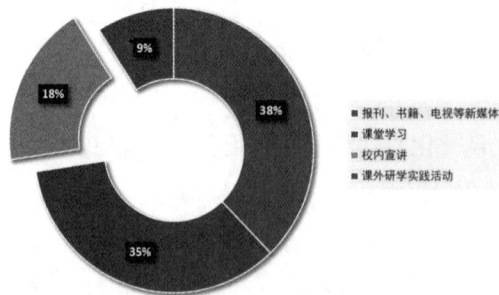

■报刊、书籍、电视等新媒体
■课堂学习
■校内宣讲
■课外研学实践活动

图 5.5.2　认知红色文化的途径

此外，在被问及"对红色文化认知程度"时，有78.80%的年轻人表示"了解一点"，12.80%表示"比较了解"，7.20%表示"不了解"，1.20%表示"非常了解"。可见，大部分年轻人对红色文化认知程度并不深入（如图 5.5.3 所示）。

问卷中新时代年轻人对红色文化的认知程度

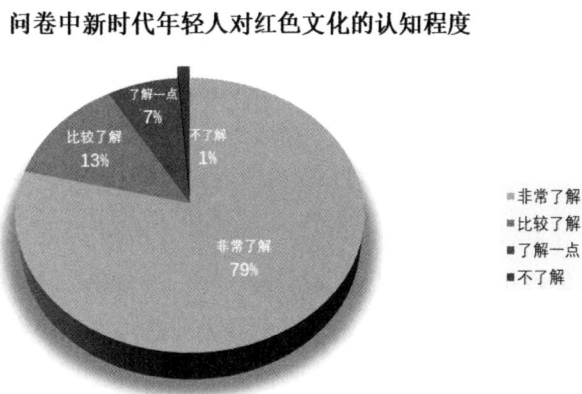

图 5.5.3　年轻人对红色文化的认知程度

5.5.2 年轻人获取红色文化景点认知的途径

如图 5.4.4 所示，在被问及"参观红色文化景点形式"时，选择"拍照，简单浏览"的占比 46.24%，选择"跟随讲解员参观，了解背后故事"的占比 23.47%，选择"馆内影片观赏"的占比 18.31%，选择"文艺演出"的占比 11.74%。

调查结果显示，年轻人参观红色文化景点的渠道广、形式多样，但大多只是停留在拍照和浏览的层面。

参观红色文化景点形式

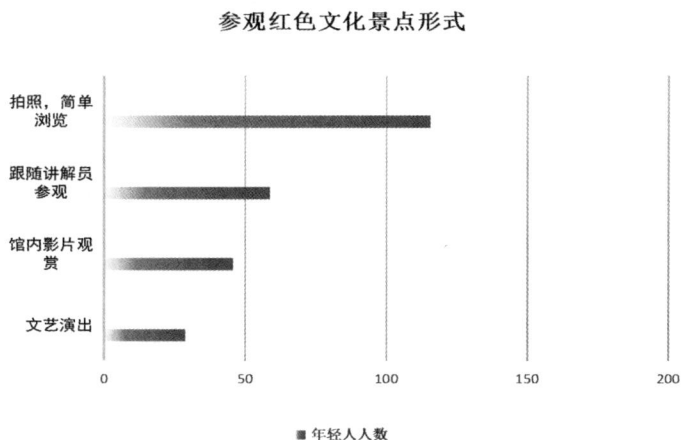

图 5.5.4　参观红色文化景点形式数据图

5.5.3 年轻人对志愿活动的态度

线上调研组调查发现 68.80% 的受访群体做过志愿活动，其中有 89.53% 进行过线下活动。在问卷中，有 96.80% 的大众认为，在今后时间允许的情况下，乐意以志愿服务的方式走近红色文化的同时服务他人。

综上所述，线上调研组认为志愿活动是增进年轻人对红色文化了解的重要方式，对红色文化传播和志愿活动的发展都能起到推进作用。

5.6 感红色精神 得红色感悟

红色资源是中国共产党辉煌历程的最美见证，是支撑着一代又一代人努力奋斗的精神财富。通过对广州起义纪念馆参观与调研实践，我们更深刻地感悟到广州起义的百年精神内涵。广州起义体现出的不屈不挠的大无畏精神、齐心协力的团结精神、锐意进取的创新精神不仅会激励一代又一代的共产党人，更会激励新时代广大年轻人勇担历史使命，积极投身于党的伟大事业，致力于中华民族的伟大复兴。

6. 基于 AGIL 模型对新时代红色文化发展的分析

6.1 帕森斯 AGIL 功能分析之模型概述

AGIL 模型是社会学家帕森斯提出的一种社会系统的动态分析模式，以"系统"作为基本概念范畴，强调以"整体"来分析行动系统，致力于研究讨论维持一个系统所需的多维因素。

基于帕森斯的理论解释，每一个行动系统都包含四个基本的功能要素，分别为：A(adaptation)，对应的是"适应"功能，G(goal attainment)，对应的是"目标达成"功能，I(integration)，对应的是"整合协调"功能，L(Latency pattern maintenance)，对应的是"潜在模式的维持"功能。其中 A 功能注重系统与外界环境联系，以获得必要资源存续系统。G 功能注重系统的目标导向，确定其间系统内部涉及的目标次序并调节内部资源、能量调动，进而实现目标。I 功能注重把各个不同结构、不同组成部分协调一致以充分发挥系统的全部功能。L 功能注重系统内部的维系，从而为系统中断后功能运作的连续性提高保障。

以上四个功能要素是维持系统的发展、稳定与均衡的必备功能要素，它们相互嵌套，相互作用，当其中一项功能发生改变时，余项功能要素亦呼应变化。

本研究以 AGIL 模型分析法作为研究方法，利用 AGIL 模型梳理出红色文化在适应 (Adaptation)、目标达成 (Goal attainment)、整合 (Integration) 与模式维持 (Latent pattern mainte-nance) 四个维度研究下的传承现状，并基于上述四个维度的现状分析对红色文化的传承与发展模式转化提出理论思考与分析。

6.2 帕森斯 AGIL 理论分析框架构建

其中，根据 AGIL 功能分析理论，红色文化的分析框架可以构建为（见表 6.2.1 所示）：A——红色文化所在地可利用可发展的资源，G——红色文化点如何达到理想的发展目标，I——红色文化点如何将各方资源进行整合与利用，L——红色文化的发展模式如何长久地维持。

表 6.2.1　红色文化 AGIL 分析框架

A 适应	G 目标达致
可利用发展的资源	理想的发展目标
各方资源的整合与利用	发展模式的维系
I 整合	L 模式维持

基于以上理论，有鉴于后疫情时代红色志愿活动热潮的掀起与红色文化发展相结合的实践，本研究提出一个基于此二者理论嫁接组合之上关于"志愿活动 + 红色文化"可持续发展模式的分析框架（如图 6.2.2 所示）。

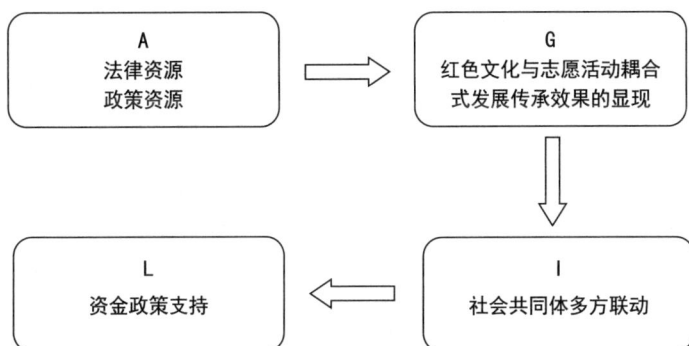

图 6.2.2　红色文化与志愿活动相结合的发展路径

6.3 基于 AGIL 理论分析广州起义纪念馆的发展模式

近年来，广州起义纪念馆积极推进同大中小学校的合作，深入挖掘红色资源，创新形式，推出了"穿越 1927 广州起义"沉浸式研学、"红色传人我来当"等相关活动，有效履行了博物馆的社会教育职能，促进馆校协同教育，为新时代年轻人参加文化活动提供了便利与机会。

其中，红色文化志愿讲解服务项目始于 2019 年 10 月，广州起义纪念馆每年从全市各区学校招募学生，在周末及节假日参与到纪念馆的志愿讲解服务，为观众讲解"广州起义"、"近代广州"等展览，该项目不仅深受大众欢迎，还引导广大青少年在实践中更好地感悟教科书上的红色精神。该红色文化志愿讲解服务项目被评为"2022 年度广州市最佳文旅志愿服务项目"。可见，广州起义纪念馆在"志愿活动 + 红色文化"的发展模式案例上是极具代表性的。

基于 AGIL 理论，将广州起义纪念馆的文化传承与发展作为一个互动整合的行动系统，从法律政策、社会组织和教育组织等维度来分析广州起义文化存在与发展的要素基础，探究广州起义纪念馆"志愿活动＋红色文化"的发展模式。

首先，广州起义纪念馆可利用的法律、政策资源丰富。从法律支持上，1999 年颁布的全国第一部地方志愿服务法规《广东省青年志愿服务条例》鼓励和支持青年志愿服务行为，维护其合法权益；2017 年颁布的《全国志愿服务条例》鼓励相关单位和组织为开展志愿服务提供便利条件；2023 年两会的相关提案建议启动志愿服务立法程序、加快完善我国志愿服务保障体系、建立全方位全覆盖的志愿服务平台网络等有关法律条文正在不断修订与完善。

从国家政策上，2021 年 5 月印发的《"十四五"民政事业发展规划》提出要健全志愿服务体系；2022 年政府工作报告指出支持社会组织、人道救助、志愿服务、公益慈善等健康发展；广州市 2023 年出台施行法规《广州市志愿服务规定》，规定把多项广州在志愿服务领域中的探索成果以立法形式予以确立，为广州志愿服务事业高质量发展提供了更加有力的法治保障。

其次，广州起义纪念馆依据特色的红色文化资源确定发展目标。它的发展很好地依托并利用自身特色与当地相关特色资源：第一，地理优势。广州起义纪念馆处于"近现代中国革命的策源地"，越秀区作为中心城区包含的红色文化遗址占据了广州市一半以上，在33.8 平方公里的土地上集聚了 37 处红色史迹。第二，相关资源优势。在这座红色文化聚集的城市，它利用聚集效应，在红色热潮中推出自身文化，如充分利用"英雄花开英雄城，红棉志愿暖人心" 2023 广州传承弘扬红色文化系列活动等，努力达到了"思想上传承、行动上接力"的宣传教育效果，在讲好新时代红色故事的同时着力完善志愿服务体系。因此，广州起义纪念馆充分发挥自身特色，利用当地资源，以红色文化与志愿活动协同发展作为发展思路，实现了红色文化与志愿活动的耦合式发展，并达到红色文化对新时代年轻人的指导和引领作用效果。

再次，广州起义纪念馆为推进"志愿活动＋红色文化"的文化发展模式进行资源整合。它通过与当地社会组织、社会居民、网络技术的协作，整合了当地可利用资源，推动该模式的发展。第一，广州起义纪念馆以弘扬广州起义文化为定位，通过自身文化形式和文化主题的创新，如开设的首部红色主题沉浸式话剧《1927广州起义》、"当策展人遇上讲述人"、红色志愿讲解员等项目，并提高纪念馆宣传册的质量，优化在网络平台的宣传，吸引社会广大群众的兴趣；第二，广州起义纪念馆积极推进并加强同学校、当地社区等的深入合作。学校组织、当地社区积极组织参与纪念馆的相关志愿活动，从实践上为年轻人了解学习红色文化提供更多的渠道与机会，同时对年轻人的实践学习起到引导作用，提高人民的文化认同感。

最后，2023 年广州市推行的《广州市志愿服务规定》中提出"市、区人民政府应当将志愿服务事业纳入国民经济和社会发展规划，制定促进志愿服务事业发展的政策和保障措施，将志愿服务事业发展经费列入本级财政预算"等措施，给予"志愿活动＋红色文化"的耦合式发展提供政策支持与资金支持，为红色文化与志愿活动相结合的发展模式保驾护航，进而促进了红色文化良性循环发展。

6.4 基于 AGIL 模型分析红色文化传承的现实困境

6.4.1 适应困境

缺乏厚植红色文化传承的现实土壤，民众对红色文化传承的认知较弱，部分年轻人对于红色文化不感兴趣且认识浅薄，认为这只是革命年代的遗留产物已不符合时代潮流，且与自己生活和学习的关联较弱。加之相关部门引导宣传环节主体较单一，在社会层面上的宣传不够到位，宣传受众面不够广泛，对大众吸引度不高，使得红色文化宣传难以适应其发展需要；当前有些地区的高校所营造的红色文化教育氛围相对薄弱，在开展教育实践过程中不能将社会实际与红色文化有机结合，导致实践与理论断层，不利于深化年轻人对于红色文化的认识程度。

6.4.2 目标达成困境

红色文化传承计划实施存在阻碍，无法满足红色文化在传承任务的递进实现；未充分利用自身特色，内容流于形式化、表面化和简单化，在传承中出现计划不落地、目标难产的现实情况；在红色文化宣传教育形式上，当前学校所开展的红色文化教育形式较为单一，通常会组织学生到烈士遗址及红色纪念馆参观学习，但这样的教育参观又易流于表面，并没有发挥学生的主观能动性，实际教学成果有限，另一种则是观看红色主题影视，这种教育形式的娱乐性较强，但不能结合影视资源的具体历史背景以及思想内涵引导学生深入思考，无法达到更深层次的教育目的。

6.4.3 整合功能困境

红色文化在传承中在传承平台、传承内容、传承者等各子要素间关系不协调，相关资源缺乏整体耦合协调度，传承的规范性、系统性和互动性不足，红色文化传承的整合功能不显著；学校在一定程度上缺乏对于红色文化的宣传与传播，课程设置量少，红色主题活动匮乏等问题长期存在。

6.4.4 模式维持功能困境

虽然目前红色文化与志愿活动相结合的发展模式已经存在，但经验不足，未能达到预期效果，出现了传承模式欠缺、传播效率较低和传承内容单一等现实困境，桎梏着红色文化传承与发展的进程；红色文化的传承发展计划未能有效适应时代进步，在传承发展过程中并没有注重持续有效的模式建立，对红色文化自身的适应性和感染力缺乏关注，难以长期有效地体现传承发展红色文化的功能；现有的红色文化发展模式的受众面并不广泛，无法保障红色文化承模式维持其效能。

7. 红色文化与志愿活动相结合的传承发展路径

预设灵活可 变的机制	→	制定准确合 理的目标	→	夯实动力耦 合的功能	→	维持效能的 模式

图 7.1　基于 AGIL 理论所建立的传承路径模型研究图

7.1 预设灵活可变的适应机制

红色文化传承应加强适应功能，预设变革创新、迭代递进的活性品质，从现实情况出发，红色展馆应采用现代化传播手段、趣味性传承方式、差异化传承过程；针对不同年龄段的主体制定好红色文化宣传方案，适应不同年龄段主体的主观需求，组织发布兼具可操作性和现实意义的志愿服务活动，对不同年龄段的志愿者进行相应培训，不断推进社会志愿服务的制度化、专业化。在红色志愿服务前的培训、志愿服务过程中让不同年龄段的志愿者主体更好地了解革命历史和红色文化，发挥好红色展馆在志愿服务、社会教育、传播红色文化的适应功能。

7.2 制定准确合理的目标靶心

建立纵向目标，利用好本土红色文化资源，抓住红色文化的地方特色、传承文化内涵，并构建横向目标，搭建红色文化传承同志愿服务的联系平台；利用志愿服务形式从而达到在社会层面上更好宣传红色文化的目标，统筹红色文化传承的持续性与志愿活动的服务性，推动红色文化产业的发展。

7.3 夯实动力耦合的整合功能

红色文化传承发展应提高针对性，加强与各方的联动合作，提高传承内容、传播平台、传承机制与志愿服务的耦合协作，增加各主体要素间的良性互动、促进其耦合协调发展水平；红色展馆通过组织志愿服务来宣传红色文化，在志愿者讲解员的具体培训模式上，加强馆校合作共建，加强红色志愿馆校联系，采用"线上 + 线下"相结合的培训方式，增强红色志愿服务灵活性。夯实红色文化和志愿服务动力耦合的整合功能真正做到了多方共赢，让志愿服务为红色文化的宣传注入不竭动力。

7.4 维持效能持续的传承模式

通过红色文化展馆，学校与社会组织多方协作搭建效能持续的传播平台，如红色志愿队、红色志愿公众号等，多样性发展红色文化的传播手段，多方联动形成多方合力，从而提升志愿服务活动对红色文化宣传成效，推动红色文化的创造性转化、创新性发展；完善红色文化与志愿服务相结合的传承体系，对红色志愿者进行相应的周期性培训，提高红色志愿者在对场馆、展览的了解程度，尝试开展多样式的讲解宣传活动，培养技术专长红色志愿者担任新媒体运营，负责博物馆抖音账号、微信公众号等的运营；利用志愿服务的持续性、广泛性、有效性，营造出在社会层面上传播红色文化的氛围；制定差异性志愿服务活动，完善志愿者激励和招募机制，保证志愿者队伍稳定和提升志愿服务水平，从而维持红色文化宣传发展效能持续的传承模式。

8. 调研结果

根据调研结果显示，红色文化在新时代的传承和发展面临一些挑战。通过实地调研广州起义纪念馆，我们发现"志愿活动＋红色文化"的文化发展模式具有潜力和优势，能够更好地推动红色文化在新时代的传承发展。

调查数据显示以下几点：

第一，红色文化对年轻人的吸引力较弱：年轻一代对红色文化的认知和兴趣相对较低，缺乏对红色历史的深入了解和体验。

第二，外部环境制约红色文化的吸引力：社会环境变化、娱乐消遣方式多样化等因素，使得红色文化在新时代的传承和发展面临着一定挑战。

第三，单一模式难以弥补红色文化不足：传统的红色展馆资源整合不足、模式价值理念缺失、持续发展困难等问题，使得传统的单一模式难以满足红色文化在新时代传承和发展方面的需求。

综上所述，红色文化在新时代面临着年轻人缺乏兴趣、外部环境制约以及传统模式不足等挑战。

从分析上，AGIL 理论不仅从静态层面阐述系统维系与稳定所需的条件，还从动态层面分析了系统变化和发展的过程。在实践的基础上，通过 AGIL 模型分析，我们发现将红色文化与志愿活动相结合能为红色文化的传承发展带来以下优点：

适应性 (Adaptability): 通过将二者结合，使得红色文化发展充分利用志愿热潮吸引年轻人，增强文化学习的互动性和体验性，更贴近当代社会需求，提高了红色文化在新时代的适应能力。

目标性 (Goal-orientation): 将二者结合，为红色文化的发展设定了清晰的方向和目标，达到红色文化对新时代年轻人的指导和引领作用效果，提高了红色文化传承的效率。

整合性 (Integration): 通过加强各方联动，二者的结合能实现资源共享和优势互补，促进了文化传承与志愿活动的有机整合，增强了红色文化的综合实力。

持续性 (Longevity): 借助志愿活动的灵活性和可持续性，将二者的结合能够持续吸引更多年轻人参与和传承红色文化，确保红色文化的持续发展。

总之，红色文化作为历史的瑰宝，承载着丰富的革命精神和价值观，激励着社会向前发展。同时，通过预设灵活可变的适应机制、制定准确合理的目标、搭建红色文化传承与志愿活动的联系平台、夯实动力协同的整合功能、构建维持效能的传承模式，将红色文化与志愿活动结合，能够培养年轻人的社会责任感和奉献精神，让他们深入了解红色文化的内涵，并通过志愿服务来实践红色精神，推动社会的公益事业发展。这种结合不仅传承了红色文化，还激发了年轻人的创新力和社会参与意识，培养了他们的领导能力和团队合作精神，为社会的可持续发展注入新活力。

参考文献

[1] 刘凡瑀，张璐璐，高雪梅 . 基于红色文化传承的大学生志愿服务体系研究 [J]. 现代交际，2020（23）：135-137.

[2] 井莹，杨旸 . 新时代高职院校思想教育红色化与志愿服务专业化融合的几点思考 [J]. 现代职业教育，2020（36）：186-187.

[3] 朱红 . 关于"拓展红色文化传承渠道，提升红色基因实践水平"的调研报告——以"十红"实践体验工程为例 [J]. 文化创新比较研究，2021，5（29）：183-186.

[4] 陈明香 . 青年志愿者服务系统的结构功能分析 [D]. 华中师范大学，2013.

[5] 冯婉琳 . 针对不同年龄段的博物馆志愿者讲解员的分层培训和管理——以广州起义纪念馆为例 [J]. 文物鉴定与鉴赏，2022（13）：70-73.

[6] 覃宇杰 . 基于 AGIL 模型的湖北省社区公益创投项目制供给问题研究 [D]. 湖北大学，2022.

[7] 陈雪琴，罗繁荣 . 高校青年志愿服务的发展路径探析——基于 AGIL 系统模型 [J]. 南华大学学报（社会科学版），2018（03）：63-67.

附录

调研问卷的具体问题如下：

1. 您目前的年龄是？

2. 您的性别是？

3. 您的教育程度是？

4. 您的政治面貌？

5. 您目前的主要活动区域是？

6. 您对红色文化是否感兴趣？

7. 您是否有去过与党史相关的红色旅游景点？

8. 您为何会去红色景点？或 您没有去过相关红色旅游景区的原因是？

9. 您对于红色旅游景区有多少了解？

10. 您认为参观红色文化景点和相关的意义是什么？

11. 您认为红色旅游推广的最大难度是什么？

12. 您一般的参观形式有哪些？

13. 您是否参与过志愿活动？

14. 您曾经参与过的志愿活动类型是？

15. 如果今后在时间允许的情况下，您是否有意愿以志愿服务的方式走访相关的红色旅游景区？